Mallorca

W0171209

E-Book *inklusive*

Das E-Book herunterladen – so einfach geht's:

1. Besuchen Sie www.vistapoint.de/ebook
2. Klicken Sie dort auf den Button »E-Books der Reiseführer-Reihe *weltweit*«.
3. Geben Sie Ihre E-Mail-Adresse und den folgenden Download-Code ein.

   Code: BOR-BBY9-AIPL-14

4. Klicken Sie auf »Herunterladen«.
5. Das E-Book wird als E-PDF gespeichert und kann auf Tablet, Smartphone und ausgewählten E-Readern gelesen werden.

Ausführliche Hinweise zum Download-Vorgang finden Sie hier:
www.vistapoint.de/ebook

 Eine Übersichtskarte von Mallorca mit den eingezeichneten Reiseregionen finden Sie in der vorderen Umschlagklappe.

Andrea Weindl

Mallorca

Mallorca

Insel der Vielfalt und der Gegensätze

Wie ein Juwel geformt aus Stein, Sand und Humus liegt Mallorca im westlichen Mittelmeer. Von der Natur reich beschenkt mit einem hohen, schroffen **Bergmassiv** im Norden, von dem in unzähligen unter- und oberirdischen Bach- und Flussläufen Wasser für die fruchtbaren Ebenen gen Süden und Osten fließt; mit dem **saftigen Flachland** im Zentrum, dessen rotsattes Erdreich aufs Beste den mediterranen Fruchtreichtum nährt – die jahrtausendealten europäischen Kulturpflanzen Wein und Öl ebenso wie die Spezereien des nahen Ostens, Mandeln und Aprikosen oder das junge amerikanische und asiatische Gemüse und Obst wie Tomaten, Kartoffeln und Orangen. Immer wieder unterbrechen sanfte oder steile Hügel die Ebene und bieten Aussicht und Orientierung – Aussicht auf das Land und über das Meer hinweg, Orientierung nicht nur bei der Beobachtung der Feinde vergangener Tage, sondern auch hinsichtlich der spirituellen Seite des Menschen. So wachen zahlreiche Madonnen und Heilige über die Geschicke der Insel und das Schicksal von Einheimischen und Besuchern. Nicht zu vergessen der **Reichtum des Meeres**, das an den steilen Felsküsten des Nordens mit tosendem Gebrüll an Klippen und Riffe schlägt, für Nährstoff- und Fischreichtum sorgt, Fischern Einkommen und Tauchern Abenteuer und bunte Unterwasserwelt sichert.

Viele kleine, von Felsen umrahmte Buchten bieten sich als idyllische Badeplätze an

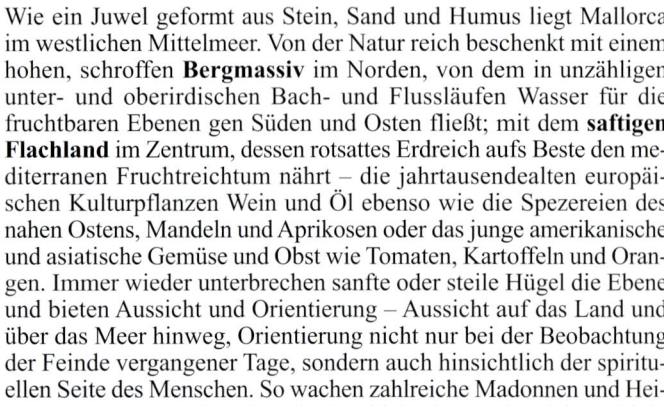

In jahrtausendelanger Arbeit schuf eben dieses Meer die natürliche sanfte Bucht von Palma, grub einen natürlichen Hafen, schützte ihn durch eine vorgelagerte Halbinsel im Westen und ließ die Bucht gen Osten in kilometerlange Sandstrände auslaufen. Fast genau gegenüber wiederholte es wie in einem Spiel mit Spiegeln sein Werk und vollendete das perfekte Rund der Bucht von Alcúdia, eine abnehmende Mondsichel mit dem Blick nach Menorca. Im Süden und Osten grub es ein um den anderen Fjord in den Fels, schuf **Buchten** wie von riesigen Seeschlangen ins Land gebissen. Deren Steilufer sind Unterwasserlebensraum für Muscheln und Oktopoden, Fische und Krebse. Über Wasser erzählen zahlreiche Leucht- und Wachtürme von den Fährnissen des Meeres und den Kämpfen um die Insel.

Zeit ihres Bestehens zog die Insel Menschen an und in ihren Bann. Die ersten kamen vom benachbarten Festland und nutzten die Abertausende von Höhlen, die sie an den Küsten und im Landesinneren fanden, als Wohnstatt und Zuflucht. Auf ihren Streifzügen durchs Mittelmeer gründeten danach die seefahrenden Völker von Süden und Norden, Westen und Osten erste Siedlungen auf dem sonnenbeschienenen Rücken der Insel.

Die **stolzen Balearen** – bald weithin bekannt für ihre Unbeugsamkeit – errangen Ruhm in den ständigen Kämpfen um die Vorherrschaft im Mittelmeer. Keiner wusste so zielgenau Steine auf den Feind zu schleudern wie sie. Erst den Römern mussten sie sich geschlagen geben wie diese später den Vandalen. Und diese wiederum übergaben den Stab an Byzantiner, jene an die Mauren, die in glanzvoller Herrschaft römische Lebensart verfeinerten und die Insulaner Wasser- und Gartenbau lehrten. Und schließlich kamen die Heere der christlichen Eroberer. Furchtlose Mannen, die mit dem Kreuz und dem Schwert das Himmelreich für sich eroberten und dabei die irdische Glückseligkeit nicht vergaßen. Man verteilte die Ländereien neu, schuf Landadel und hochherrschaftliche Güter den Rittern zu Ehr und Auskommen.

Sie alle haben ihre Spuren hinterlassen und der Insel ihren unverwechselbaren Stempel aufgedrückt. Tonnenschwere Steine haben sie aufeinandergehäuft und zu kreisrunden Türmen geschichtet, Straßen und Brücken angelegt, die Äcker terrassiert und autarke Wirtschaftsgüter in die großzügige Natur gesetzt. Immer wieder erblühte die Hafenstadt **Palma** zu einem der wichtigsten Häfen des Mittelmeeres, zog Reichtum und große Geister an. Hier trafen sich auf engstem Raum die drei Kulturen, die Spanien formten: Christen, Araber und Juden. Sie tolerierten sich und bekämpften einander und konnten doch so viel voneinander lernen. Jahrtausendelang weckte die Insel Begehrlichkeiten und schuf einen stolzen Menschenschlag, der unbeugsam seine Eigenwilligkeit bewahrt, auch wenn die Selbstständigkeit von den übermächtigen katalanischen Brüdern nur wenige Jahrzehnte bewahrt werden konnte.

*Mallorca
Insel der Vielfalt*

Die allgegenwärtige Sonne und die fruchtbaren Ebenen in Mallorcas Zentrum sorgen für eine reiche Orangenernte

Am Rande von Palmas Altstadt steht das Denkmal für den berühmtesten Sohn Mallorcas, Ramon Llull

Auch das gehört zu den vielen Gesichtern Mallorcas: ein fotogen im Wasser dümpelndes Bötchen

Bizarr: die Felsformation am Cap de Formentor, dem nördlichsten Punkt Mallorcas

Die Zeiten wurden ruhiger, doch der rege Austausch blieb. Fremde kamen auf der Suche nach Frieden und Sicherheit vor politischer Verfolgung, Einheimische gingen, wenn ihnen die Heimat kein Auskommen mehr bot. So ist Mallorca heute eine **Insel mit vielen Gesichtern**, von der Geschichte so geprägt wie von den Menschen – den Mallorquinern und den zahlreichen Einwanderern und Besuchern, die in der Hoffnung auf Glück in dem sanften mediterranen Klima seit vielen Jahren hierher kommen.

Doch da ist natürlich noch diese andere Geschichte. Sie handelt von jener Insel, die sich in einer beispiellosen Karriere vom Rückzugsort eines unkonventionellen Liebespaares über den Sehnsuchtsflecken und Fluchtpunkt eines der Regierungsverantwortung müde gewordenen Erzherzogs zum Traumziel für Millionen entfaltet hat. Wachgeküsst von schüchternen Prinzen, konnte sich die Schöne vor Verehrern bald kaum mehr retten. Erst kamen die Schriftsteller, Maler und Schauspieler auf der Suche nach einem Stück unberührter Natur und einem Leben jenseits der Konventionen. Wenn möglich natürlich an der Sonne, und was eignet sich da besser als eine Insel, die von sich behaupten kann, über 300 Sonnentage im Jahr zu zählen. Sie entdeckten für sich das bäuerliche **Deià**, das wie ein Adlerhorst hoch über der Küste am Felsen klebt, und das wildromantische **Cap de Formentor**, das wie eine überdimensionierte Krebsschere ins Mittelmeer ragt – umbraust von den legendären Winden Mallorcas, umtost von der unbändigen Gewalt des Meeres. Sie verbrachten die Sommer in dem Fischerdorf **Port de Pollença**, wo die Zeit stehen geblieben zu sein schien, und erkundeten nach und nach das nähere Hinterland.

Den Künstlern und Intellektuellen folgten die Massen, als Jahrzehnte des Aufschwungs und Friedens auf dem europäischen Kontinent den Traum vom Paradies für alle ein Stück näher brachten. Findige Lokalpolitiker witterten die Chance für sich und ihre Gemeinden. Bettenburgen wurden hochgezogen, an den weiten Sandstränden Palmas ebenso wie an jenen Alcúdias. Man schuf weiß leuchtende **Siedlungen aus der Retorte**: im Sommer mit Leben gefüllt, im Winter verwaist. Bis heute frisst sich die Wohnbebauung unaufhaltsam die Felsküsten im bergigen Westen hinauf. Kaum ein Fjord an der Südostküste, der nicht für die Touristen erschlossen ist – hier eine Strandbar, dort ein Liegestuhlverleih und daneben eine Feriensiedlung.

Gemeinsam mit den Hotel- und Ferienanlagen entstand der internationale Flughafen bei Palma. Eine Strecke, die bis dato einige Tagesreisen in Anspruch nahm, kann seitdem in wenigen Stunden überwunden werden. Doch der **Massentourismus** hat das Gesicht der Insel verändert. Das große Geld wird jetzt mit den Fremden gemacht. Immer weniger junge Leute arbeiten in der Landwirtschaft oder den traditionellen Handwerken. Stattdessen hat man sich auf die Gäste eingestellt: Neben der Schinkenstraße krönt man den Bierkönig, im Oberbayern isst man Leberkäse, gleich daneben regiert die Currywurst und mittendrin trifft man sich am Ballermann. So haben sich bald beinahe ebenso viele Verächter wie Liebhaber Mallorcas gefunden. Laut und überfüllt sei die Insel, von Sauf- und Sextouristen aus dem Norden geschunden, von der Gier der Einheimischen und Zugezogenen verschandelt.

Ein Bild der Vergangenheit: Am Ballermann darf kein Alkohol mehr im Eimer verkauft werden

Doch wie so oft ist auch dies nur die halbe Wahrheit. Denn gleichzeitig begeben sich die Besucher auf die Suche nach dem »**anderen Mallorca**«. Sie durchforsten die schwer zugänglichen Dörfer der Tramuntana, folgen den Spuren der reichhaltigen Inselgeschichte, entdecken den landwirtschaftlichen Reichtum des *Pla* und die Vielfalt der balearischen Tier- und Pflanzenwelt. Mallorquiner, Festlandspanier, Deutsche, Engländer und Franzosen erobern sich einen neuen Zugang zur Insel, erneuern alte Landhäuser, beleben die abgeschotteten Dörfer des Berglandes und schaffen dem Hinterland so Aus- und Einkommen. Denn auch das ist ein Ergebnis des Massentourismus: Im 20. Jahrhundert hat sich die Bevölkerungszahl verdreifacht. Niemand muss die Insel mehr verlassen für sein wirtschaftliches Fortkommen. Die Auswanderungsschübe haben sich

Auch Kakteen gedeihen prächtig in Mallorcas Klima

umgekehrt. Einst suchten die Mallorquiner ihr Glück in Lateinamerika und der Karibik, wenn schlechte Ernten das Inseldasein in einen Albtraum verwandelten. Heute finden die Einwanderer aus Übersee Arbeit im Tourismus. Ebenso wie jene EU-Bürger, die sich auf Mallorca ihren Traum vom selbstbestimmten Leben und Arbeiten verwirklichen wollen. Sie eröffnen Restaurants oder Hotels, handeln mit Schmuck oder Kunst, machen Musik und lassen sich durch das Licht des Südens zur Malerei inspirieren.

So ist Mallorca heute eine der reichsten Regionen Spaniens. Nirgends sonst in ganz Europa gibt es ein so eng geknüpftes Netz herausragender Feinschmeckerrestaurants mit jungen innovativen Köchen, die die heimische Küche mit Finessen und Geschmacksrichtungen aus aller Welt kombinieren. Das **kulturelle Angebot** Palmas kann mit den großen europäischen Metropolen mithalten. Die Altstadt ist eine der besterhaltenen der Welt. Überall auf der Insel finden sich Galerien und Jazzclubs, Handwerksmärkte und Feinkostläden, die den alten Spezereien und Köstlichkeiten Mallorcas zu neuem Recht verhelfen. Eis aus Sóller, Wein aus Binissalem, Sobrasada aus Artà, Olivenöl aus Caimari …, die Liste ist schier endlos.

Und auch bei den Verantwortlichen hat ein Umdenken stattgefunden. Baustopps werden verhängt, allzu hässliche Hotelbauten abgerissen und große Teile der Insel unter Naturschutz gestellt. Mallorca wird ein Reiseziel auch für die Wohlhabenden. **Wellnessressorts** entstehen in jahrhundertealten Fincas. Grüne Golfplatzoasen gestatten den Abschlag mit Blick auf das tiefblaue Meer. Doch auch der Urlaub der Reichen hinterlässt seine Spuren. Das satte Grün der Golfrasen muss bewässert und Tausende von Privatpools wollen gefüllt werden. Wie eine Untersuchung der Ruhr-Universität Bochum feststellte, fällt unter ökologischen Gesichtspunkten der Luxusurlaub weit hinter den Massentourismus zurück. Immer wieder kommt es auch auf Mallorca wie überall in Spanien zu Engpässen bei der Wasserversorgung. Schiffe müssen Trinkwasser vom Festland bringen. An manchen Sommertagen suchen Individualisten in 60 000 Mietautos nach dem »anderen Mallorca« im Landesinneren und verstopfen Straßen und Dörfer. Immer noch besuchen bis zu neun Millionen Menschen jährlich die Insel, die meisten in den Sommermonaten Juli und August.

Auch die vielen Pools tragen dazu bei, dass das Wasser in der Hochsaison auf Mallorca immer wieder knapp wird

Doch nach wie vor übt Mallorca einen besonderen Reiz aus, der viele immer wieder zurückkehren lässt. Die Insel verändert sich und kann sich doch treu bleiben. Als Allererstes sind da ihre Bewohner: charakterstark und unabhängig. Mit Ruhe und Gleichmut begegnen sie dem bunten Treiben ihrer Gäste. Freundlich, aber bestimmt erhalten sie sich den eigenen Charme ihrer Insel. Bis zum heutigen Tag haben sie ihr *Mallorca de sempre*, das immerwährende Mallorca des Hinterlandes mit seinen reichen Traditionen, Städten, Klöstern und Einsiedeleien, bewahrt. So manche Tradition wird wiederbelebt, modifiziert und weiterentwickelt. Vielleicht nicht mehr genauso wie vor Jahrhunderten, doch Leben bedeutet Veränderung. Kaum eine Woche vergeht auf Mallorca, in der nicht irgendwo zu Ehren eines Gemeindepatrons getanzt, als Zeichen des Danks für die ertragreiche Erde ein besonderes Lebensmittel gefeiert und natürlich auch verspeist oder in einer beschwerlichen Wallfahrt einer wundertätigen Madonna gehuldigt wird; nicht zu vergessen die zahlreichen Schauspiele, die der Überfälle durch Piraten gedenken.

Altes Gemäuer bei Deià: Son Marroig, ein imposanter Herrensitz aus dem 16. Jahrhundert – im Bild der Marmorpavillon

Und auch die »Insel der Ruhe« des katalanischen Dichters Santiago Rusiñol lässt sich noch finden. In den schwer zugänglichen Dörfern der **Tramuntana**, die mit ihrer Mischung aus Zurückgezogenheit und weltoffener Avantgarde heute genau wie vor hundert Jahren Schriftsteller, Schauspieler und Maler anlocken. Wenn das geschäftige Summen der Tagesausflügler gegen Abend verebbt,

**Mallorca
Insel der Vielfalt**

*Nach dem Farbenspiel
der untergehenden Sonne
erhellen Leuchttürme den
Himmel*

bleiben dem Genießer das Farbenspiel der im Meer versinkenden Sonne, ein Glas kräftigen Rotweins und vielleicht eine Plauderei mit dem benachbarten Bauern, der wie so oft seine Trockensteinmauern ausgebessert hat.

Andere wandern tagelang einsam auf den **Fernwanderwegen** der Insel – durch karstiges Hochgebirge, über *garriga*-bewachsene Hochplateaus, in schattigen Flusstälern, durch fruchtbares Marschland oder zu einsam gelegenen Einsiedeleien. Auf den Spuren der Vorreiter des Inseltourismus trifft man nicht nur auf illustre Gestalten wie Erzherzog Salvator und Sisi von Österreich, Chopin und George Sand, sondern auch auf den verstaubten Charme des vorletzten Jahrhunderts. Manches wurde sanft modernisiert, wie die Hotels aus der Zeit der Jahrhundertwende, manches scheint von seinem vorigen Besitzer soeben erst verlassen. So gibt es immer wieder Neues zu entdecken, obwohl oder gerade weil das meiste von den vielen bereits aufgespürt wurde. Die Insel gibt vielen Lesarten Raum.

Immer noch wird Jahr für Jahr die »Perle des Mittelmeeres« vom internationalen Jetset gefeiert. Man trifft sich in den Jachthäfen des Südwestens, an den nur von der Seeseite aus zugänglichen Buchten der Nordküste und rund um die zahlreichen Landzungen und felsigen Kaps. Spanische Banker einigen sich beim gemeinsamen Golfspiel über millionenschwere Geschäfte, deutsche Filmschaffende hecken beim Abendessen mit Blick auf Sa Dragonera neue Projekte aus und amerikanische Schauspieler genießen ihre Auftritte in den glanzvollen Bars von Palma.

*Kultur geht auch am
Strand*

Mallorca ist mehr als Strand und *Sangría*, doch nicht zuletzt die Vielfalt der **Strände** sucht ihresgleichen. Ob an den großzügig geschwungenen Buchten Palmas und Alcúdias, wo Tausende Platz finden, an den verwunschenen Calas des Südostens, wo Welle um Welle das Meer seinen beständigen Streit mit dem Land ausficht, ob an den felsigen Uferhängen des Westens oder an den einsamen Steilküsten im Norden: Für Tausende Urlauber werden die zwei Wochen auf der Insel zur schönsten Erinnerung des ganzen Jahres.

So scheinen weder Kritik noch Krise der Insel ernsthaft etwas anhaben zu können. Ruhig und selbstbewusst liegt sie an ihrem Platz und lädt jeden ein: Kommen Sie selbst, sehen und genießen Sie und lassen Sie die Vielfalt auf sich wirken! *Benvingut!*

Chronik
Daten zur Inselgeschichte

Ab 6500 v. Chr.
Die erste Besiedlung der Balearen erfolgt von der Iberischen Halbinsel oder von Südfrankreich aus. Nach und nach bauen die Neuankömmlinge die natürlichen Höhlen der Inseln zu ihrem Lebens- und Kulturraum aus. Auf Mallorca fand man die ältesten Überreste der frühen Besiedlung – menschliche Gebeine – in einer Höhle bei Son Muleta in der Nähe von Sollér.

Ab 2000 v. Chr.
Auf der Suche nach Zinn, Silber und Kupfer landen die seefahrenden Völker des Mittelmeerraums auch auf den Balearen und gründen oberirdische Siedlungen mit Hütten aus Steinmauern, die mit Holzsparren überdacht werden. Bei Ca Na Cotxera finden sich Überreste aus der Zeit (ca. 1900–1700 v. Chr.) ebenso wie bei Son Matge in der Nähe Valldemossas, wo man neben Überresten massiver Steinhäuser auch Keramik mit Impresso- und Ritzornamentik fand (ca. 1970–1770 v. Chr.). Funde bei Palma weisen auf die ersten oberirdisch gebauten Grabstätten hin.

Ab 1300 v. Chr.
Im Talayotikum, der balearischen Spielart der Bronze- und Eisenzeit, werden sogenannte Talayots erbaut: aus rohem Bruchsteinwerk errichtete Bauwerke, die als Wach- oder Verteidigungstürme, Häuptlingssitz, Lager, Stallungen oder auch Grabstätten genutzt werden. Auf den Balearen entstehen mehrere hundert dieser ca. acht Meter hohen Steintürme. Bei Capocorb Vell entwickelt sich die größte Talayotsiedlung Mallorcas.

Viereckiger Talayot mit gut erhaltenem Portal mit Türsturz: Sa Cova de Sa Nineta bei Son Serra de Marina

800–600 v. Chr.

Bei ihrer Ausbreitung über den gesamten Mittelmeerraum versuchen Griechen und Phönizier auch auf den Balearen sesshaft zu werden, scheitern aber am Widerstand der Urbevölkerung. Lediglich auf Ibiza gelingt es den Karthagern seit 654 v. Chr. eine dauerhafte Siedlung anzulegen. Dennoch beziehen griechische Seefahrer auch Mallorca in das von ihnen errichtete Handelsnetz des westlichen Mittelmeeres mit ein.

Ab 600 v. Chr.

Die Phönizier drängen den griechischen Einfluss zurück und gründen Städte auf Menorca. Mallorca widersetzt sich weiterhin einer Eroberung. Die Einwohner nutzen ihre Lage zwischen den Einflussbereichen zur einträglichen Seeräuberei. Bei den Auseinandersetzungen zwischen Griechen und Karthagern auf Sizilien im 5. Jh. v. Chr. verdingen sie sich als Steinschleuderer in den Söldnerheeren der Karthager, schlagen sich aber kurz darauf auf die Seite der gegen die Karthager rebellierenden Städte der Nordküste Afrikas. Der Name »Balearen« leitet sich wahrscheinlich von *Baliarides,* im Altertum »Steinschleuderer«, ab.

264–146 v. Chr.

Nach dem Aufstieg Roms im Verlauf des 3. Jh. v. Chr., drängen die Römer in den drei Punischen Kriegen den Einfluss der Karthager im Mittelmeer zurück. Im Ersten Punischen Krieg kämpfen die Mallorquiner auf Seiten Karthagos. Auf dem Rückzug der karthagischen Truppen aus Spanien im Zweiten Punischen Krieg, der mit Hannibals Zug nach Rom begann, landet Hannibals Bruder Mago auf den Balearen. Noch heute erinnert der Name der Hauptstadt Menorcas – aus dem antiken Portus Magonis wurde Maó – an das Ereignis. Mit dem Ende dieses Krieges endet auch der karthagische Einfluss auf Mallorca.

123 v. Chr.

Nach ständigen Piratenangriffen von der Insel aus auf römische Handels- und Kriegsschiffe landet Quintus Caecilius Metellus in der Bucht von Alcúdia und erobert Mallorca für Rom. Vom römischen Senat bekommt er hierfür den Beinamen *Balearicus* verliehen.

Quintus Caecilius Metellus Balearicus, auf einem römischen Denar

122 v. Chr.

Als Zeichen ihres endgültigen Sieges gründen die Römer Palma (*Palmaria* = die Siegespalme). Die Hauptinsel wird *Balearis Major* oder *Majorica,* ihre Schwesterinsel *Balearis Minor* oder *Minorica* genannt, beide werden in die Provinz *Hispania Citerior* eingegliedert. Die Romanisierung der Balearen beginnt mit der Besiedlung durch römische Veteranen und Kolonisten. Die Römer schaffen eine erste Infrastruktur für den Verkehr: Sie bauen Häfen, Brücken und Straßen und gründen Städte mit Marktplätzen und Tempeln. Unter römischer Verwaltung wird das Ackerland zu großen Gütern zusammengefasst. Neben Weinstöcken werden Ölbäume kultiviert, und die zahlreichen Tonvorkommen sorgen für einen Aufschwung des Töpfereigewerbes. Mallorca erlebt eine kulturelle und wirtschaftliche Blütezeit.

100–500 n. Chr.
Das Christentum breitet sich auf der Iberischen Halbinsel aus und erreicht von dort aus auch die Balearen. Spätestens im 4. Jh. ist der christliche Glaube fest in Mallorca verankert.

Ab 426
Die Vandalen greifen die Balearen von Spanien aus an, erobern und plündern unter König Geiserich im Jahr 465 die Insel. Unter Geiserichs Sohn Hunerich setzt ab ca. 500 eine Verfolgung der Christen ein.

534
Mit dem Eingreifen des byzantinischen Feldherrn Belisar endet die Herrschaft der Vandalen. Belisar besiegt die Vandalen vor Afrika und erobert 1534 auch die wichtigsten Mittelmeerinseln für den byzantinischen Kaiser Justinian. Die Balearen werden der Provinz Sizilien zugeschlagen.

Kaiser Justinian: Chormosaik in San Vitale in Ravenna

Ab 707
Arabische Einheiten greifen bei ihrer Eroberung Nordafrikas und der Iberischen Halbinsel auch die Balearen an und unterwerfen sie der Tributpflicht. Die Einwohner der Inseln verlegen sich wieder auf die Piraterie und gehen gleichermaßen gegen die sich auflösende byzantinische Flotte und gegen arabische Geschwader vor. Es kommt zu mehreren Strafexpeditionen gegen die Inseln. Auf ein Gesuch der Inselbewohner hin schickt Karl der Große 799 Hilfstruppen, 813 kann der Conde Armengol de Ampurias Mallorca vor der Übernahme durch die Mauren bewahren.

Relikt aus römischer Zeit: Pont Romá in Pollença

902

Erst unter der Regierungszeit des Kalifen Abd Allah wird Mallorca für das Emirat Córdoba von den Arabern erobert und zu einem wichtigen arabischen Flottenstützpunkt im Mittelmeer ausgebaut. Die Araber sorgen für den Wiederaufbau der Verwaltung und tolerieren unter bestimmten Auflagen die christliche und jüdische Religion. Unter arabischer Herrschaft erlebt Mallorca erneut eine Blütezeit.

1014

Als das Kalifat von Córdoba zerbricht, wird Mallorca Provinz des südspanischen Taifa-Königreichs von Denia.

1076

Denia wird vom Taifa-Königreich Zaragoza erobert. Die Balearen können ihre Eigenständigkeit bewahren und der wâlî Aglab al-Murtad proklamiert die Unabhängigkeit.

1113

Christliche Einheiten unter der Führung des Grafen von Barcelona, Berenguer III., plündern die Insel, müssen sich aber wieder zurückziehen. Die aus Marokko stammenden Almoraviden übernehmen die Macht in dem arabischen Teil Spaniens und damit auch auf den Balearen.

Karl der Große – hier auf einem Gemälde von Albrecht Dürer (um 1512, Germanisches Nationalmuseum, Nürnberg) – schickt 799 Hilfstruppen nach Mallorca

1147

Auch das Almoraviden-Reich in Spanien zeigt bald Verfallserscheinungen und wird von dem aus Nordafrika stammenden Berbervolk, den Almohaden erobert. Mallorca bleibt letztes Rückzugsgebiet der Almoraviden.

1203

Die Almoraviden müssen sich den Almohaden geschlagen geben und Mallorca wird wieder ins arabische Reich in Spanien eingegliedert. *Medina Mayurqa* (Palma) wird zu einer der acht bedeutendsten Städte des Westens gezählt.

1229

Von Salou aus erobert Jaume I. von Aragón Mallorca. Am 12. September, noch heutzutage Gedenktag für das Ende der arabischen Herrschaft über die Insel, landet das christliche Heer. Nach einer erfolgreichen Schlacht gegen arabische Verteidiger beginnt eine dreimonatige Belagerung Palmas.

Am 31. Dezember kapituliert der Emir schließlich und der Legende nach legt Jaume noch am selben Tag den Grundstein für die Kathedrale von Palma. Mallorca wird Teil des katalanisch-aragonesischen Herrschaftsgebietes. Das Land wird in den folgenden Jahren an aragonische Edelleute und Generäle verteilt, die es in großen Latifundien von meist rechtlosen Bauern bewirtschaften lassen.

Jaume I. von Aragón

Das Leben des Raimundus Lullus, Illustration aus der »Geschichte der Tempelritter«

1232
Der Begründer der mallorquinischen Literatur und einer der großen Mittler zwischen der arabischen, christlichen und jüdischen Kultur Spaniens, Ramon Llull oder Raimundus Lullus, wird in Palma geboren.

1276
Nach dem Tod Jaumes I., der die Selbstständigkeit Mallorcas anerkannt hatte, werden dessen Besitzungen unter seinen Söhnen aufgeteilt. Jaume II. übernimmt die Herrschaft und ruft das unabhängige Königreich Mallorca aus, das mit Perpignan und Montpellier auch Besitzungen in Südfrankreich umfasst. Er führt die Insel zu einer erneuten Blüte.

1285–1286
Alfons III. erobert in einer Strafexpedition Mallorca und Ibiza, weil Jaume II. von Mallorca Philipp III. von Frankreich bei der Invasion Kataloniens unterstützt hat.

1295
Der Nachfolger Alfons III., Jaime der Gerechte von Aragón, gibt die Herrschaft über Mallorca an Jaume II. zurück. Im Vertrag von Argilers muss Jaume von Mallorca allerdings die Oberherrschaft Aragóns anerkennen.

14. Jh.
Die aragonesischen Könige erhöhen die Abgabenlast der Balearen; soziale Unruhen brechen aus. Pest und Hungersnöte führen zur De-

zimierung der Bevölkerung. Von ca. 65 000 Einwohnern im Jahr 1364 sind 1424 nur noch 51 000 übrig. Mehrere Judenpogrome gipfeln während der Bauernaufstände 1391 in der Zerstörung von Palmas Judenviertel.

1324

Nach Sanç I. (1311–1324), dem Nachfolger Jaumes II., besteigt Jaume III. den Thron. Durch den Ausbau der mallorquinischen Flotte wird Palma zum bedeutendsten Hafen des Mittelmeeres. Im *Llibre de Privilegis del Regne de Mallorques*, einem kunstvoll mit Miniaturen ausgestatteten Gesetzbuch, werden 1334 in Katalanisch und Lateinisch die Privilegien und Rechte des Königreichs Mallorca festgelegt.

Der Ausbau der Handelsflotte und der wirtschaftliche Austausch mit dem gesamten Mittelmeerraum bringen Wohlstand und Bildung nach Mallorca. 1346 erkunden mallorquinische Seefahrer die Westküste Afrikas. Auf der Insel befindet sich eines der kartografischen Zentren Europas, und die dort gefertigten Portolankarten, die Küstenverlauf und Ankerplätze festhalten, zählen zu den besten ihrer Zeit. Heinrich der Seefahrer beruft noch Anfang des 15. Jh. mallorquinische Lehrer zum Aufbau der nautischen Ausbildung in Portugal.

1349

König Pedro von Aragón zieht gegen seinen Vetter Jaume III. von Mallorca und schlägt ihn vernichtend in der Schlacht von Llucmajor. Jaume fällt und Mallorca wird wieder der katalonisch-aragonesischen Krone einverleibt.

König Jaume III. von Mallorca

1450–1454

Volksaufstände, die sich gegen die Privilegien der oberen Stände richten, werden mit Unterstützung von aus Neapel zu Hilfe geholten Soldaten niedergeschlagen.

1469

Durch die Heirat von Ferdinand von Aragón und Isabella von Kastilien wird Mallorca Teil des sich bildenden spanischen Staates.

1492

Nach der Entdeckung Amerikas richtet sich das wirtschaftliche Interesse Spaniens auf den Atlantik. Die Folge ist der wirtschaftliche Niedergang der Balearen, die immer wieder von zahlreichen Angriffen osmanischer und nordafrikanischer Piraten heimgesucht werden. Die Festungsanlagen werden ausgebaut.

Ab 1520

Bauern- und Handwerkeraufstände werden von königlichen Truppen niedergeschlagen. 1521 gelingt es einer Junta, die Macht in Palma zu übernehmen. Der Vizekönig flieht nach Ibiza. Die überlebenden Adligen sammeln sich in Alcúdia, von wo aus im Jahr darauf der Vizekönig die Rückeroberung der Insel startet. Zu seiner Unterstützung wird eine 800 Mann starke Truppe vom Festland gesandt. Im Dezember 1522 belagern sie die Aufständischen in Palma, die sich am 8. März 1523 ergeben. Trotz der bischöflichen Vermittlung werden 200 Aufständische hingerichtet.

1701–15

Im Spanischen Erbfolgekrieg ergreifen die Mallorquiner Partei für den Habsburger Erzherzog Karl. Als nach dem Krieg Philipp von Anjou den spanischen Thron besteigt, muss sich Mallorca dem neuen König unterwerfen und verliert alle bis dahin geltenden Sonderrechte. Kastilisch wird Amtssprache und die Insel der stärkeren Zentralisierung des spanischen Staates unterworfen. Die Aufhebung der Monopolgesetzgebung im Handel mit Amerika unter den französischstämmigen Königen verhilft auch Mallorca zu neuer wirtschaftlicher Blüte.

19. Jh.

Palma wird erneut ein wichtiger Umschlagplatz für den Seehandel zwischen Nordafrika und Westeuropa. Revolutionsflüchtlinge aus Frankreich führen in Mallorca die Tuchherstellung ein und tragen zum wirtschaftlichen Aufschwung bei.

Hochzeitsbild von Ferdinand von Aragón und Isabella von Kastilien (1469, unbekannter Künstler)

1808

Mallorca unterstützt den Guerillakrieg der Spanier gegen die Herrschaft Napoleons und nimmt, beschützt von englischen Flottenverbänden, 40 000 Flüchtlinge vom Festland auf.

1835

Die Säkularisierung der Klöster und Kirchengüter stößt in Mallorca auf Widerstand.

1837

Zwischen Barcelona und Palma de Mallorca wird der Passagierverkehr aufgenommen. Ein Dampfer benötigt 18 Stunden für die Überfahrt.

1838/39

George Sand und Frédéric Chopin verbringen einen Winter in der Kartause von Valldemossa. Ihre Erinnerungen verarbeitet Sand zu dem Roman »Ein Winter auf Mallorca«.

George Sand und Frédéric Chopin, porträtiert von Eugène Delacroix

Ab 1867

Immer wieder reist Erzherzog Ludwig Salvator von Habsburg-Lothringen nach Mallorca, wo er sich später ganz niederlässt. Sein siebenbändiges Werk »Die Balearen in Wort und Bild« wird 1899 prämiert und gilt noch heute wegen seiner detaillierten Schilderungen als Standardwerk zu Natur und Kultur der Inseln.

1868–74

Nach der Entmachtung Isabels II. von Spanien kommt es auch auf Mallorca zu Aufständen. Konservative stürmen das Rathaus in Palma und setzen die Archive in Brand. Die 1873 ausgerufene spanische Republik scheitert nach nur elf

Monaten und im eher konservativ ausgerichteten Mallorca bleibt alles beim Alten. Drei Jahre später kann König Alfons XII. seinen Erholungsurlaub auf der Insel genießen.

1875
Zwischen Palma und Inca verkehrt die erste Eisenbahn der Insel.

1890
Ein schwerer Reblausbefall vernichtet beinahe alle Weinstöcke Mallorcas. Sie werden durch Mandelbäume ersetzt.

1901
Das Gran Hotel in Palma wird eröffnet.

1904
Antoni Gaudí, der bedeutendste Architekt des *Modernisme*, der katalanischen Spielart des Jugendstils, vollendet das Innere der Kathedrale von Palma.

1936–39
Im Spanischen Bürgerkrieg schließt sich Mallorca dem Putschisten General Franco an, der die Balearen als Truppenstützpunkte nutzt. Die Nachbarinsel Menorca wird von der sozialistischen Volksfront kontrolliert. Bombenangriffe der Republikaner auf Palma richten zwar nur wenig Schaden an, doch leidet die Insel am Rückgang des Fremdenverkehrs während des Bürgerkriegs.

Die Aussicht aus der Klosterzelle, in der George Sand und Frédéric Chopin den Winter 1838/39 verbrachten (Aquarell von George Sands Sohn Maurice)

Handelsbörse Sa Llotja und Kathedrale von Palma auf einer historischen Postkarte

1945

Joan Miró, der seit 1929 mit einer Mallorquinerin verheiratet ist, lässt sich auf der Insel nieder.

1956

Nordöstlich von Palma wird der erste Flughafen der Insel gebaut. Ebenfalls in den 1950ern entstehen die ersten großen Hotel- und Ferienanlagen.

1962

Erstmals werden am neuen Flughafen von Palma über eine Million Passagiere abgefertigt. Mit den Touristen verändert sich auch das wirtschaftliche und soziale Gefüge der Insel tief greifend, denn immer mehr Menschen arbeiten im Dienstleistungssektor und immer weniger in der Landwirtschaft. Zwischen 1900 und 1980 verdoppelt sich die Einwohnerzahl der Insel von 250 000 auf eine halbe Million.

Josep Lluis Sert errichtete 1954–1956 Mirós Atelier bei Cala Mayor

1975

Nach dem Tod Francos leitet König Juan Carlos die Demokratisierung Spaniens ein.

1983

Die Balearen erhalten den Status einer autonomen Region mit Palma de Mallorca als Hauptstadt. Katalanisch wird neben Kastilisch offizielle Landessprache.

Ab 1990

Mehrere Programme und Pläne zur Verbesserung des Tourismus werden verabschiedet. 1991/92 wird ein Drittel der Gesamtfläche der Insel unter Naturschutz gestellt. 1992 und 1997 muss der Flughafen, der inzwischen mehr als 14 Millionen Passagiere pro Jahr abfertigt, erweitert werden. 1996 kommt es zur ersten Sprengung eines Hotels, das nicht den Schönheitsrichtlinien Mallorcas entspricht.

1999

Erstmals dürfen bei Kommunal- und Regionalwahlen Europäer mit Erstwohnsitz auf Mallorca, deren Zahl auf über 30 000 angewachsen ist – darunter rund 10 000 Deutsche –, das aktive und passive Wahlrecht ausüben. Im selben Jahr löst zum ersten Mal seit der Wiedereinführung freier Wahlen nach dem Tod Francos eine Linkskoalition aus Sozialisten und Umweltschützern den rechtskonservativen *Partido Popular (PP)* ab.

2003

Die neue konservative Regierung schafft die umstrittene, 2002 eingeführte Ökosteuer wieder ab. Der Baustopp für die Ausweitung der Hotel- und Apartmentkapazitäten wird aufgehoben.

2007

Ein neues Autonomiestatut wird verabschiedet. Bei den Regional- und Kommunalwahlen wird der Inselrat erstmals direkt gewählt. In Palma verkehrt die erste U-Bahn-Linie der Insel. Die neu gewählte Linksregierung verhängt erneut einen Baustopp für besonders gefährdete Küstenregionen und Naturgebiete.

2009

Mit 85 Flaggen der internationalen Vereinigung für Umwelterziehung (FEE) erhält Mallorca so viele Gütesiegel wie noch nie für besucher- und umweltfreundlich angelegte Strände und Häfen. – Die baskische Untergrundorganisation ETA dehnt ihr Operationsgebiet auf die Baleareninsel aus. Am 30. Juli werden zwei Polizisten in Palma Nova durch eine Autobombe getötet und mehrere Passanten verletzt. Wegen der Fahndung nach den Attentätern wird der Flughafen tagelang geschlossen. Am 9. August explodieren vier weitere Sprengsätze in Palma.

Im Landesinneren prägen Windmühlen die Landschaft – noch heute werden sie zur Bewässerung genutzt

Die Entdeckungsreise beginnt: im Anflug auf Mallorca

2010

Auf den Balearen will man der Wirtschaftskrise mit verstärkten Investitionen im Tourismus begegnen. Dafür wird ein Gesetz verabschiedet, das die Genehmigung von Abrissen, Umbauten und Erweiterungen von Hotels erleichtern soll.

2011

Die Tramuntana wird in die Welterbeliste der UNESCO aufgenommen.

2013

Die geplante Umweltabgabe zur Deckung des Haushaltsdefizits, die im Touristiksektor vor allem Autoverleiher und Einrichtungen mit hohem Wasserverbrauch wie Golfplätze und Hotels betroffen hätte, ist vom Tisch. ❖

Königreich Mallorca
Regne de Mallorca – Taifa der Balearen

*Krönung Jaumes II. zum
König von Mallorca*

Das *Regne de Mallorca* – Königreich Mallorca –, so heißt es, existierte in der Zeit zwischen 1276 und 1349, in jenen kurzen, doch glanzvollen 73 Jahren, als **Jaume II.** von seinem Vater den balearischen Teil des Erbes übernahm und die Unabhängigkeit seines Königreichs Mallorca ausrief. Von Anfang an wurde diese Souveränität von den Verwandten aus Aragón mit Argwohn beäugt und nach 73 Jahren kurzerhand beendet. Doch davon später mehr. Die Eigenständigkeit der größten Baleareninsel mit oder ohne ihre kleineren Nachbarn Menorca, Ibiza und Formentera hat eine viel längere Geschichte, und immer wieder versuchten die stolzen Inselbewohner sich von den Fesseln des Festlands zu lösen.

Seit je wussten die Mallorquiner die Auflösungserscheinungen großer Reiche für sich zu nutzen und doch waren sie fast immer abhängig vom Wohlwollen und dem Schutz der größeren Nachbarn. Bereits 707, fünf Jahre bevor arabische Truppen von Nordafrika aus binnen weniger Jahre fast die gesamte Iberische Halbinsel überrennen sollten, machten sich muslimische Einheiten Mallorca tributpflichtig. Eigentlich war die Insel ja noch ein Teil der Provinz Sizilien, abhängig von **Byzanz**. Doch der Einfluss von Byzanz im Mittelmeerraum ging zurück. Immer heftiger wurden die Auseinandersetzungen mit den Arabern, und Mallorca lag lediglich am äußersten Rand des Reiches. So wurden die muslimischen Beutezüge auf die große Baleareninsel immer ungestümer, bis sich die Insulaner zu Tributzahlungen bereit erklärten und sich so die Truppen vom Leibe hielten.

Für die nächsten Jahrzehnte blieben die Araber mit der Expansion bis nach Frankreich und mit internen Auseinandersetzungen im schnell überrannten Spanien beschäftigt. Die Insel vor der Ostküste bewahrte eine gewisse Autonomie, und deren Bewohner nutzten ihre Freiheit und verlegten sich auf den Seeraub. Die zahlreichen kleinen Buchten und natürlichen Häfen auf der Insel und die Unwegsamkeit des Hinterlandes im Westen boten hervorragende Möglichkeiten. Schnell konnten die Angreifer nach getaner Arbeit verschwinden. In der Wahl ihrer Opfer machten die Mallorquiner nicht viele Unterschiede. Italienische Handelsschiffe, byzantinische Restgeschwader oder moslemische Galeeren – schon bald fürchteten alle das Piratennest Mallorca.

Andererseits wurde die Insel selbst immer wieder Opfer von Überfällen, seien es arabische Strafexpeditionen oder Attacken christlicher Korsaren, die ihrerseits das Aufbringen von Handelsschiffen rächten oder einfach der Aussicht auf gute Beute folgten. So fing 813 Armengol, der Graf von Ampurias, eine maurische Flotte vor Mallorca ab, die von Korsika kam. Einige Jahre später, 859, verwüsteten normannische Seefahrer Mallorca, Menorca und Formentera. Schließlich wurde es den Herrschenden auf der Iberischen Halbinsel zu bunt. Im Jahr 902 eroberten sie Mallorca und gliederten es dem Emirat von **Córdoba** ein.

Gut 100 Jahre dauerte die Anbindung Mallorcas an Córdoba. Dann zerfiel das Umayyaden-Reich in Spanien in mehrere kleine König-reiche, sogenannte Taifas. Mallorca wurde Teil des Taifa-Königreichs **Denia**, das im Mittelmeer eine beeindruckende Streitmacht unterhielt. Der Gouverneur Mallorcas konnte schon bald eine weitgehende Au-tonomie von Denia durchsetzen. Als Denia 1076 den Angriffen seines nördlichen Nachbarn Zaragoza erlag, gelang es dem regierenden Statthalter ibn Aglab al-Murtad, die Unabhängigkeit der Balearen zu bewahren. Gemeinsam mit Menorca, Ibiza und Formentera bildete sich das **Taifa-Königreich Mallorca** oder Taifa der Balearen. Eigene Münzen wurden geprägt und man versuchte sich abseits der konti-nentalen Querelen zu halten. An der wirtschaftlichen Betätigung der Insulaner änderte sich freilich wenig. Die größte Einnahmequelle blieb die Piraterie. In einem Kleinkrieg überfielen die Mallorquiner die Küstenstädte Nordafrikas und Spaniens oder brachten wieder christliche Handelsschiffe auf, die ihrerseits mit Akten der Piraterie antworteten. 1108 erprobte Sigurd von Norwegen auf dem Weg ins Heilige Land seine Streitkräfte schon mal im westlichen Mittelmeer und überfiel die Ungläubigen auf Mallorca. Auch auf dem benach-barten Festland erstarkten die christlichen Königreiche, für die es ein-facher war, in wechselnden Allianzen gegen die zersplitterten Taifas zu kämpfen als vormals gegen das zentral von Córdoba aus regierte Al-Andalus. Erstmals konnten die Christen ernsthaft den Gedanken ins Auge fassen, dem muslimischen Piratennest den Garaus zu ma-chen und die Insel zu erobern.

Um 1113 griff ein katalanisch-pisanisches Heer die größte Balea-reninsel an. Die muslimischen Herrscher Mallorcas forderten Hilfe an und die Almoraviden kamen: vom spanischen Festland, wo sie mittlerweile die Taifa-Königreiche gegen die Christen unterstützt hat-ten, und von Nordafrika, ihrer angestammten Heimat. Doch die Ab-wehr der Christen beendete auch die Unabhängigkeit des ersten Königreichs Mallorca. Die **Almoraviden** übernahmen die Macht und gliederten die Balearen 1116 ihrem Reich ein, das vom nördlichen Afrika bis nach Spanien reichte. Doch auch ihnen war keine allzu lange Herrschaft beschieden. Schon Mitte des 12. Jahrhunderts er-oberten die Almohaden, ein Berbervolk, erst Nordafrika und dann Al-Andalus. Nur Mallorca und die benachbarten Balearen widerstanden wieder einmal dem Ansturm. 1146 erklärte **Muhammad ibn Ali ibn Ganiya**, Gouverneur der Insel seit 1126, die Unabhängigkeit. Die Oberherrschaft des Kalifats der Abbasiden im fernen Bagdad er-kannte er zwar an, doch Bagdad war schließlich weit und die Macht der Abbasiden längst im Sinken begriffen.

Wohl waren sich die Herren der Insel ihrer prekären Lage bewusst. Erneuten Angriffen vereinter christlicher Kräfte würden sie kaum wi-derstehen können. Also verlegten sie sich darauf, die Christen zu spal-ten. Immer wieder erneuerten sie Verträge mit den italienischen Stadt-staaten und garantierten deren Schiffen einen ruhigen Handel im westlichen Mittelmeer. Die Küsten und Seefahrer Kataloniens, das christliche Könige längst von den Arabern zurückerobert hatten, blie-ben den ständigen Angriffen der mallorquinischen Seeräuberei aus-geliefert. Von Mallorca aus organisierten die Almoraviden außerdem den Widerstand gegen ihre ungeliebten Glaubensbrüder. Mehrmals griffen sie nordafrikanische Befestigungen der Almohaden an und

> **Königreich Mallorca**

feierten auch einige militärische Erfolge. Schließlich bereitete Anfang des 13. Jahrhunderts der **Kalif der Almohaden** dem Spuk ein Ende. 1203 eroberte er Mallorca und wieder war die Unabhängigkeit dahin.

Die christliche Eroberung Mallorcas ging vom Königreich Aragón aus, doch die Kraft reichte zunächst nur für die Hauptinsel. Angesichts von Streitigkeiten unter seinen Granden verzichtete **Jaume I.** auf die Eroberung der kleineren Nachbarinsel Menorca und wählte eine politische Lösung. Im Vertrag von Capdepera von 1231 ließ er sich die Anerkennung der Oberhoheit Aragóns durch den Gouverneur Menorcas zusichern. Dafür wurde nun Menorca zu einem eigenständigen Taifa-Königreich erklärt und die arabische Kultur konnte für ein weiteres halbes Jahrhundert bestehen bleiben.

Nach dem Tod Jaumes I. war es schließlich wieder einmal so weit. In seinem Testament hatte der Herrscher sein Reich geteilt. Der ältere **Pedro** erbte die Kronen Aragóns und Valencias sowie die katalanischen Grafschaften, der jüngere **Jaume II.** diejenige Mallorcas mit Ibiza, Formentera und dem tributpflichtigen moslemischen Menorca, die Grafschaften Roussillon und Cerdanya sowie einige Gebiete in Okzitanien.

Den Mallorquinern gefiel die Teilung. Über die Provinzen jenseits der Pyrenäen waren sie mit der Rhone und den wichtigen Messen in Frankreich verbunden. Die katalanischen Kaufleute dagegen murrten. Sie hatte man dieser Verbindung beraubt und natürlich auch des strategisch wichtigen Hafens von Palma. Die Streitereien gingen so weit, dass die Brüder und später Neffen und Cousins gegeneinander in den Krieg zogen. Jaume II. unterstützte Frankreich bei der Invasion Kataloniens und als Pedro die Franzosen vertrieben hatte, schwor er seinem Bruder Rache. Von einem frühen Tod ereilt, konnte er selbst sein Heer nicht mehr anführen, doch sein Sohn eroberte die Insel wieder für Aragón.

Trotz der Niederlage blieb das Schicksal den Mallorquinern hold. Jaume wurde in seinen Gebieten auf dem Festland militärisch von Frankreich unterstützt und der Papst, Verbündeter der Franzosen, machte sich zum Anwalt der mallorquinischen Eigenständigkeit. Im **Vertrag von Argelers** gab der König von Aragón 1298 die Herrschaft über Mallorca an Jaume II. zurück – freilich nicht, ohne dass dieser eine aragonesische Oberherrschaft anerkennen musste.

Castell Bellver bewacht Palma seit fast 800 Jahren: Von außen gibt es sich wehrhaft ...

Jaume begann nun mit der Konsolidierung seine Herrschaft. Er prägte eigene Münzen, legte den Grundstein von Castell Bellver, trieb den Bau der Kathedrale von Palma voran, gründete wichtige Städte, residierte in Sineu und befreite seine Untertanen von der Abgabenpflicht gegenüber Aragón. Die dortigen Granden antworteten mit Seeblockaden und Piraterie, woraufhin Mallorca bei Pisanern und Genuesen Unterstützung suchte. Es wird auch diese Verbindung gewesen sein, die zu dem großartigen Aufschwung Mallorcas beitrug. Die Handelsflotte wurde ausgebaut und der wirtschaftliche Austausch mit dem gesamten Mittelmeerraum brachte Wohlstand und Bildung auf die Insel. Ramon Llull eröffnete seine Sprachenschule und dadurch den Christen einen Zugang zu den arabischen Wissenschaften. Die ersten Dichtungen in katalanischer Sprache wurden von diesem verrückten Heiligen in Mallorca zu Papier gebracht, einige Jahrzehnte bevor Dante Alighieri in seiner »Göttlichen Komödie« die Volkssprache hoffähig machte.

... und im Waffenhof mit der doppelten Bogen-galerie fast verspielt

Nach der christlichen Eroberung waren die Juden weitgehend unbehelligt geblieben. In der jüdischen Gemeinschaft Palmas bildete sich eine nautische Schule heraus, die geografisches Wissen bündelte. Von den Arabern hatte man die Fertigung von Astrolabium und Kompass gelernt, die Juden gaben die Fertigkeit an die christlichen Seefahrer weiter. Die besten Kartografen des Mittelmeeres arbeiteten in Palma de Mallorca. Noch im 15. Jahrhundert, als der portugiesische Infant Heinrich der Seefahrer nach einem Lehrmeister für die Kosmografen Portugals suchte, verfiel er natürlich auf einen Juden aus Palma, den man in Portugal nur Jaime von Mallorca nannte.

In der ersten Hälfte des 14. Jahrhunderts gehörten die Mallorquiner zur Avantgarde der europäischen Seefahrt. Sie drangen bis in den Atlantik vor, an die Westküste Afrikas. Doch mit dem Ruhm der kleinen Insel im westlichen Mittelmeer wuchsen auch ihre Feinde. Die italienischen Stadtstaaten wachten eifersüchtig über das Heranwachsen des Konkurrenten. Mal unterstützten sie ihn gegen Katalonien, mal schlugen sie sich auf die Seite seiner Gegner. Frankreich stürzte sich in den Hundertjährigen Krieg und kümmerte sich nur noch wenig um die Angelegenheiten im Mittelmeer. Anfang der 1340er-Jahre endlich erkannte Pedro IV. von Aragón die günstige Gelegenheit. Unterstützt von den Patrizierfamilien aus Katalonien zog er gegen seinen Cousin **Jaume III.** von Mallorca in den Krieg. Jaume floh ins Roussillon und versuchte 1349 die Perle seines Reiches zurückzuerobern. Bei Llucmajor trafen die beiden zur entscheidenden Schlacht aufeinander. Jaume III., König des zum letzten Mal unabhängigen Mallorca, fiel und bald darauf brach der letzte mallorquinische Widerstand zusammen.

Noch heute gedenken die Mallorquiner mit Wehmut der glorreichen Zeit ihrer Unabhängigkeit. Als 1997 die spanische Infantin Cristina den baskischen Handballprofi Iñaki Urdangarín heiratete, gaben die Medien die Verleihung des Titels »Duques de Mallorca«, Herzöge Mallorcas, bekannt. Das Entsetzen auf der Insel war riesig. Noch nie, so hieß es, sei Mallorca ein schnödes Herzogtum gewesen, immer schon ein Königreich. Ein paar Tage später ruderte die Presse zurück. Natürlich hätte es Palma heißen müssen. Herzöge von Palma sind die beiden, Mallorca verdient einen größeren Titel. ✦

Eine Goldmünze (Florin de Aragón) mit dem Bildnis Pedros IV. von Aragón

Wer möchte an diesem Traumstrand der Cala Mequida im Nordosten der Península de Llevant nicht gern verweilen?

Die schönsten
Reiseregionen Mallorcas

Palma

Kulturelles und politisches Herz der Insel

Ciutat, Stadt, nennen die Inselbewohner ihre Hauptstadt und bringen damit die Bedeutung Palmas für Mallorca ebenso schlicht wie einprägsam zum Ausdruck. Seitdem die Römer mit der Gründung der Stadt ihren Sieg über die unbeugsamen Mallorquiner krönten, zeugt Palma von den Wechselfällen der Geschicke der Insel. Hier fließen alle Verkehrsadern zusammen, hier liegt das kulturelle und politische Zentrum, von hier nahm die Erschließung der Insel für den Massentourismus ihren Ausgang und hier eröffnen sich dem aufmerksamen Besucher der Zauber und die Widersprüche der größten Baleareninsel.

Palma (map)

Ein Rundgang durch Mallorcas Hauptstadt

Bezaubernd: der Blick auf den Hafen und die Altstadt von Palma

La Seu – Museu de Mallorca – Banys Àrabs – Santa Clara – Sant Francesc – Església del Socors – Santa Eulàlia – Ayuntament – Plaça Marquès de Palmer – Plaça Major – Sant Miquel – Mercat de l'Olivar – Teatre Principal – Fundació La Caixa – Can Casasayas – La Rambla – Santa Magdalena – Carrer de Sant Jaume – Plaça del Rei Joan Carles – Casal Solleric – Consolat de Mar – Sa Llotja – S'Hort del Rei – Palau de l'Almudaina.

Auch wenn nur noch Weniges aus der Zeit der Römer und Mauren, die Palma zu den acht bedeutendsten Städten des Westens zählten, vorhanden ist, gehört die Altstadt zu den größten und besterhaltenen des Mittelmeerraums. Jahrhundertelang dämmerte sie vor sich hin, bis sie vor einigen Jahren ein Restaurierungsprogramm aus dem Dornröschenschlaf weckte. Heute präsentiert Palma eine herausgeputzte Altstadt mit schicken Boutiquen, international renommierten Kunstgalerien und Museen. Der Jetset ankert im Jachthafen Porto Pi oder steigt in aufwendig restaurierten Bürgerhäusern der Altstadt ab. Fast nahtlos schließen sich im Südosten der Stadt die lang gezogenen Strände an, ein Glücksfall nicht nur für die Touristen, sondern auch für die sonnenhungrigen Bewohner der Stadt. So ist ein Besuch der Hauptstadt mit wenig Aufwand verbunden. Wer vormittags durch die Altstadt bummelt und bei einer Tasse Kaffee das bunte Treiben beobachtet, kann nachmittags schon wieder am Strand entspannen. Und trotz der Tausenden von Touristen, die sich im Sommer durch die engen Gassen schieben, spürt man auch dann den besonderen Zauber der Stadt.

Einen Rundgang beginnt man am besten am höchsten Punkt der Stadt. ❶ **La Seu**, die Kathedrale, liegt nicht nur im Zentrum der Altstadt, von dieser Stelle, an der zur Zeit der maurischen Herrschaft die Hauptmoschee stand, bietet sich auch ein spektakulärer Blick über die Altstadt und die lang gezogene Bucht von Palma.

Jaume I. legte den Grundstein für die Kathedrale in der Silvesternacht 1229, als seine christlichen Truppen Palma erobert hatten. Die Bauarbeiten schritten nur schleppend voran. Ab 1269 begann die Errichtung der Capilla Real, der Königskapelle im Chor. Vollendet wurde der Bau schließlich erst 1904 von Antoni Gaudí, der dem Innenraum der gotischen Kathedrale, die zu den größten Europas zählt, seine endgültige Form gab. So hat La Seu viele Baumeister und darunter sind zahlreiche illustre Gestalten der europäischen Architekturgeschichte. So war beispielsweise Guillem Sagrera, dem man 1420 die Leitung der Dombauhütte übertrug, 1416 vom Kirchenrat in Girona zu einem der zwölf bedeutendsten Baumeister des Abendlandes erklärt worden.

Am besten steigt man über die großzügig angelegte Freitreppe zur Südfassade der Kathedrale, die sich früher eindrucksvoll im Meer spiegelte und heute im künstlichen See des **Parc de la Mar**. Der Park entstand, als man den Passeig Marítim, die Uferstraße, anlegte. Bis dahin lag die Kathedrale direkt den Unbillen des Meeres ausgesetzt. Da man den Spiegelungseffekt nicht verlieren wollte, hat man einen See geschaffen, der die Kathdrale vor allem nachts reflektiert. Der Park dient als Ausstellungsfläche und Freilichtbühne.

Wahrzeichen Palmas: Die Kathedrale La Seu im Zentrum der Altstadt ...

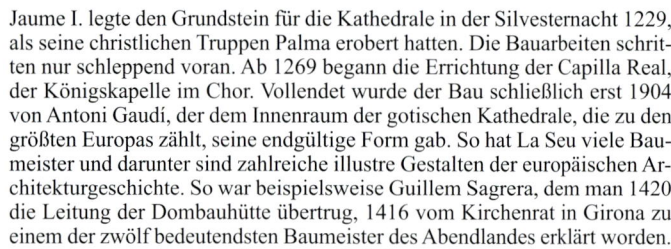

Der von wuchtigen Strebepfeilern beherrschte Kathedralbau öffnet sich im Süden über die heute meist verschlossene **Puerta del Mirador** aus den Jahren 1380–1430, ein prachtvolles Seitenportal, das eine Darstellung des Abendmahls und Christus im Kreise der Engel zeigt. Bei der Umrundung der Kathedrale Richtung Westen passiert man die **Puerta de l'Almudaina** aus dem 16. Jahrhundert unterhalb der unvollendet gebliebenen Westfassade mit ihren seltsam verkürzt wirkenden Türmen. Das mächtige, reich verzierte Portal zeigt die Patronin der Kathedrale, die Muttergottes, umrahmt von den beiden Johannes, dem Täufer und dem Evangelisten.

Ins Innere gelangen wir schließlich durch das Almosenhaus, **Casa de l'Almoina**. Nach der Durchquerung der Sakristei erreicht man die beiden Kapitelsäle, die heute den Domschatz beherbergen. Hier befindet sich auch der Zugang zum Glockenturm und zum Kreuzgang sowie das Museum, das die ältesten Altarretabel der Kathedrale zeigt, Kultgegenstände und Schreckensschreie.

»Kathedrale des Lichts« wird La Seu auch genannt, und wer den dreischiffigen Innenraum betritt, versteht warum: Erhellt durch die größte Rosette der Welt, streben die ungewöhnlich schlanken Pfeiler in die Höhe und schaffen gemeinsam mit der Größe der Anlage eine ungeheure Raumwirkung. Im Altarraum unter der baldachinartigen Krone von Antoni Gaudí, die die königliche Würde des Erlösers symbolisiert, ist vor allem das kunstvoll geschnitzte Chorgestühl aus dem Jahr 1328 sehenswert. Die beiden davor platzierten steinernen Kanzeln sind ein Werk des aragonesischen Bildhauers Juán Salas und besonders die Evangelistenkanzel auf der linken Seite gilt als eines der beeindruckendsten Werke der spanischen Frührenaissance.

Von den 18 in den Seitenschiffen und im Chor untergebrachten Kapellen sollte man auf jeden Fall den ältesten Teil der Kirche aufsuchen, die **Capilla Real** von 1269 mit dem Hochaltar und dem Bischofsthron aus der zweiten Hälfte des 13. Jahrhunderts im Chor. In der **Capilla Trinidad**, der Dreifaltigkeitskapelle, ebenfalls im Chor, liegen die beiden mallorquinischen Könige Jaume II. und Jaume III. begraben, unter denen die Insel eine ihrer größten Blütezeiten durchlebte. Die **Capilla de Corpus Cristi** gilt als die schönste Seitenkapelle der Kathedrale mit einem geschnitzten Altaraufsatz von Jaume Blanquer aus dem 17. Jahrhundert. Seit dem Jahr 2007 konkurriert mit ihr um diesen Titel die **Petruskapelle** rechts neben dem Hauptchor, in der von Miquel Barceló in einer »Haut aus Ton« die Darstellung der »Speisung

der Fünftausend« modelliert wurde – ein farbenprächtiges Halbrelief, an dessen Fischen, Broten, Früchten und Totenschädeln man sich kaum sattsehen kann.

... beeindruckt innen mit einem prächtigen Farbenspiel

Erwähnenswert ist außerdem auf der Südseite die **Capella Nostra Senyora de la Corona** (Kapelle der Madonna mit der Krone), mit einem Altaraufsatz, der als eines der bedeutendsten Beispiele des Churriguerismus gilt, ein nach dem spanischen Architekten José de Churriguera (1665–1725) benannter Stil, der in Spanien und Lateinamerika weit verbreitet ist, und sich durch überbordende, rokokoartige Dekoration auszeichnet. Ebenso sehenswert ist die **Martins- und Antoniuskapelle** mit ihren barocken Altaraufsätzen von Francisco Herrera und natürlich die **Capella de Nuestra Senyora de Sa Grada** (Kapelle der Madonna von der Treppe), Zentrum des Marienkultes im Dom mit einer Maria mit Kind aus dem 14. Jahrhundert. Die Treppe, auf die der Name der Kapelle anspielt, führte früher in einen Kreuzgang und wurde bei der Erweiterung der Kathedrale abgerissen.

Der Altaraufsatz der westlichsten Kapelle im Südschiff, der **Benediktskapelle**, stammt vom Herreraschüler Carbonell und zählt zu den besonderen Kunstschätzen der Kathedrale. Über der von der heiligen Gertrud und der heiligen Scholastika umrahmten Benediktsfigur steht die Muttergottes als Patronin der Seefahrer. In der einen Hand hält sie das Jesuskind, in der anderen ein dreimastiges Schiff. Direkt gegenüber liegt die dem Patron der Stadt, dem heiligen Sebastian, geweihte Kapelle, ebenfalls eine Arbeit Francisco Herreras.

Nach dem Verlassen der Kathedrale lohnt es sich, den Weg entlang ihrer Fassade zu wählen. Im **Carrer de Sant Bernat** (Haus Nr. 1), dem **Carrer de Sant Pere Nolasc** (Nr. 1) und bei einem Abstecher in den **Carrer Morey** (Nr. 8, 9, 11, 12, 33) eröffnen sich Einblicke in die historischen Innenhöfe der Stadtpaläste mit ihren umlaufenden Holzbalkonen, Ziehbrunnen und

Besonders in den frühen Morgenstunden, wenn nur wenig Touristen die Kathedrale besuchen (Eintritt bis 10 Uhr frei) und die Sonne direkt durch die an der Ostfassade angebrachte Rosette scheint, tanzt ein prächtiges Farbenspiel durch das Kircheninnere und lädt zum stillen Verweilen ein.

Gut gepflegt präsentieren sich die typischen Bürgerhäuser in der Altstadt

Schattig und kühl: die Banys Àrabs

Arkaden. Nur wenige dieser für Palma typischen Bürgerhäuser lassen sich noch besichtigen. Sie vermitteln einen guten Eindruck vom vormaligen Reichtum ihrer Bewohner. Da sich der Sandstein aus Santanyi, ursprünglich das Material für den Hausbau in Palma, nicht für gewölbte Rundbögen eignete, entwickelte man die für Mallorca typische Bauweise der Patios: Korbbögen ruhen auf ionischen Säulen. Je wohlhabender die Besitzer der Herrenhäuser, desto größer wurde die Variation der verwendeten Materialien. Statt Sandstein verwendete man im 17. und 18. Jahrhundert oft Marmor. Die Bauweise jedoch blieb die gleiche.

Am **Can Ordines d'Almadrá** im Carrer Morey Nummer 8 findet sich eine 1500 Jahre alte römische Inschrift, die bis heute der Wissenschaft Rätsel aufgibt: »Manllae C E Severae«. An derselben Hausfassade, neben dem Familienwappen, weisen zwei steinerne Frauenfiguren, die sich die Zeigefinger auf die Lippen legen, auf die auch auf Mallorca traditionelle Frauenrolle hin: »Heirate und schweige, denn Schweigen bringt Freude!« – so die danebenstehende lateinische Anweisung. An der Ecke zur Almudaina grinst eine hölzerne Fratze auf den Besucher herab. Ähnliche Masken, *carasses* genannt, waren früher an allen strategischen Punkten der Stadt zum Schutz vor bösen Geistern angebracht.

Wieder zurück in Richtung Süden gelangt man zum ❷ **Museu de Mallorca**, das sich der Geschichte der Insel widmet. Es ist in einem Stadtpalast untergebracht, der 1634 auf den Fundamenten eines der ältesten arabischen Häuser Palmas errichtet wurde. Die Fassade wird von dem Fresko »Die Verspottung« geschmückt. Die Sammlung des Museums umfasst Exponate aus der reichen Geschichte der Insel, von Kopien neolithischer und bronzezeitlicher Häuser über Schätze aus der Römerzeit bis zur kompletten modernistischen Einrichtung im Obergeschoss. Wer etwas Zeit mitbringt, sollte sich den Gang durch die Inselhistorie auf keinen Fall entgehen lassen.

Weiter geht es auf dem Weg Richtung alte Stadtmauer, die seit der Maurenherrschaft die Altstadt begrenzt, vorbei an mehreren (neo)gotischen und barocken Gebäuden wie **Can Espanya-Serra** (Nr. 8), einer ehemaligen Pension, **Posada de la Cartoixa** mit der schweren Eisenkette am Barockportal (Nr. 12) und **Can de la Torre**, dem derzeitigen Sitz der Architektenkammer (Nr. 14). Der **Carrer Portella** gibt einen Blick durch die Stadtmauer aufs Meer frei.

Nach kurzem Weg parallel zur Stadtmauer erreicht man eines der wenigen erhaltenen Überbleibsel maurischer Architektur, die ❸ **Banys Àrabs**, Badehäuser aus dem 10. Jahrhundert. Ein kleiner Raum wird durch zwölf schlanke Säulen unterteilt. Kreisrunde Öffnungen in der halbrunden Dachkuppel sorgen für Lichteinfall je nach Tages- und Jahreszeit. Der angrenzende verwunschene Patio mit Kakteen, Palmen und Zitronenbäumen erzählt von arabischer Gartenbaukunst.

Gleich hinter den arabischen Bädern befindet sich das Minarett von ❹ **Santa Clara**, ein islamischer

Ein großer Moment: Auf dem Weg ins Ayuntament von Palma

Turm innerhalb einer katholischen Klosteranlage. Bis heute wird über den Ursprung des Turms gerätselt. Einige behaupten sogar, das Minarett hätte zu einer Synagoge gehört, denn von hier aus tauchen wir ein in das **Call**, das alte Judenviertel, das sich zwischen dem Carrer Calatrava und der Plaça Major erstreckte.

Verwinkelte Gassen öffnen sich auf die Plaça Sant Francesc, eindrucksvoll beherrscht von der hochgotischen Fassade der Kirche ❺ **Sant Francesc** mit ihrem überbordend dekorierten Portal. Der zur Kirche gehörige Kreuzgang mit seinen fein gearbeiteten Kapitellen gilt als der schönste Mallorcas. Das düstere Kircheninnere bildet einen Gegenentwurf zur lichtdurchfluteten Kathedrale. Hier wird der Gläubige ganz auf sich selbst geworfen. Die roten Kreuze an den Pfeilern erinnern an ein Gemetzel unter Mallorcas Adligen im Jahr 1490. Aus nichtigem Anlass kam es am Allerseelentag zu Straßenschlachten in Palma, die 300 Todesopfer forderten. Im Inneren von Sant Francesc liegt außerdem der Gelehrte und Begründer der mallorquinischen Literatur, Ramon Llull oder Raimundus Lullus, begraben.

Gleich hinter der Sant Francesc, an der Plaça Quadrado 9, befindet sich **Can Barceló**, ein Haus mit einer blauen Kachelfassade im Jugendstil. Die Kacheln stammen aus der einstmals berühmten Inselmanufaktur La Roqueta, die ihren Betrieb längst eingestellt hat. Daran anschließend erstreckt sich **Sa Gerreria**, eines der ältesten Viertel Palmas, und dort, wo der Carrer Gerreria auf die Plaça Quadrado stößt, findet sich mit **Can Serra** eines der ältesten Bürgerhäuser der Stadt, gotisch und mit mittelalterlichen Fenstern. In der nahe gelegenen ❻ **Església del Socors** erinnert ein großes Bild an eine der tragenden wirtschaftlichen Kräfte der Stadt. Hier durfte sich die Töpferzunft auf einem großen Bild verewigen.

Wieder zurück geht es an Sant Francesc vorbei über den nach dem Konvent benannten Carrer zur ❼ **Santa Eulàlia** auf dem gleichnamigen Platz. Die Kirche aus dem 13. und 14. Jahrhundert besticht vor allem durch ihr üppig mit Fabelwesen, Wasserspeiern und Heiligen geschmücktes Portal. Sie ist neben der Kathedrale die einzige dreischiffige Kirche Palmas und wurde als eine der ersten Pfarrkirchen nach der Eroberung von den Mauren errichtet.

Ein kleines Stückchen weiter nach links trifft man an der Plaça Cort auf das ❽ **Ajuntament**, das Rathaus. Hier residiert der Stadtrat, während die

In der Fronleichnamswoche werden viele Patios in Palma für Besucher geöffnet.

31

Verwaltung auf verschiedene Gebäude der Stadt verteilt ist. Den Innenhof des Palastes aus dem 17. und 18. Jahrhundert kann man nur auf Anfrage besichtigen; von außen beeindruckt das mit Schnitzereien reich verzierte Dachgesims der Fassade im Übergang vom Manierismus zum Barock. An der rechten Seite des Portals kriecht eine Schnecke und verweist auf den Schöpfer der Üppigkeit: *Mestre Caragol*, Meister Schnecke, so hieß der Steinmetz des Portals.

Der **Carrer de Colom**, eine der vornehmsten Einkaufsstraßen der Stadt, führt auf der ❾ **Plaça Marquès de Palmer** zu zwei bemerkenswerten Jugendstilhäusern aus den Anfangsjahren des 20. Jahrhunderts. Die Pläne für die geschwungene Fassade des **Can Rei** stammen von dem Goldschmied

Lluís Forteza Rey und das **Edifici l'Aguila** wurde nach Plänen von Gaspar Bennàssar errichtet. Die sich anschließende großzügige Fußgängerzone, deren Zentrum die ❿ **Plaça Major** mit einladenden Straßencafés und einem samstäglichen Markt bildet, erstreckt sich fast bis zum Zentrum der Stadt, dem Mercat de l'Olivar. Bevor man eintaucht in den schönsten von Palmas Viktualienmärkten mit seinem reichhaltigen Angebot an Fisch und Fleisch, Gemüse und Obst, lohnt ein kurzer Besuch der Pfarrkirche ⓫ **Sant Miquel**. In der beliebtesten Kirche der Stadt befindet sich die pausbäckige Madonna mit dem Kind, die mit Jaume I. auf die Insel gelangte und vor der er angeblich hier, wo ehemals eine Moschee stand, die erste Messe lesen ließ.

Auf der großzügigen Plaça Major lässt es sich entspannt ein Gläschen trinken

Nach einer Stärkung in einer der zahlreichen Tapasbars an den Eingängen des ⓬ **Mercat de l'Olivar** schlendert man Richtung Südwesten zum ⓭ **Teatre Principal**, einem Gebäude in der opulenten Ausstattung der zweiten Hälfte des 19. Jahrhunderts. Montserrat Caballé gehörte des Öfteren zu den Gästen und im Frühjahr und Herbst finden hier die jährlichen Opernfestspiele statt. In dem ehemaligen Gran Hotel des berühmten katalanischen Modernisme-Architekten Lluís Domènec i Montaner gleich gegenüber befindet sich heute die ⓮ **Fundació La Caixa**, die wechselnde Kunstausstellungen zeigt.

Ein kleiner Abstecher führt zu der sich an die Plaça Weyler anschließenden Plaça Mercat mit dem wahrscheinlich ungewöhnlichsten Modernisme-Haus, ⓯ **Can Casasayas** an der Nummer 13. Links und rechts eines schmalen Gässchens türmen sich die schwungvollen Fassaden des Hauses, die es ohne Weiteres mit den schönsten Beispielen modernistischer Architektur in Barcelona aufnehmen können.

Wieder vorbei am Gran Hotel geht es auf einen der beiden Prachtboulevards der Stadt, die unter schattigen Platanen zum Flanieren und Verweilen einladen. Die ⓰ **Rambla** gehört vor allem den Blumenverkäufern; an ihrem oberen Ende biegt man am Botanischen Garten nach links zur Kirche ⓱ **Santa Magdalena** ab. Hier lebte die einzige weibliche Inselheilige, Catalina Tomás aus Valldemossa, und hier wurde sie auch zu Grabe getragen.

Von der Kirche führt eine der schönsten Straßen Palmas, der ⓲ **Carrer de Sant Jaume**, zur Plaça del Rei Joan Carles I. Adelspaläste säumen das mittelalterliche Gässchen und lassen nur wenig Licht auf das dunkle Pflaster fallen. Hier haben sich renommierte Galerien und Werkstätten angesiedelt.

Am unteren Ende lohnt der barocke Innenhof des **Hotel Born** ebenso einen Blick wie der neogotische des gegenüberliegenden Gebäudes **Can Rullan**, das heute die **Fundació Barceló**, ein Kulturzentrum zur Förderung junger Künstler, beherbergt. Dort, wo der Carrer Jovellanos auf den Platz mündet, stoßen wir auf **El Cap de Moro**, einen Maurenkopf, der an den armen Tropf erinnert, den vor 250 Jahren der Korsar Antoni Barceló an dieser Stelle hinrichten ließ.

Am Schildkrötenbrunnen auf der **19** **Plaça del Rei Joan Carles** vorbei tauchen wir schließlich ein in den **Passeig des Born**, den einst mondänsten Einkaufsboulevard der Stadt, der im Laufe seiner Geschichte mehrmals umgestaltet wurde und der heute mit zahlreichen anderen Shoppingadressen konkurriert. An seinem oberen Ende befindet sich rechts das **20** **Casal Solleric**, der größte Privatpalast Palmas aus dem 18. Jahrhundert. Auch hier werden wechselnde Ausstellungen gezeigt.

Über die Plaça de la Reina geht es nach rechts auf die **Plaça Drassana**. Ein Denkmal dort, wo sich früher die Schiffswerft befand, erinnert an den mallorquinischen Seefahrer Jaume Ferrer, der noch vor den Portugiesen an Afrikas Westküste entlangsegelte. Im **21** **Consolat de Mar**, dem Renaissancegebäude des ehemaligen Seehandelsgerichts, residiert heute die Regierung der Balearen. Ein Stück weiter östlich befindet sich mit **22** **Sa Llotja**, der Börse aus dem 15. Jahrhundert, einer der prächtigsten gotischen Bauten Mallorcas, geschmückt mit Türmchen, furchtgebietenden Wasserspeiern und einem Engel als Beschützer der Kaufleute. Doch das Gebäude repräsentierte nur ein halbes Jahrhundert mallorquinische Handelsmacht, denn nach der Entdeckung Amerikas verloren die Mittelmeerhäfen ihre Bedeutung. Heute verbindet sich die Architektur mit moderner Kunst, wenn das Museum der Schönen Künste hier Wechselausstellungen veranstaltet.

Jugendstil-Diva: das Gran Hotel

Flanieren auf der Rambla

Vorbei am Denkmal für den berühmtesten Sohn Mallorcas, Ramon Llull, beenden wir unseren Spaziergang im Königsgarten ㉓ **S'Hort del Rei**, einer Oase mit Wasserbecken und verspielten Statuen. Daran grenzt der ㉔ **Palau de l'Almudaina**, der über der einstigen Residenz der Wesire errichtet wurde. Heute beherbergt der Palast ein kleines Museum und dient der spanischen Königsfamilie als Residenz, wenn sie auf der Insel weilt.

Repräsentativ: Im Palau de l'Almudaina fühlt sich die spanische Königsfamilie wohl

Palmas Strände

Vielen gelten Palmas Strände als Inbegriff Mallorcas überhaupt. Im Sommer tobt hier das Leben und es wird eng, laut und bunt; im Winter verwaisen Strandlokale und Betonburgen und nur vereinzelt finden Einheimische und Fremde den Weg an den Strand. Anderen wiederum erscheint die kilometerlange Partyzone als der Insel ganz und gar wesensfremd, als eine Art exterritorialer Vergnügungspark. Auch wenn es zwischen beiden Anschauungen kaum einen Ausgleich gibt, wird wohl niemand bestreiten, dass hier die Erschließung Mallorcas für den Massentourismus ihren Ausgang nahm, und nach wie vor ist die Beliebtheit der Strände Palmas ungebrochen. Zwischen Juni und September gibt es Sonne, Strand und Sangria satt und Feierwütigen werden kaum Grenzen gesetzt. Für Kinder sind die flach abfallenden Strände mit dem feinkörnigen Sand ein Ferienparadies und so finden auch ihre Eltern Erholung.

Seit einigen Jahren bemühen sich die Behörden, den schlimmsten Wild-wuchs einzudämmen. Ein Wettbewerb wurde ausgeschrieben, den 2008 das niederländische Architekturbüro West 8 gewann. Man plant eine neu ange-pflanzte Palmenpromenade, die Öffnung des gesamten Strandes für Fahrrä-der und Fußgänger und viele Grünanlagen auch im Rücken der Hotels. Au-ßerdem soll die im Augenblick recht einfallslose Hotelfront aufgebrochen werden durch den Wechsel zwischen niedrigen und höheren Bauten. Insge-samt will man familienfreundlicher und mondäner werden, doch die Umset-zung der Pläne nimmt ein bis zwei Jahrzehnte in Anspruch. Noch dazu traf die weltweite Wirtschaftskrise des Jahres 2009 vor allem Spaniens und damit auch Mallorcas Immobiliensektor.

Über die Zukunft der insgesamt sechs Kilometer langen Strände zwischen Ca'n Pastilla und S'Arenal wird sicher noch heftig diskutiert werden. Im-merhin wurden in den letzten Jahren schon Hotels und Strandbauten reno-viert und Strandpromenaden angelegt. Und selbst der Ausschank der beim teutonischen Publikum so beliebten Sangría – einer Mischung aus Rotwein, Fruchtsaft und Hochprozentigem – wurde offiziell auf kleinere Gefäße be-schränkt. Nur gelegentlich sieht man noch rotverbrannte Nordeuropäer ihre Strohhalme in Eimer tauchen. Nach der Fußball-WM 2006 wurde die zuläs-sige Dezibelzahl für Außenbeschallung heruntergesetzt und nach Mitternacht muss die Musik ganz aus bleiben. In Mallorcas erster Skihütte »Almrausch«, im »Oberbayern« und anderen Lokalitäten kann natürlich immer noch die ganze Nacht gefeiert werden. Entlang der Bier- und Schinkenstraße dehnt sich die deutsche Meile rund um den sogenannten Ballermann, eine Verball-hornung der spanischen Bezeichnung für *balneario* (Badeort).

Eigentlich gehört die lang gezogene Bucht zwischen dem Flughafen Son Sant Joan und S'Arenal zu zwei Gemeinden, der Westteil zu Palma, der öst-liche zu S'Arenal. Allerdings nimmt das kaum jemand so genau und die Ein-teilung der Strandabschnitte in 15 Balnearios von Ost nach West tut ihr Übriges. Etwa in der Mitte, bei **Balneario 6**, befindet sich der eigentliche Ballermann, das Zentrum des deutschen Spaßtourismus, auch wenn 1998 das entsprechende Schild an dem Strandlokal abmontiert wurde.

Fast nahtlos schließen sich die Strände von **S'Arenal** an die Platja de Palma und lange Zeit galt der Lieblingsstrand der deutschen Touristen Städteplanern und Architekturfans als Inbegriff mallorquinischer Bausünden. Klotzförmige Hotels überragen die erste Reihe flacher Pavillons und kaum zwei Straßenzüge tief reihen sich die Ferienbunker den Strand entlang. Doch auch hier wurden einige Fassaden bereits aufgehübscht und eine großzügig angelegte Promenade für Fußgänger, Radfahrer und Skater verbindet **Ca'n Pastilla** mit dem Jachthafen am süd-östlichen Ende der Bucht und lässt Sportlerherzen höher schlagen. Beim morgendlichen oder abendlichen Ausflug stört nichts den Blick auf die endlose Weite des Mittelmeers. Der schicke **Jachthafen** des Ortes ist An-laufstelle für so manchen Jetset und in seiner Nähe findet sich noch ein Stück des ursprünglichen Fischer-dorfs, das entdeckt werden will. Auch einige ursprüngliche Bars und Bäckereien haben sich noch erhalten. Eine Attraktion ist der am Ortsrand gelegene Wasserpark **Aqualand** und in der Nähe des Jachtclubs über-rascht ein kleines und feines Meeres-museum.

Am Strand von S'Arenal zeigt man Flagge während der Fußball-Weltmeisterschaft

Region 1
Palma

Palmas Stadthistoriker Gaspar Valero sagt: »Wir müssen den Deutschen für die Wiederbelebung der Altstadt von Palma dankbar sein. Sie haben mit Geschmack und Augenmaß eine Gegend aufgewertet, die von der einheimischen Bevölkerung längst abgeschrieben war.«

Perfekt angestrahlt: Auch abends beeindruckt die Kathedrale von Palma

Service & Tipps:

(i) **Oficines d'Informació Turística**
– Am Flughafen Aeroport de Palma 07000 Palma
✆ 971 78 95 56
– Casal Solleric, 27, Passeig des Born, 07012 Palma
✆ 902 10 23 65
– Pl. de la Reina, 2, 07012 Palma
✆ 971 17 39 90, Fax 971 17 39 94
– Pl. d'Espanya, Ed. Parc de ses Estacions, 07002 Palma
✆ 902 10 23 65
www.palmademallorca.es
– C/Trencadors/Terral, 23
07600 S'Arenal
✆ 971 66 91 62

Touristenzug
Zwischen Cala Estancia (am Flughafen) und den Balnearios 1–15 Frühling bis Herbst tägl. 9.30–20.40, im Sommer bis 24 Uhr, Fahrplan nach Wetter und Nachfrage, Hin- und Rückfahrt € 4,50 (nur am selben Tag) Kein schienengebundener Zug, sondern eine Touristenbahn, die den Strand entlangfährt und an 44 Stationen Touristen ein- und auslädt.

Touristenbusse
Tägl. März–Mai, Mitte Sept.–Okt. 10–20, Juni–Mitte Sept. bis 22, Nov.–Feb. bis 18 Uhr Tagesticket € 15/7,50, 48 Stunden

€ 18,73/9,37
Die hop-on/hop-off-Busse fahren im 20-Minuten-Takt alle Sehenswürdigkeiten Palmas an. Man kann beliebig oft ein- und aussteigen, per Kopfhörer gibt es Erklärungen in 8 verschiedenen Sprachen, die Fahrt dauert insgesamt knapp 1 ½ Stunden. Tickets kauft man direkt beim Fahrer, im Hotel, an Zeitungskiosken oder ein wenig billiger online unter www.mallorcatour.com.

(P) Wer über die Küstenstraße nach Palma kommt und sich nicht mit dem Auto durch die engen Gassen quälen will, findet Parkplätze am Port de Pescador in Sichtweite der Kathedrale.

❶ Catedral und Museu de la Seu
🏛 Pl. de l'Almoina, s/n
07001 Palma, ✆ 971 72 31 30
www.catedraldemallorca.info
Mo–Fr Juni–Sept. 10–18.15, April/Mai, Okt. 10–17.15, Nov.–März 10–15.15, ganzjährig Sa 10–14.15 Uhr, Eintritt € 4, Kinder frei Am besten besucht man die Kathedrale in den Morgenstunden, wenn der Lichteinfall durch die außergewöhnlich große Rosette an der Ostfassade das Kircheninnere erhellt und in verschiedene Farben taucht. Im dazugehörigen Museum werden in der gotischen Sakristei und dem Kapitelsaal mit gotischen und barocken Stilelementen sakrale Kunstgegenstände gezeigt.

㉔ Almudaina-Palast/ Palau de l'Almudaina
C/Palau Reial, s/n, 07001 Palma
✆ 971 21 41 34
Tägl. außer Mo 10–20, im Winter bis 18 Uhr, Eintritt € 9/4, Mi/Do 17–20 (im Sommer) und 15–18 Uhr (im Winter) für EU-Bürger frei Wenn der spanische König nicht in Palma weilt, kann der römische Palast unter sachkundiger Führung besucht werden. Bis 1229 diente der Palast den muslimischen Gouverneuren als Wohnsitz. Dann zogen die christlichen Könige und später deren Statthalter ein. Den Bronzeengel auf dem Dach ließ Jaume II. zur Erinne-

Das Caldarium der Banys Àrabs strahlt je nach Tages- und Jahreszeit eine ganz eigene Stimmung aus – immer abhängig vom Lichteinfall durch die runden Öffnungen in der Dachkuppel

rung an die Eroberung durch die Christen setzen. Trotz zahlreicher Umbauten und der gotischen St.-Anna-Kapelle im Innenhof atmet der Palast nach wie vor den Geist maurischer Architektur, sichtbar vor allem im ersten Innenhof mit dem Löwenbrunnen, den Hufeisenbögen und den kunstvoll geschnitzten Holzdecken. In den Rittersälen erzählen wertvolle Gobelins von der Eroberung Palmas 1229. Im unterhalb des Palastes frei zugänglichen Königsgarten **S'Hort del Rei** wurde die maurische Gartenanlage mit modernen Skulpturen kombiniert, darunter Werke von Subirach, Calder und Miró.

③ Arabische Bäder/ Banys Àrabs

Can Serra, 7, 07001 Palma
℃ 971 72 15 49
Tägl. 9–19.30 Uhr, Eintritt € 2, Kinder unter 12 Jahren frei
Eines der wenigen Zeugnisse arabischer Baukunst in Palma. Ein Ort der Ruhe, der weniger durch spektakuläre Arabesken und Schriftmuster überzeugt als vielmehr durch die schön proportionierte Architektur. Die Anlage war wahrscheinlich Teil eines Palasts. Nach antikem Vorbild bestanden die arabischen Bäder aus dem *Tepidarium*, einem wohltemperierten Raum, dem *Caldarium* für warme Bäder und dem *Frigidarium*

mit kaltem Wasser zur Abkühlung des erhitzten Körpers. Beheizt wurden die Räume über ein Leitungssystem im Fußboden. In Palmas arabischen Bädern diente der Raum mit den 12 Säulen als Caldarium. Über die Funktion des angrenzenden Raumes mit dem Tonnengewölbe herrscht Uneinigkeit. Lohnenswert ist ein Besuch der Banys auch wegen des zauberhaft angelegten Gartens.

⑧ Ajuntament

Pl. Cort, 1, 07001 Palma
℃ 971 22 59 00
Das Rathaus der Stadt wurde im ehemaligen Sitz der Exekutive des Königreichs Mallorca untergebracht. Später beherbergte das Gebäude die Universität. Die Fassade stammt aus dem 17./18. Jh., das Innere aus dem 19. Jh. Die meisten Besucher werden sich auf einen Besuch des Patios beschränken müssen, denn das Innere ist den Stadtbeamten vorbehalten.

⑤ Basilica Sant Francesc

Pl. Sant Francesc, 7
07001 Palma, ℃ 971 71 26 95
Mo–Sa 9.30–12.30 und 15.10–18, So/Fei 9–12.30 Uhr, Eintritt € 1
Vor allem der gotische Kreuzgang gilt als einer der schönsten der Insel. Im Inneren sollte man nicht versäumen, das Grabmal aus Alabaster von Ramon Llulls zu besuchen.

Das Wappen der Hauptstadt Palma

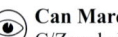

 Can Marquès
C/Zanglada, 2A
07001 Palma
© 971 71 62 47
www.canmarquescontemporaneo.net
Mo–Fr 10–15 Uhr, Eintritt € 6/5
Das einzige Herrenhaus Palmas, das
besichtigt werden kann und einen
Eindruck vom Lebensstil um die
Wende vom 19. zum 20. Jh. vermittelt.

 **Casa Museo Joaquím
Torrents Lladó**
 C/de la Portella, 9, 07001 Palma
© 971 72 98 35
www.jtorrentsllado.com
Di–Fr 10–18, Sa 10–14 Uhr
Eintritt € 3
Der katalanische Maler kam 1967
erstmals nach Mallorca und ließ sich
zunächst in Valldemossa nieder. Später zog er in dieses Haus nach Palma
und machte sich einen Namen als
Porträtmaler, der auch das spanische
Königspaar porträtieren durfte. Als er
1993 verstarb, wurde sein Wohnhaus
in ein Museum verwandelt. Es zeigt
Bilder aus der Hand des Künstlers
sowie zahlreiche Dokumente, die
sein Leben illustrieren. Wer Freude
an der Gartenkunst hat, sollte sich
den liebevoll bepflanzten Innenhof
nicht entgehen lassen.

 Castell Bellver
C/Camilo José Cela, s/n
07014 Palma, © 971 73 50 65

April–Sept. Mo 8.30–13, Di–Sa
8.30–20, So/Fei 10–20, Okt.–März
Mo 8.30–13, Di–Sa 8.30–18, So/Fei
10–18 Uhr
Eintritt € 4/2, So frei
Eine der wenigen kreisförmig angelegten Burgen Europas bewacht seit
beinahe 800 Jahren Palma. Von
außen abweisend, herrscht im kreisrunden Waffenhof spielerische
Leichtigkeit, hevorgerufen vor allem
durch die doppelte Bogengalerie.
Jaume II. ließ das Gebäude als Verteidigungsanlage und Palast erbauen.
Später diente es immer wieder dem
Adel als Fluchtburg – bei inner-
familiären Streitigkeiten im Hause
Aragón ebenso wie bei den Volks-
aufständen der Germanías. Nach dem
Verlust der mallorquinischen Sonderrechte fungierte das Kastell als Gefängnis und als Münzerei.
    Berühmtester Gefangener war der
spanische liberale und aufgeklärte In-
tellektuelle Gaspar Melchor de Jovellanos. 1801 wurde er vom spanischen
Festland zunächst in die Kartause
nach Valldemossa verbannt und anschließend auf Burg Bellver einge-
sperrt. Erst seit wenigen Jahren zugänglich ist der Kerker im Wehrturm
Torre de l'Homenatge. In nur gerin-
ger Höhe finden sich an den Wänden
zahlreiche Graffiti und geritzte
Zeichnungen aus dem 18. und 19. Jh.
Am Boden angeschmiedet, mit nur
wenig Bewegungsfreiraum, verewig-
ten sich hier die Gefangenen und ver-

*Trutzig: die kreisförmig
angelegte Burg Bellver*

kürzten sich ein wenig die quälend langen Stunden. Die Festung selbst beherbergt heute eine Sammlung zur Geschichte der Insel. Eindrucksvoll ist der Panoramablick von der Terrasse über Bucht und Stadt.

⊙ Mare de Déu dels Angels, La Porciúncula

C/Joan Llabrés, 1, Autobahnausfahrt 11 (Es Pillari) Palma–Llucmajor
✆ 971 26 00 02
Außerhalb der Messe Besichtigung nur durch das Museum
Mo–Sa 9.30–13 und 15.30–18, So 9.30–13 Uhr, Eintritt € 1,50
Eine der wenigen Kirchen moderner Architektur auf Mallorca. Das ovale Gebäude auf einem Parkgelände des Franziskanerordens verfügt über 39 Einzelfenster mit einer Länge von ingesamt 600 m. Die Buntglasfenster illustrieren den »Sonnengesang« Franz von Assisis, umrahmt von Motiven, die Stationen aus seinem, Dante Alighieris und Ramon Llulls Leben zeigen. So verknüpfen sich die Viten dieser drei Erneuerer der abendländischen Geistesgeschichte und gleichzeitig nimmt das bunt erhellte Kircheninnere das Farbenspiel der gotischen Kathedrale Palmas auf.

⊙ Oleza-Palast/ Casal Can Oleza

C/Morey, 9, 07001 Palma
Der Patio aus dem 17. Jh. war wegweisend für die mallorquinische Architektur. Abgesenkte Bögen vermitteln den Eindruck außergewöhnlicher Leichtigkeit, die Loggia bildet den Übergang zwischen Privat- und Repräsentativgemächern, schmiedeeiserne Handläufe werden optisch durch auf breiten Sockeln ruhende ionische Säulen begrenzt.

⊙ 22 Sa Llotja/Börse

Passeig Sagrera, s/n
07012 Palma, ✆ 971 71 17 05
Ausstellungen: Di–Sa 11–14 und 17–21, So 11–14 Uhr
Die Börse ist einer der bedeutendsten Profanbauten der Gotik Mallorcas und wurde zwischen 1426 und 1447 maßgeblich von dem Baumeister Guillem Sagrera beeinflusst. Zuvor hatte Sagrera am Dom von Perpignan

und an der Kathedrale von Palma gebaut. Ein Engel über dem Haupteingang wachte früher über das Glück der Kaufleute und heute über die Ausstellungen moderner Kunst, die hier mit der mittelalterlichen Architektur eine Symbiose eingeht.

⊙ Santa Creu

Costa Sta. Creu, 07012 Palma
✆ 971 71 26 90
Mo/Di, Do/Fr 11–12.30, Eintritt € 3
Zwei übereinander gebaute gotische Kirchenschiffe bilden die Kirche vom Heiligen Kreuz. Die untere wurde 1310 von den Templern errichtet und birgt die diesem Ritterorden eigenen Geheimnisse.

⊙ 7 Santa Eulàlia

Pl. Sta. Eulàlia, 2, 07001 Palma
✆ 971 71 46 25
Mo–Sa 9–10.30 und 17–20 Uhr
Eintritt frei
Neben der Kathedrale der einzige dreischiffige Kirchenbau Palmas. Besonders sehenswert ist das überbordend verzierte Portal der Kirche, die durch verschiedene Stilrichtungen geprägt wurde.

⊙ 11 Sant Miquel

C/Sant Miquel, 2 07002 Palma
✆ 971 71 54 55, Mo–Sa 8–13.30 und 18–19.30, So 10–12.30 und 18–19.30 Uhr, Eintritt frei
Eine der ältesten Kirchen Palmas beherbergt die pausbäckige Madonna, die Jaume I. mit nach Mallorca brachte. Die Kirche steht an der Stelle einer ehemaligen Moschee.

⊙ Zentralfriedhof

Mit Bus 9 von der Pl. Espanya in den Nordwesten der Stadt, Haltestelle Cementeri
Zahlreiche berühmte Baumeister wie Gazpar Bennàzar oder Tomàs Vila, ein Gaudí-Schüler, haben auf dem 1820 eröffneten Zentralfriedhof ihre Spuren hinterlassen. Hier finden sich Grabskulpturen und Mausoleen aus vielen Epochen von der Neo-Gotik über Neo-Barock bis Jugendstil. Auch die mallorquinische Geschichte lässt sich hier gut studieren, ob an dem Mausoleum der Familie March, einem Monument für Francos Bruder

So zeitlos schön weist dieses Schild schon lange den rechten Weg

oder den Katakomben, in denen die Grippeopfer von 1918 ihre letzte Ruhe fanden.

Capella de la Misericòrdia

C/Via Roma, 1, 07012 Palma
✆ 971 71 42 57
Mo–Fr 10–13.30 und 17–19, Sa 10.30–13.30 Uhr, Eintritt frei
In der ehemaligen Kapelle des Armenhauses werden temporäre Ausstellungen gezeigt.

Casal Balaguer

C/Unió, 3, 07001 Palma
✆ 971 71 24 89
Das Stadtpalais vom Anfang des 18. Jh., das als Wohnsitz des Marquès de Reguer auch unter dem Namen Casal del Reguer bekannt ist, wird zurzeit (Frühjahr 2013) für eine kulturelle Nutzung renoviert.

⑳ Casal Solleric

Passeig des Born, 26
07012 Palma
✆ 971 72 20 92
www.casalsolleric.com
Di–Sa 10–14 und 17–21, So/Fei 10–13.30 Uhr, Eintritt frei
Das Palais aus dem 18. Jh. wird heute als städtischer Ausstellungsraum genutzt. Angeschlossen sind eine Buchhandlung und ein Café.

Wer einen Blick in einen der typischen Innenhöfe von Palmas Stadthäusern werfen kann, sollte sich diese Gelegenheit nicht entgehen lasssen

Centre Cultural Contemporani Pelaires

C/Can Verí, 3, 07001 Palma
✆ 971 72 03 75
www.pelaires.com
Mo–Fr 10–13.30 und 16.30–20, Sa 10–13.30 Uhr
Untergebracht in einem Stadtpalais aus dem 17. Jh. werden hier Werke zeitgenössischer Künstler gezeigt. Hervorgegangen ist das Kulturzentrum aus der immer noch aktiven Galerie Sala Pelaires.

Centro de Cultura »Sa Nostra«

C/Concepció, 12, 07012 Palma
✆ 971 72 52 10, Eintritt frei
Kulturzentrum der Sparkasse Sa Nostra im Can Castelló, einem Palais aus dem 18. Jh. mit modernistischer Fassade.

Es Baluard Museu d'Art Modern i Contemporani

Pl. Porta de Santa Catalina, 10
07012 Palma
✆ 971 90 82 00, www.esbaluard.org
Di–Sa 10–20, im Sommer bis 22, So 10–15 Uhr
Eintritt € 6/4, Fr ab € 0,10
Seit 2004 ist dies das Museum der Stadt für moderne und zeitgenössische Kunst. Hier werden Werke u. a. von Picasso, Chagall, Gauguin und Miró ausgestellt. Außerdem gibt es wechselnde Sonderausstellungen. Eingerichtet wurde das Museum in einem Rest der mittelalterlichen Stadtbefestigung; die moderne Kunst und mittelalterliche Architektur gehen ähnlich wie in Sa Llotja eine außergewöhnlich fruchtbare Symbiose ein.

Fons documental Miquel Barceló

Santiago Rusiñol, 12 B, 07012 Palma
✆ 608 96 11 79
www.miquelbarcelo.org
Tägl. 9–15 Uhr
Das Dokumentationszentrum über den mallorquinischen Maler Miquel Barceló, der u. a. in der Kathedrale von Palma die Darstellung der »Speisung der Fünftausend« schuf, sammelt und präsentiert alles, was den Künstler betrifft.

Fundació La Caixa
Im Gran Hotel
Pl. Weyler, 3, 07001 Palma
© 971 46 45 50
Di–Sa 10–21, So/Fei 10–14 Uhr
Eintritt frei
Das als Hotel konzipierte modernistische Gebäude von Lluís Domènec i
Montaner entstand 1901–1903 und
gilt als das erste bedeutende modernistische Bauwerk der Insel. Heute
wird dort eine Sammlung von Werken mallorquinischer Künstler
gezeigt. Die sonnige Terrasse des
angeschlossenen Cafés lockt zu einer
Pause in stilvollem Ambiente.

 Fundación Juan March
C/Sant Miquel, 11
07002 Palma
© 971 71 35 15, www.march.es
Mo–Fr 10–18.30, Sa 10.30–14 Uhr
Eintritt frei
Die Ausstellung moderner und zeitgenössischer spanischer Kunst geht
auf die Sammlung des Joan March
zurück. Seit 1990 verwaltet die nach
dem Sammler benannte Stiftung das
Museum. In dem Stadtpalais aus dem
18. Jh. werden Werke spanischer Ge-
genwartskunst und moderne Klassiker gezeigt. Darunter befinden sich
so illustre Namen wie Salvador Dalí,
Joan Miró, Juan Gris, Julio Gozalez,
Eduardo Chillida, Miquel Barceló
und Pablo Picasso. Von Picasso ist
das berühmte Gemälde »Tête de
femme« aus dem Zyklus »Demoi-
selles d'Avignon« zu sehen.

 Galerie Sala Pelaires
C/Paraires, 5, 07001 Palma
© 971 72 36 96
Mo–Fr 10.30–13.30 und 16.30–20,
Sa 10.30–13 Uhr
Stellt als erste Galerie der Stadt seit
1969 die Werke zeitgenössischer
Künstler aus und vermarktet sie.

🅰 **Museu de Mallorca**
C/Portella, 5, 07001 Palma
© 971 71 75 40
Zurzeit wegen Renovierungsarbeiten
geschlossen, Wiedereröffnung vo-
raussichtlich im Frühjahr 2014
In dem Adelspalais aus dem 17. Jh.
erzählen die Exponate von der Früh-
geschichte und der maurischen Peri-
ode der Insel. Außerdem werden
gotische Retabel (Altaraufsätze) und
Kunstgewerbe gezeigt. Während der
Schließung wird ein Teil der Exponate im Centro de Cultura »Sa Nostra« ausgestellt.

 Museu de nines antigues
C/Palau Reial, 27, 07001 Palma
© 971 72 98 50, Di–So 10–18 Uhr
Eintritt € 3,50/2,50
Das Museum zeigt eine Sammlung
historischer Puppen.

Museu Diocesà
C/Mirador, 5, 07001 Palma
© 971 72 38 60
Mo–Sa 10–14 Uhr, Eintritt € 3
Sakrale Kunstwerke aus den Bestän-
den der Kathedrale und anderer religiöser Bauten Mallorcas.

Palau March
C/Palau Reial, 18, 07001 Palma
© 971 71 11 22
www.fundacionbmarch.es
April–Okt. Mo–Fr 10–18.30, Nov.–
März bis 14, Sa ganzjährig 10–14
Uhr, Eintritt € 4,50/0
Bibliothek: Mo, Mi, Fr 9.30–14, Di,
Do 16–20 Uhr, die letzten zwei Juli-
und ersten zwei Sept.-Wochen
Mo–Fr nur vormittags
Zwischen Parlamentsgebäude und
Almudaina-Palast liegt der mit
Skulpturen der klassischen Moderne
ausgestattete Innenhof im Herzen der
Stadt – und trotz der quirligen Umge-
bung ist das Museum eine Oase der
Ruhe. Gezeigt wird eine Auswahl aus
der vielfältigen Sammlung March.
Diese reicht von Werken z. B. von
Moore und Chillida über europäische
Madonnen und eine sizilianische
Krippe aus dem 18. Jh. bis zu den
Wandmalereien von Josep Maria
Sert. Ein kompletter Saal ist der mal-
lorquinischen Kartografie gewidmet,
die bis zum 15. Jh. eine führende
Stellung in Europa innehatte.

Auf der Rückseite des Gebäudes
(C/Conquistador, 13) befindet sich
der Eingang zur öffentlichen **Bibliothek**, die ebenfalls auf die Sammlung
March zurückgeht – mit 60 000 Bän-
den, davon 3000 Drucke aus dem
16. bis 18. Jh. und über 2000 Manuskripte.

*Weniger auffällig als auf
dem Podest in Hafennähe
ist der berühmte Philo-
soph, Theologe und
Logiker Ramon Llull
(1232–1316) auf einem
Wandgemälde im Trep-
penhaus des Palau
March zu entdecken*

Vegetarische Kasserolle

Die in diesem Buch unter »Service und Tipps« empfohlenen Restaurants wurden in drei Preiskategorien eingeteilt, die jeweils für ein Menü mit einem Getränk gelten:
€ *– unter 30 Euro*
€€ *– 30 bis 45 Euro*
€€€ *– über 45 Euro*

Palma aquarium
C/Manuela de los Herreros i Sorà, 21, 07610 Palma
☎ 902 70 29 02
www.palmaaquarium.com
Nov.–März Mo–Fr 10–15.30, Sa/So/Fei bis 16.30, April–Okt. tägl. 10–18.30 Uhr (die Kasse schließt jeweils eine Stunde vor Schluss)
Eintritt € 22,50/16,50
Die 55 Aquarien zeigen die reiche Meeresfauna. Auch ein paar Haie gibt es zu bestaunen.

Pueblo Español
C/Pueblo Español, 55
07014 Palma
☎ 971 73 70 70, www.congress-palace-palma.com
Wechselnde Öffnungszeiten
Nachbauten berühmter spanischer Gebäude in verkleinertem Maßstab verleihen dem Pueblo ein Flair zwischen Museum und Disney World. Die Bauten beherbergen Restaurants, Souvenirshops und Boutiquen, sodass man – wenn man möchte – einen ganzen Tag im Pueblo verbringen kann.
   Ab und zu finden Folkloreshows statt und ein Kuriosum ist sicherlich das Museum für Balearengeschichte an der Plaça Luis Vives, wo Schlüsselszenen der Inselgeschichte mit Tonfiguren nachgestellt werden. Das Pueblo Español wurde kürzlich gründlich renoviert und präsentiert sich nun mit schicken Restaurants und Cocktailbars als neues Highlight im Nachtleben der Stadt. Donnerstags After-Work-Party.

Ca's Cuiner
Pl. Cort, 5
07001 Palma
☎ 971 72 12 62
Mo–Sa 9–20, So/Fei 11–15.30 Uhr
Berühmt sind die Produkte vom Schwein aus eigener Herstellung wie z.B. die *sobrasada*. Zentral gelegenes, bei Touristen beliebtes Restaurant. €–€€

Celler Sa Premsa
Pl. Bispe Berenguer de Palou, 8
07003 Palma
☎ 971 72 35 29
www.cellersapremsa.com
Mo–Sa 12–16 und 19.30–23.30, Juli/Aug. auch Sa geschl.
Uriger Weinkeller mit spanisch-mallorquinischer Küche, der sich seit seiner Gründung 1958 zu einem wichtigen kulinarischen Bestandteil der Stadt entwickelt hat. Seinen Namen hat das Lokal von der prominent platzierten großen Presse im Gastraum. Wegen seiner moderaten Preise ist der Celler bei Einheimischen und Touristen gleichermaßen beliebt. €

Es Molí de Can Pere
Ctra. Llucmajor, km 0,6
07600 S'Arenal
☎ 971 44 00 70
Im Sommer tägl. 13–16 und 19.30–2 Uhr, im Winter Mo abends geschl. Wer sich gerne mit mallorquinischen Spezialitäten vom Grill verwöhnen lässt, ist hier genau richtig. Nur wenige Meter von der Schinkenstraße entfernt (ca. 500 m nach dem Kreisverkehr an der Ausfallstraße Richtung Llucmajor) gibt es authentische Küche in einer Mühle von 1631. €€

Mar Blau
Passeig de Mallorca, 18
07012 Palma
☎ 971 91 14 92
Der Passeig de Mallorca im Westen der Altstadt, dem der kleine Kanal in der Straßenmitte besonderes Flair verleiht, ist eine beliebte Adresse zum Flanieren und Essen gehen. Dem Mar Blau drücken die beiden Inhaberinnen Lola und Teresa ihren sehr persönlichen Stempel auf. Sie servieren gute mallorquinische Küche in ansprechendem Ambiente. €€

Moby Dick
Av. Antonio Maura, 24
07012 Palma
☎ 971 72 64 20
www.mobydickrestaurante.com
Mai–Okt. 11–23, Nov.–April 11–17 Uhr
Fisch- und Meeresfrüchtespezialitäten zu Füßen der Kathedrale.
€–€€

Garage Rex
C/Pablo Iglesias, 12

07004 Palma
© 871 94 89 47
www.garagerex.com
Mo–Sa 13.30–16 und 20.30–24 Uhr
Lounge-Restaurant in einer ehemaligen Autowerkstatt mit gelegentlichen Events. Mittags gibt es ein preiswertes Menü, am Wochenende ist eine Reservierung ratsam. €–€€

✖ La Bóveda
C/Boteria, 3
07012 Palma
© 971 71 48 63
Mo–Sa 13.30–16 und 20.30–24 Uhr, Feb. geschl.
Einfaches Hafenrestaurant, dem das namengebende Gewölbe einen authentischen Charme verleiht. Gelegentlich kann man hier bei Livemusik essen. Inzwischen hat man sich vergrößert und gleich um die Ecke eine Taverne gleichen Namens (Paseo Sagrera, 3, La Lonja, 07012 Palma, © 971 72 00 26) eingerichtet, die vor allem durch ihre luftige Terrasse besticht. In beiden Lokalen hat man sich auf baskisch-kastilische Tapas und Spezialitäten verlegt. €€

✖ Santa Eulàlia
C/de l'Església de Santa Eulàlia, 7, 07001 Palma
© 971 71 57 17
www.restaurantesantaeulalia.com
Di–Sa 9–17 und 20–24, Mo nur 9–17 Uhr
Einfallsreiche Köche kombinieren traditionelle mit modernen Elementen. Unverkennbar ist auch der asiatische Einfluss. €€

✖ 4 tapas
C/Jaume Vidal Alcover, 5
07011 Palma
© 682 69 39 44
www.4tapas.com
Tägl. 12–16 und 19–23, Do–Sa bis 24 Uhr
Tapas und *pinxos*, mit Spießchen zusammengehaltene belegte Brote, sind zwar für Mallorca nicht unbedingt typisch, doch gibt es sie hier inzwischen genauso wie in ganz Spanien. Zwar muss man für die Tapasbar das Zentrum verlassen, entgeht dafür aber etwas dem Touristenstrom. €

✖ Tast
– C/Unió, 28
07001 Palma
© 971 72 98 78
– Avg. Comte Salent, 13
07003 Palma
© 971 10 15 40
www.tast.com
Mo–Sa 12.30–24 Uhr
Programm ist der Hunger zwischendurch. Liebevoll zubereitete Tapas, Salate, Fleisch und Bacalao sind das Erfolgsrezept, sodass man innerhalb weniger Jahre bereits eine zweite Filiale eröffnen konnte. €

☕ Bar Bosch
Pl. del Rei Joan Carlos I, 6
07012 Palma
© 971 72 11 31

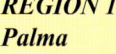

Ursprünglich aus Valencia, jedoch auch auf Mallorca ausgesprochen beliebt: die Paella

Plausch im Café an der Plaça Weyler

Auf Mallorca hat man wie in ganz Spanien für Süßes viel übrig

Warten auf ensaimadas: Jugendstil-Konditorei Forn des Teatre

Das wohl bekannteste Café Palmas serviert neben Kaffeespezialitäten ordentliche Zwischenmahlzeiten. Möglicherweise gibt es schönere Bars in Palma, aber die Bosch ist nun mal Kult und wenn das oft genug wiederholt wird, glaubt es bald jeder. So kommt man vor allem zum Sehen und Gesehenwerden hierher.

☕ Café 1916
Pl. Espanya, 4, 07002 Palma
℅ 971 71 88 19
Tägl. 7.30–1.30 Uhr
Jugendstilcafé gleich gegenüber dem Bahnhof, das den Reisenden mit einer opulenten Kaffeeauswahl zum Verweilen einlädt. 1916, das Jahr, in dem Palmas erste elektrische Straßenbahn ihren Betrieb aufnahm, steht auf ganz Mallorca für Fortschritt.

☕ Can Joan de S'Aigo
C/Can Sanç, 10, 07001 Palma
℅ 971 71 07 59
www.canjoandesaigo.webs-sites.com
Mi–Mo 8–21 Uhr
Das älteste Café Palmas ist vor allem wegen seiner dickflüssigen Schokolade berühmt. Im Winter genießt man auch hier die *ensaimadas*, die typisch mallorquinischen Hefeschnecken, im Sommer das hausgemachte Eis.

☕ Forn des Teatre
Pl. Weyler, 9
07001 Palma
www.forndesteatre.com
Vor Palmas berühmtester Bäckerei gibt es leider nur wenige Sitzplätze, und die sind begehrt. Ob es hier die besten *ensaimadas* gibt, mag umstritten sein. Auf jeden Fall gilt die Bäckerei mit ihrem opulenten Jugendstileingang als eine der schönsten der ganzen Insel.

☕ Grand Café Capuccino
C/Sant Miquel, 53
07002 Palma
℅ 971 71 97 64
www.grupocapuccino.com
Mo–Sa 8–22 Uhr
Mit einer kleinen Kunstgalerie im Obergeschoss und einem luftigen Innenhof. Weitere Dependancen befinden sich am Passeig Maritim und im Palau March am Fuß der Kathedrale sowie in zahlreichen anderen Ortschaften der Insel.

In den letzten Jahren hat sich Palma von einer verschlafenen Kleinstadt in eine mondäne Metropole verwandelt, in der auch internationale Mode- und Designlabels vertreten sind. Daneben gibt es natürlich eine Vielzahl kleinerer Läden mit typisch spanischen und mallorquinischen Souvenirs. Nicht zu vergessen die zahlreichen Feinkost- und Spezialitätengeschäfte. Außerdem ist Mallorca ein Zentrum der spanischen Schuhproduktion und so hat Palma ein schier überwältigendes Angebot an Schuh- und Ledergeschäften. Wie in den meisten Großstädten lässt man sich beim Bummel durch die Stadt am besten einfach treiben. Flagshipstores, Feinkost und Kunstgalerien gruppieren sich vor allem am **Passeig des Born**, **Carrer Unió** und **Carrer Sant Miquel**. Kunsthandwerk und Souvenirs findet man rund um die **Plaça de l'Artesania**.

 Bonbonería La Pajarita
C/Sant Nicolau, 2
07001 Palma
Für alle, die sich nicht entscheiden können, und für alle, deren Begleitung immer etwas anderes will. Rechts geht's zum Süßen und links ins Paradies mallorquinischer Käse- und Wurstspezialitäten. Rundum ein Kauf- und Schnuppererlebnis.

 Confitería Frasquet
C/Orfila, 4
07001 Palma
www.confiteriafrasquet.com
Die Konditorei beruft sich auf eine fast 400-jährige Tradition. Auch hier locken kunstvoll drapierte Kandisfrüchte, Pralinen, Turron und die *cuartos*, ein lokales Biskuitgebäck, alles nach alten Rezepten Mallorcas hergestellt. Schon die Auslage ist einen Besuch wert.

 Especias Crespi
C/Sindicat, 64
07002 Palma
℡ 971 71 56 40
www.especiascrespi.com
Seit 1940 Palmas erste Adresse für Gewürze. Der Einkauf hier ist nicht nur für die Nase ein Fest, sondern wegen der liebevoll gestalteten Auslagen auch für die Augen ein Genuss.

 Festival Park
Autobahn Palma–Inca, km 7,1
(Ausfahrt: Sa Cabaneta/Sta. María)

Bummeln kann anstrengend sein bei der großen Auswahl an Geschäften in Palma: Verschnaufpause vor Haute Couture

 www.festivalpark.es
Mo–Sa, Kinos, Bars etc. auch So
Großes Outlet- und Freizeitcenter mit vielen Outlet-Stores, Kinos, Restaurants und Veranstaltungen.
Seit 2007 hat der Park einen eigenen Bahnhof auf der Zuglinie Palma/Inca. Die Buslinie 330 (von Palma) steuert den Festival Park ebenfalls an.

 Carmina Shoemakers
C/Unió, 4
07001 Palma
℡ 971 22 90 47
Das Ladengeschäft des renommierten Herstellers auf Mallorca präsentiert exklusive Fußbekleidung für Sie und Ihn. Keine Billigmarke, aber Topqualität.

 Pasatiempos
C/Quint, 3
07001 Palma
www.pasatiempos.net
Internationale Modemarken werden hier im Londoner Trash-Style präsentiert. Sehr hip das Ganze, wenn auch nicht mehr ganz neu.

Liebhaber von Fisch und Meeresfrüchten sind auf Mallorca gut aufgehoben

Freude für Augen und Gaumen: einheimische Produkte

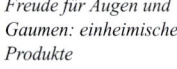

 Honky Tonk Botas Vaqueros
C/Sindicato, 58
07002 Palma
Der Spezialist für Cowboystiefel führt alle gängigen Marken und lässt nicht nur die Herzen von Westernfans höher schlagen.

 Majorica
Av. Jaume II, 36
07001 Palma
Traditionsreicher Juwelier mit exklusivem Angebot.

 Bordados Valldemossa
C/Sant Miquel, 26
07002 Palma
© 971 71 63 06
Hier gibt es noch die typischen Handstickereien Mallorcas als Tischdecken, Servietten oder Handtücher. Sicher kein billiges Mitbringsel, dafür exklusiv.

 Gordiola
C/Jaume II, 14 und
C/Victoria, 6
07001 Palma
Filialen der ältesten noch existierenden Glashütte Palmas. Die Glasbläserei der Insel ist ein Ableger der venezianischen Murano-Glas-Produktion. Trotz des Verbots, Murano zu verlassen, siedelten sich einige Glasbläser in Palma an und konkur-

rierten erfolgreich mit den Produkten ihrer alten Heimat. Die Umstellung auf industrielle Massenfertigung scheiterte, sodass man sich seit den 1920ern auf die handwerkliche Tradition besonnen hat. Heute zählen Mallorcas Glasbläser, die vor allem in der Gegend um Palma produzieren, zu den besten Europas.

 Taller de Ceràmica es Retall
C/Monti-Sion, 5
07001 Palma
© 971 72 44 25
In der Lehrwerkstatt werden nicht nur Kurse im Töpfereihandwerk gegeben, hier kann man auch die eine oder andere Keramikpreziose erstehen.

 Dialog-Palma
C/Carme, 14
07003 Palma
www.dialog-palma.com
Die größte deutschsprachige Buchhandlung Spaniens mit der bestsortierten Mallorca-Abteilung. Angeschlossen sind eine Sprachschule und eine Cafetería, in der sich Residenten, Langzeiturlauber und Sprachschüler treffen.

 La casa del mapa
Sant Domingo, 11
07001 Palma
© 971 22 59 45
Für Wanderfreunde die beste Adresse der Stadt, wenn man keine Karten von zu Hause mitgebracht hat. Auch einige Wanderführer in Deutsch sind meist vorrätig.

 Librería Ripoll
C/Sant Miquel, 12
07002 Palma
© 971 71 11 91
Antiquariat, in dem Liebhaber alter Stiche, Poster, Land- und Postkarten fündig werden.

 Sa Costa
Costa de Sa Pols, 7 A
07001 Palma, © 971 72 78 64
www.antiguedadesacosta.com
Der in der Nähe des Gran Hotels gelegene Antiquitätenladen führt nicht nur gediegene Antiquitäten der Insel, sondern auch Designstücke der klassischen Moderne.

Tabacos Roig
Passeig des Born, 20
07012 Palma
Obwohl das Rauchen auf dem Rückzug ist, hat sich dieser traditionsreiche Laden seit 1890 behauptet.

 ⑫ Mercat de l'Olivar
Pl. Olivar, 07002 Palma
Mo–Sa 7–14 Uhr
Der wichtigste Markt der Stadt mit allen Köstlichkeiten, die die Insel zu bieten hat. Auch für die Augen ein Genuss. Außerdem gibt es in Palma die 2 kleineren Märkte **Mercat Santa Catalina** an der Plaça Navegació und **Mercat Garau** an der Plaça Pedro Garau.

 Kunsthandwerkermarkt auf der Plaça Major
Juli–Sept., Kar- und folgende Woche tägl. 10–14, Mitte Dez.–Anfang Jan. tägl. 10–20, sonst Mo/Di, Fr/Sa 10–14 Uhr
Großer Markt, auf dem man Mitbringsel für die Daheimgebliebenen findet.

 El Rastro
Jeden Samstagvormittag findet auf der Avinguda Gabriel Alomar Villalonga, dem östlichen Teil des Umgehungsrings ein Flohmarkt statt. Allerdings hat der Markt seinen ursprünglichen Charme eingebüßt. Angeboten werden hauptsächlich Souvenirs, gefälschte Markenkleidung, Elektronikartikel und Spielzeug.

 Sa Cabaneta Markt
Auf dem Wochenmarkt der Gemeinde nordöstlich von Palma werden mittwochvormittags vor allem Keramikwaren für den Hausgebrauch angeboten, denn hier und in den umliegenden Dörfern befindet sich das Zentrum der mallorquinischen Töpferei. Nach Touristenware sucht man hier weitgehend vergeblich, doch dafür lohnt sich der Ausflug, wenn man einige der typischen rotbraunen, feuerfesten Schalen und Schüsseln mit nach Hause nehmen möchte.

 Belori Bike
C/Marbella, 22
07610 Platja de Palma

Ambiente im Adelspalast: das »Abaco«

☏ 971 49 03 58, www.belori-bike.com
Hier gibt es alles rund ums Fahrrad. Wer sich nicht allein mit einem Mietrad aufmachen möchte, kann verschiedene Touren buchen. Das Angebot reicht bis zu abenteuerlichen Mountainbike-Touren und anspruchsvollen Fahrten für Rennradfreunde über bis zu 1500 Höhenmeter.

 Sunshine Bike
C/Caravella, s/n, Bjs. Hotel Fontanellas
Local 18, 07610 Ca'n Pastilla
☏ 971 74 39 28, 697 91 91 61
www.sunshine-bikes.com
Für das Ausleihen von Fahrrädern, Beratung bei der Tourenwahl oder Kartenmaterial gilt Sunshine Bike als eine der ersten Adressen der Insel.

 Aqualand
Autobahnausfahrt S'Arenal (13, km 15), 07600 S'Arenal
☏ 971 44 00 00
www.aqualand.es
Mai–Sept. tägl. 10–17, Juli/Aug. bis 18 Uhr, Eintritt € 26/18

 Wie in so vielen Städten finden sich in Palma mehrere Partyzonen. Um die **Plaça Gomila** feiert die Jugend. Die 20- bis 30-Jährigen ziehen die häufig Lifeacts bietenden Lokalitäten um die **Plaça Llotja** vor. Wer sich zum internationalen Jetset zählt, wird einen der renommierten Clubs am **Passeig Maritim** aufsuchen.

*Es muss ja nicht immer
Sangria sein – und das
Bier gibt es auch ohne
Strohhalme*

Abacanto
Camino de Son Nicolau, s/n
Sa Indioteria, 07009 Palma
✆ 971 43 06 24
www.abacanto.es
Tägl. 21–3 Uhr, Nov.–Jan. geschl.
Insgesamt 3 ½ Jahre wurde das ehemalige Landhaus Son Nicolau Ende der 1990er-Jahre renoviert und eingerichtet. Das Ergebnis kann sich sehen lassen, die hier untergebrachte Cocktailbar zeichnet sich vor allem durch historisches Ambiente und Exklusivität aus. Es herrscht striktes Fotografierverbot, und auch wenn sich die Kleidungssitten etwas gelockert haben, sollte man auf ein angemessenes Outfit achten.

Atlantico Café

C/Sant Feliu, 12
07012 Palma
✆ 619 10 87 08
Einheimische und Fremde kommen vor allem der Cocktails wegen. Dazu gibt es Rock und tanzbare Klassiker der letzten Jahrzehnte.

Bar Varadero
C/Muelle, s/n
07012 Palma
✆ 971 72 64 28
Im Sommer tägl. 9–4 Uhr
Café, das nachts zur gläsernen Disco mit spektakulärem Blick auf die Kathedrale wird.
   Nach einem Wechsel des Besitzers im Sommer 2012 will der neue Betreiber den Club runderneuern. Die Wiedereröffnung stand im März 2013 noch aus.

Blues Ville
C/Mas del Moro, 3
07012 Palma
Authentische Spelunke mit Charme! Nachdem die Blueskneipe Anfang 2011 wegen fehlenden Schallschutzes geschlossen wurde, sollte sie eigentlich Ende 2012 wiedereröffnet werden. Bis dato (März 2013) steht diese Wiedereröffnung allerdings noch aus.

Garito Club

Dàrsena de Can Barbarà, s/n
07015 Palma
✆ 971 73 69 12

www.garitocafe.com
Tägl. ab 19 Uhr
Was meist mit einem Musikmix aus Lounge, Soul und Fusion beginnt, steigert sich zu fortgeschrittener Stunde zu heißen House-Rhythmen. Am Wochenende gehören die Turntables der internationalen DJ-Prominenz.

Jazz Voyeur Club

C/Apuntadors, 5
07012 Palma
✆ 971 72 07 80
www.jazzvoyeurfestival.com
Tägl. 20–5 Uhr, Konzerte ab 22 Uhr
Stilvoller Jazzclub, der an Wochentagen Flamenco-Sängern eine Bühne bietet.

Megapark

C/de Arenal, 26
07600 El Arenal
www.megapark.tv
Mallorcas größter Partykeller und Biergarten hat sich auf 8000 m² der Erlebnisgastronomie verschrieben. Das kann man mögen, muss man aber nicht. Erlebnisreich ist es allemal!

Puro Beach Club

Ca'n Pastilla, C/Pagell, 1
Cala Estancia
07610 Palma
✆ 971 74 47 44
www.purobeach.com
In Ca'n Pastilla hat man auf eine Klippe über dem Meer und in Flughafennähe diesen neuen Club gesetzt. Hier treffen sich die Reichen und die Schönen tagsüber zum Essen, auf eine Tasse Kaffee oder um sich massieren zu lassen, abends für ausgelassene Feiern.

Riu Palace Mallorca

C/Llaut, s/n
07610 Platja de Palma
www.riupalace.com
Eine der größten Discos Mallorcas, die von Feierwütigen der ganzen Insel angefahren wird. Hinter der Royal Suite verbirgt sich ein deutsches Tanzlokal; Soul Suite und Club bedienen eher den internationalen Mainstream. Liveacts und Gast-DJs runden das Programm ab.

Tito's

Passeig Marítim/Pl. Gomila
07014 Palma
☎ 607 37 41 38
www.titosmallorca.com
Mo–Fr 22.30–6, Sa 23.30–6, So 23–6 Uhr, im Winter nur Do–So
Bis zu 1000 Partywütige füllen die Großraumdisco mit dem gläsernen Aufzug.

⑬ Teatre Principal

Riera, 2 A
07003 Palma
☎ 971 21 96 96, 902 33 22 11 (Kartenvorverkauf)
www.teatreprincipal.com
Kartenverkauf: Di–Sa 10.30–13.30, 17.30–20.30 Uhr und an der Abendkasse eine Stunde vor Beginn der Vorstellung, im Internet unter www.ticketmaster.es
Schon seit dem Jahr 1667 stand an dieser Stelle eine *Casa de les Comédies* und gespielt wurden Dramen und Komödien verschiedener Schauspieltruppen. Immer wieder kam es darüber zu Auseinandersetzungen mit den Obrigkeiten. Unter der Bourbonenherrschaft nutzte man das Gebäude zwischen 1715 und 1741 als Infanteriekaserne. In den 1850er-Jahren zerstörte erst ein Erdbeben und dann ein Feuer das alte Theater. Nach dem Neubau konnte schließlich 1860 der heute noch existierende prachtvolle Theatersaal eröffnet werden.

2001 schloss man den Bau erneut für Renovierungsarbeiten, die erst 6 Jahre später ein Ende fanden, denn Parteiengezänk und Streitereien um Zuständigkeiten verzögerten die Arbeiten. Inzwischen besitzt das Theater eine moderne Bühnentechnik, ohne von seinem alten Charme eingebüßt zu haben.

Plaça de Toros

Av. del Arquitecto Gaspar Bennazar, 34
07004 Palma
In der Stierkampfarena Palmas finden nur noch unregelmäßig **Corridas** statt. Wenn aber, dann in den Sommermonaten zwischen Juni und Sept. So 18 Uhr. Der Stierkampf wird auf der ganzen Insel auf Plakaten angekündigt und da die Arena Palmas recht groß ist, bekommt man fast immer Karten an der Abendkasse. Über den Preis entscheiden die Entfernung zum Kampfplatz und die Wahl zwischen Sonne und Schatten. *Sombra* ist ein bisschen teurer, empfiehlt sich aber vor allem in den sehr heißen Monaten. Das Spektakel dauert meist 1½–2 Stunden, wobei in einem festgelegten Ritual 6 Stiere von 3 Toreros getötet werden. Gelegentlich finden auch Konzerte und andere Veranstaltungen statt. So füllte Thomas Gottschalk die Arena mal mit seiner Sendung »Wetten, dass?«. ✺

Auch auf Mallorca ist der <u>*Stierkampf*</u> *zwischen Tierschützern und Traditionalisten immer wieder heftig umstritten.*

Noch ahnt der Stier nichts von seinem Schicksal

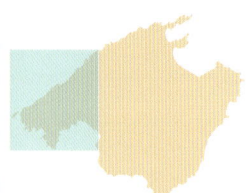

Der Westen
Die künstlerische Seele Mallorcas

Lange Zeit lag der Ponent, die Südwestspitze Mallorcas, die die Sonne jeden Abend in einem oft farbenprächtigen Schauspiel im Meer versinken sieht, abseits der wirtschaftlichen und kulturellen Entwicklung der Insel. Eingeklemmt zwischen den Südausläufern der Tramuntana und dem Meer war man vor allem den Launen der Natur und den Wechselfällen der Geschichte ausgesetzt – und von den fruchtbaren Gegenden der Insel durch ein

Torre sa Seca
s' Illeta
Puig de Bàlitx
578
Torre Picada
Cap Gros
Port de Sóller
Racó d´es Gall
I'Horta
Muleta
Museu de Biniaraix
Cala Deià
Sóller
Punta de Deià
Ma-10
Sóller
Museu
Arqueológic
Llucalcari
15
Deià
Torre de Son Galceran
Tunel
de Sóller
Mar Mediterráneo
Cala de Valldemossa
14
Alfàbia
Port de Valldemossa
Cas Garriguer
sa Marina
Vallde-
mossa
sa Cova
Son Ferrandell
Bunyola
Mamarich
666
Banyalbufar
12
Ma-10
Museu
Palau de la
Baronía
Ma-11
Punta de Son Serralta
Ma-10
Sagrado Corazón
de Jesús
Esporles
Son
Puig
Cala Estellencs
13
Palmanyola
Son Vic
Son Quint
Ma-1120
s'Esgleieta
Punta de sa Lluenta Grau
11
Estellencs
Canet Nou
Son Sales
ses Llegitimes
Mirador de Ricardo Roca
Punta de sa Lluenta
Puig de
Galatzó
1026
Ma-1040
Ma1130
Son Berga
Ma-13
Moleta de
s'Esclop
926
La Reserva
Puig de
Galatzó
Puigpunyent
Son Sardina
Ma-13A
Fondal de ses
Basses
Establiments
Es Secar de
la Real
La Real
Ma-30
Punta d'en Fabiolet
Galatzó Galilea
Son Serralta
sa Vileta
Sà Creu
Vermella
Parc Natural
de sa
Dragonera
Ma-10
Son Roca
Ma-20
La Trapa
Son Bosc
Palma
Ma-15
Sant Elm
10
Torre de
Cala Basset
7
Es Capdellà
de Mallorca
Ma-19 Ma-30
10
s'Arracó
8
Fundació Pilar y
Joan Miró
Aeroport
Palma de
Mallorca
"Son Sant Joan"
Sa
Dragonera
Castell
de Sant Elm
Andratx
Calvià
2
Puig Gros
de Bendinat
485
1
Cala Major
Coll d'en
Rabassa
Ma-1
Son Vic Nou
3
Cas Català
Port d'Andratx
9
Torre
d'Andritxol
6
Peguera
Costa
d'en Blanes
3
Ses Illetes
Cap de sa Mola
Costa de
Andratx
Costa de
la Calma
Palma Nova
3
3
Puerto Portals
Cap d'es Llamp
Cala Santa Ponça
Perido
Sta Ponça
Portals Nous
4
4
Magaluf
Nemo
Submarine
Badia de Palma
Santa Ponça
5
sa Porrassa
Badia de Palma
Cala Blava
Cala de
Penyes
Rotjes
El Toro
Fuerte
Ille del Toro
4
Portals Vells
Cala Figuera
Cap de Cala Figuera

0   5 km
N

unzugängliches Gebirge abgetrennt. Die Seefahrer bevorzugten immer den geschützten Hafen von Palma, während der Südwesten ein beliebtes Angriffsziel und Rückzugsgebiet für Piraten blieb. Bereits in der ersten Boomphase des Massentourismus investierte man beim Ausbau der touristischen Infrastruktur deshalb vor allem in den an die Bucht von Palma angrenzenden Gemeinden.

Südwestlich der Hauptstadt erreicht man über eine waldreiche Halbinsel, die am Cap de Cala Figuera in ihre südlichste Spitze mündet, die Südwestausläufer der Tramuntana. Die Gegend um Calvià gilt als die wohlhabendste ganz Spaniens. Im Sommer trifft sich hier der Jetset und die umliegenden Küstenorte haben sich deutsche und englische Touristen untereinander aufgeteilt. Seit den 1990er-Jahren versucht man den Wildwuchs ein wenig einzudämmen. Der Bürgermeister von Calvià ließ 15 Hotels abreißen und seitdem wird mehr Wert auf ästhetische Bebauung, Umweltschutz und nachhaltigen Tourismus gelegt, denn im innerinsularen Wettbewerb um zahlungskräftige Gäste will man nicht ins Hintertreffen geraten. So ist es eine bunte Mischung aus Pauschaltouristen, Tagesausflüglern und Jacht- und Fincabesitzern, die man in den Strandbars bei einer Kaffeepause

Schroffe Felsen und kleine Buchten: wie gemacht für Piraten und ruhesuchende Urlauber

findet. Der äußerste Westen – wo die von Palma kommende Autobahn endet – ist ohnehin nur schwer zugänglich und konnte sich durch die Abgeschiedenheit ein Stück ihres ursprünglichen Charmes bewahren.

Wenige Kilometer nördlich von Andratx trifft man auf Mallorcas spektakulärste Küstenstraße. Bis Sóller reihen sich Kurven an Kurven, die zwischen pittoresken Bergdörfern immer wieder atemberaubende Ausblicke auf bizarre Felsabstürze, das tiefblaue Meer und einsam gelegene Fincas preisgeben.

Seit dem 19. Jahrhundert kann der Westen zudem als die künstlerische Seele Mallorcas gelten, auch wenn das Herz nach wie vor in Palma schlägt. Hoch über der Küste zeichnete und schrieb Erzherzog Ludwig Salvator, der seinen ersten Landsitz dort nahm, 600 Jahre vor ihm Ramon Llull seine Schule gegründet hatte. Zahlreiche Künstler folgten dem englischen Romancier Robert Ranke-Graves nach Deià, das seit Jahren eine lebendige Künstlerkolonie besitzt. In Andratx haben dänische Galeristen ein Refugium und Ausstellungszentrum für zeitgenössische Künstler geschaffen. Im zugehörigen Hafen erbaute Daniel Libeskind kürzlich ein Museum für eine einzige Künstlerin und auch Miró wählte seinen Wohn- und Arbeitssitz auf der Insel einige Kilometer westlich von Palma.

❶ Cala Major

An den Westausläufern Palmas verbringt das spanische Königspaar gelegentlich den Sommer, während die königliche Jacht im nahe gelegenen Hafen **Porto Pi** umgeben von den Luxusbooten der internationalen Schickeria leise vor sich hin schaukelt. Nur vereinzelt finden deutsche Touristen hierher; der Ort befindet sich zur Hauptreisezeit fest in britischer und skandinavischer Hand.

Service & Tipps:

Fundació Pilar i Joan Miró
C/Joan de Saridakis, 29
07015 Cala Major
☏ 971 70 14 20
http://miro.palmademallorca.es
Di–Sa 10–18, im Sommer bis 19,
So/Fei 10–15 Uhr, Eintritt € 6/3

Mirós Atelierräume in der Fundació Pilar i Joan Miró vermitteln einen lebendigen Eindruck von der Arbeit des Künstlers

1956 ließ sich Miró auf Mallorca – Heimat seiner Frau – nieder. Der Architekt Rafael Moneo schuf für den Maler auf einem Hügel einen eleganten Betonbau mit weiter Sicht über die angrenzende Siedlung und das Meer. Im Hauptgebäude zeigt eine Dauerausstellung zahlreiche Werke Mirós. Wechselausstellungen sind meist heimischen Künstlern gewidmet.

Die Atelierräume vermitteln einen guten Eindruck vom täglichen Schaffen des Malers. Im Raum stehen Stühle und Hocker, die Miró nutzte, um die Perspektive zu wechseln und neue Inspiration zu suchen. Unvollendete Bilder hat man auf den Staffeleien belassen, der Malkittel hängt beschmiert über der Galerie. Fast möchte man meinen, der große spanische Künstler sei nur für eine kurze Pause weggegangen.

❶ Calvià

Die etwas im Landesinneren gelegene finanzkräftige Gemeinde verwaltet von ihrem als »Königspalast« betitelten modernen Rathaus aus rund ein Sechstel der gesamten Bettenkapazität der Insel. Der Tourismus hat das Städtchen reich gemacht und noch immer gilt Calvià als eine der wohlhabendsten Kommunen Spaniens. Das Geld wird in den Ausbau der touristischen Infrastruktur an der Küste investiert, im Städtchen selbst gibt es kaum Sehenswertes – sieht man von dem luxuriösen Sportzentrum und dem bereits erwähnten klobigen Rathaus ab.

Besucht man Calvià, sollte man trotzdem bei der Pfarrkirche **Sant Joan Baptista** vorbeischauen, deren zwischen dem 13. und 19. Jahrhundert entstandener Stilmix inselweit seinesgleichen sucht. Charakteristisch sind das auffallend große Kirchenfenster und die beiden seitlich angebrachten schmalen Glockentürme. Das romanische Portal zeigt die Taufe Christi.

An dem östlich vorgelagerten Küstenstreifen Calviàs reihen sich zahlreiche Feriensiedlungen und Residenzen von Festlandspaniern, die ganzjährig das milde Klima der Insel genießen.

Die monumentale Kirche Sant Joan Baptista, in der noch täglich ein Gottesdienst abgehalten wird, überragt Calvià

Service & Tipps:

 Meson Ca'n Torrat
C/Major, 29, 07184 Calvià
✆ 971 67 06 82
www.cantorratcalvia.com
Deftige spanische Küche, leckere Fleischgerichte. €€

🏃 **Club de Equitación Es Pas**
Ctra. Puigpunyent, km 1
 07184 Calvià
✆ 971 67 06 51

Im Norden Calviàs gelegen, Reitspaß für die ganze Familie!

🦈 **Marineland**
C/Gracilaso de la Vega, 9
 07184 Calvià
✆ 971 67 51 25
www.marineland.es
April–Nov. tägl. 9.30–18 Uhr, Kassenschluss 15.30 Uhr, Eintritt
€ 24/16,50/8 (bis 2 Jahre frei)
Halb Wasserzoo, halb Wasserzirkus. Mit Delfin- und Seelöwenshows.

Im Hafen von Puerto Portals lassen sich auch Segeljachten bewundern

❸ Ses Illetes, Puerto Portals und Portals Nous

Die kleine, dem Meer zugewandte Ortschaft Ses Illetes verdankt ihren Namen den versprengten vorgelagerten Inselchen. Direkt vor der **Isla de la Caleta** und ein kleines Stück weiter nördlich liegen die einzigen kleinen Sandstrände des Dorfes. Auch weiter Richtung Portals Nous bleibt der Meerzugang ebenso exklusiv, wie sich der moderne Jachthafen des Ortes Puerto Portals gibt. Sehenswert ist das über der Ortschaft liegende Kirchlein **Nuestra Senyora de Portals** mit der ursprünglich aus Portal Vells stammenden Virgen del Carmen.

Service & Tipps:

(i) **O.I.T.**
Passeig des Illetes, 4
07181 Illetes
(C) 971 40 27 39

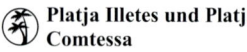 **Platja Illetes und Platja Comtessa**
Nicht nur im Osten Palmas, auch an der westlichen Bucht finden sich kleine hübsche Strände, umrahmt von felsigen Buchten.

❹ Palma Nova, Magaluf und Portals Vells

Von Portals Nous über Palma Nova bis nach Badia de Palma reihen sich auf der Nordhälfte der Halbinsel Feriensiedlungen und Hotelanlagen die Küste entlang. Dafür findet sich auf wenigen Kilometern alles, was das Urlauberherz begehrt. Magalufs Strand wurde durch Sandaufschüttungen verbreitert und vor einigen Jahren durch eine Strandpromenade dem Tourismus erschlossen, sodass auch hier inzwischen großzügige Strandatmosphäre herrscht.

Weiter im Süden ist die Halbinsel teilweise militärisches Sperrgebiet und wurde – wesentlich spärlicher bebaut als der Nordteil – in die Liste der schützenswerten Gebiete der Insel aufgenommen. Mehrere felsengerahmte Buchten bei Portals Vells locken am Wochenende viele Mallorcas zum Baden und Schnorcheln. Der **Mago I** genannte Strand ist Mallorcas einziger offizieller FKK-Badeplatz. In den von Menschenhand geschaffenen Höhlen, den **Coves de la Mare de Deu**, endete die tragische Geschichte der Mauren von Alaró (s. S. 126). Nach ihrer Gefangennahme brachte man sie als Sklaven hier auf die Halbinsel und ließ sie in dem unterirdischen Steinbruch Quader für den Bau der Kathedrale von Palma schlagen. Auf Galeeren transportierte man das Baumaterial nach Palma. Die Höhlen bergen die Überreste eines Altars mit mythischen Zeichen und bis heute ist man sich über deren Urheber nicht einig. Beteten hier Sklaven und Tagelöhner, in Seenot geratene genuesische Seefahrer als Dank für ihre Rettung oder gar Piraten?

Service & Tipps:

(i) **O.I.T.**
Passeig de la Mar, 13
Palma Nova, 07181 Calvia
(C) 971 68 23 65, www.visitcalvia.com

(i) **O.I.T.**
C/Pere Vaquer Ramis, 1
Magaluf, 07181 Calvia
(C) 971 13 11 26

(✗) **Es Repos**
Platja dels Portals Vells, s/n
07181 Calvià, (C) 971 18 04 92
Bei Einheimischen und Besuchern beliebtes Fischrestaurant in der Bucht Mago II mit herrlicher Aussicht. €€

(✗) **Playa El Mago**
Ctra. Cala Figuera, s/n
07181 Calvià, (C) 971 18 07 66
Eine günstigere Alternative zum Es Repos eine Bucht weiter (Mago I).
€

(✗) **Tristán Mar und Tristán Bistro**
Local Nr. 1, 07181 Puerto Portals
(C) 971 67 55 47
www.grupotristan.com, Mar tägl. außer Mo, Bistro tägl. außer Di 13–15.30 und 19.30–23.30 Uhr
Wer sich in der exklusiven Atmosphäre vom 2-Sterne-Koch Gerhard Schwaiger bewirten lassen möchte, muss sich das einiges kosten lassen.
€€€

(✗) **Westernpark Magaluf**
Ctra. Cala Figuera, s/n
Magaluf, 07182 Calvia
(C) 971 13 12 03
www.westernpark.com
Mai-Sept. tägl. 10–17, Juli/Aug. bis 18 Uhr
Eintritt € 26/18 (Kinder bis 2 Jahre frei)
Wasserpark im Westernstil mit verschiedenen Wasserrutschen und Shows.

Karting-Club Magaluf

Camí de Sa Porrassa, s/n
Magaluf, 07181 Calvia
℃ 971 13 17 34
www.kartingmagaluf.com
Im Sommer Mo–Sa 10–24 Uhr, im
Winter wetterabhängig
Gokart-Fahren für die ganze Familie
auf drei verschiedenen Rundkursen.

Globo Balear/Pirates Adventure

C/Joaquin Sorrolla, 17, Bajos
Magaluf, 07181 Calvia
℃ 971 13 06 59
www.piratesadventure.com
Ticket ab € 39,20/23,60, je nach Saison und Sitzplatz
Nicht erst seit »Fluch der Karibik«
lieben die Briten ihre Piraten, haben
die ihnen doch einst ein Weltreich
zusammengestohlen. Was liegt näher,
als auf Mallorca mit ebenfalls großer
Piraterie-Vergangenheit ein Spektakel zu veranstalten, welches das
Thema, das von jeher die Fantasie
der Menschen beflügelt, mit waghal-
siger Akrobatik verbindet. Angeboten
werden zwei Shows mit oder ohne
freibeuterischem Abendschmaus,
entweder für die ganze Familie oder
in Erwachsenenvariante mit der ein
oder anderen Freizügigkeit.

BCM-Palace

Zwischen Palma Nova und
Magaluf, 07182 Calvia
www.bcmplanetdance.com
Tägl. 22–6 Uhr
Eine der größten Discos Europas bie-
tet bis zu 5000 Gästen vor allem
Techno-Sounds.

*Nicht nur das Aqualand
verspricht Badespaß in
Magaluf, auch der breite
Strand ist einladend*

❺ Santa Ponça

Der Hafen auf der Westseite der Halbinsel wurde, wenn auch eher zufällig, zum Ausgangspunkt der christlichen Eroberung Mallorcas: Als Jaume I., der mit 143 Schiffen Kurs auf Mallorca genommen hatte, die Insel erreichte, ging man am Strand von Santa Ponça an Land, weil am geplanten Ort die Brandung zu hoch schlug. Ein Getreuer des Königs, der Edelmann Riudemeya, sprang als Erster an Land und errichtete die königliche Standarte als Zeichen der Inbesitznahme der Insel. Belohnt wurde er mit dem Lehen der Gegend um Santa Ponça und die Eroberer setzten ihren Weg zu Lande fort. Heute erinnert ein Steinkreuz an der Stelle der Standarte an die Geschehnisse.

In den Apartmentanlagen und Luxusvillen von Santa Ponça wohnen viele deutsche Dauergäste

Service & Tipps:

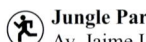 **O.I.T.**
Via Puig de Galatzó, 1
07160 Santa Ponça
✆ 971 69 17 12

Jungle Parc
Av. Jaime I, 1
07180 Santa Ponça
✆ 630 94 82 95
www.jungleparc.es
Bushaltestelle: Club Nautico
Tägl. außer Mo Juli/Aug. 10–20, letzte Abfahrt 18 Uhr, sonst wechselnde Öffnungszeiten
Eintritt € 13–26
Kletterpark mit Trainingsparcours knapp unter den Baumwipfeln. Mehrere Schwierigkeitsgrade und Themen-Tracks für die ganze Familie (ab ca. 4 Jahren).

❻ Peguera

Der Ferienort befindet sich fest in deutscher Hand, wovon zahlreiche deutsche Beschilderungen zeugen. Von der verkehrsberuhigten Hauptstraße führen schmale Gassen zum nach Südwesten ausgerichteten feinen Sandstrand, der sich in drei Abschnitte teilt. Seit Jahren erhalten die Strände Romana, Palmira und Torà die blaue Flagge für hervorragende Wasserqualität. Die angrenzenden Pinienhaine spenden Schatten und laden zu erholsamen Spaziergängen ein.

Die **Platja Romana** wird nach den Funden prähistorischer Gräber an dieser Stelle auch *Platja dels Morts*, Totenstrand, genannt. Die mittlere **Platja Torà** ist für Familien mit Kleinkindern eher ungeeignet, da an der Mündung des Torrent de Sa Coma der Strand steil abfällt. An der gegenüberliegenden **Cala Fornells** liegt ein kleiner, aber feiner, mit Felsen durchsetzter Sandstrand – ein Paradies vor allem für Kinder, die hier Krebse jagen und die wassergefüllten Löcher und Priele rund um die Findlinge erforschen. Meist bleiben die Gäste der mondänen Hotels am Ufer unter sich, denn für Auswärtige fehlen die Duschen, sodass man sich fernab des in Mallorca sonst vorherrschenden Trubels wähnt. Allerdings bietet der Strand auch nicht für allzu viele Menschen Platz.

Service & Tipps:

O.I.T.
C/Ratolí, 1
07160 Peguera
℅ 971 68 70 83

La Gran Tortuga
Aldea Cala Fornells I

07160 Peguera
℅ 971 68 60 23
www.lagrantortuga.net
Im Rücken den Swimmingpool, vor sich das tiefblaue Meer und einen Teller exquisiter Spezialitäten, beim Tortuga ist es schwer zu entscheiden, was besser ist: der Blick von der Terrasse oder das Essen. €€€

---

❼ Es Capdellà

Das Bergdorf mit dem kuriosen Namen *Capdellà*, Kap des entferntesten Punktes, geht auf eine Gründung im 18. Jahrhundert zurück. Der ganz in der Nähe geborene Antoni Barceló stieg bei der königlichen Marine vom einfachen Matrosen zum Korsarenbekämpfer und Kommandanten der spanischen Flotte auf. Mit seinem üppigen Einkommen stiftete er eine Pfarrkirche und nannte das Dorf mit der neuen Kirche Es Capdellà. Abgeschieden von den Touristenströmen und abseits der großen Straßen schmiegt sich das Dorf an den Berghang. Viele Einheimische besitzen hier Fincas und vor allem im Herbst ist der Urlaub hier sehr beliebt. Passionierte Jäger jagen nach ausgewilderten Bergziegen und Pilzesammler machen sich auf die Suche nach den wohlschmeckenden *escalata-sangs*, einer Pilzart aus der Familie der Reizker.

Service & Tipps:

Fonts Ufanes
An der Straße Richtung Norden nach Galilea stößt man auf Höhe der Landgüter Son Martí auf die Fonts Ufanes, Quellen, die nur von Zeit zu Zeit durch die Oberfläche brechen.

Finca Galatzó
Zwischen km 2 und 3 auf der

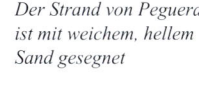
Ma 1032 in Richtung Galilea liegen die *Cases de Galatzó* (links der Tafel Finca Pública Galatzó folgen), die 2006 von der Gemeinde Calvià gekauft und der Öffentlichkeit zugänglich gemacht wurden. Bereits zu Zeiten der Araber befand sich hier ein Landhaus. Im 17. Jahrhundert kaufte Ramón Zaforteza die Güter. Er herrschte über große Ländereien am Galatzó und ging vor allem wegen seiner

Der Strand von Peguera ist mit weichem, hellem Sand gesegnet

Grausamkeit gegenüber Untergebenen in die Geschichte ein. Ein Fluch verhindert, dass seine Seele zur Ruhe kommt, und so reitet der Geist des Grafen als Comte Mal auf seinem grünen, flammenumzüngelten Pferd allnächtlich über den Galatzó.

Das stattliche Herrenhaus mit Kapelle, Stallungen, Ölpresse, Garten und Wassermühlen vermittelt einen guten Eindruck vom Leben auf dem Land in vergangenen Jahrhunderten. Empfehlenswert ist eine etwa dreistündige leichte Wanderung durch den Talgrund, auf der sich auf bequeme Weise Mallorcas Natur- und Kulturlandschaft erfahren lässt. Am Eingangstor der Finca finden sich Infotafeln über die Wanderwege des Gebietes. Proviant muss mitge-

nommen werden. Tägl. Okt.–März 8–17, April–Sept. 7–19 Uhr, Eintritt frei.

✗ Bar Nou
C/Mayor, 7
07184 Es Capdellà (Calvià)
✆ 971 23 31 70
Tägl. außer Mi 8–24, Küche 12–16 und 19–22.30 Uhr, Aug. geschl.
Das Restaurant hat sich inzwischen zum Geheimtipp entwickelt und versorgt Radfahrer, Wanderer, Durchreisende, Dorfbewohner und Fincabesitzer mit deftiger mallorquinischer Hausmannskost. Die Portionen sind üppig, sodass sich die Vorspeise oft erübrigt. Den meisten reicht das auf Wunsch vorab gereichte Brot mit Oliven und hausgemachtem Aioli.

❽ Andratx

»Andratx, das alte Andrachium der Römer, wird meist von Seeleuten bewohnt und zeigt in ganz besonderem Maße Nettigkeit und Wohlhabenheit. Frohe und zufriedene Gesichter lachen hier aus jedem Hause dem Beobachter entgegen.« So beschrieb Erzherzog Ludwig Savator das Städtchen, das inmitten üppiger Obstgärten ungefähr im Zentrum der westlichsten Halbinsel Mallorcas liegt. Nach Süden, Westen und Norden liegt das Mittelmeer ungefähr gleich weit entfernt und obwohl das zugehörige Port d'Andratx begehrtes Reiseziel des gehobenen Luxustourismus ist, konnte sich Andratx selbst ein Stück seines ländlichen Charakters bewahren. Als der Erzherzog Mallorca bereiste, waren friedliche Zeiten eingekehrt, die Jahrhunderte zuvor

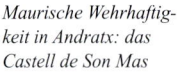

Maurische Wehrhaftigkeit in Andratx: das Castell de Son Mas

waren Andratx und die vorgelagerten Küsten immer wieder Schauplatz von Piratenangriffen.

Noch heute zeugen von den zahlreichen Überfällen vergangener Jahrhunderte die wehrhaft angelegte Pfarrkirche **Santa Maria** aus dem Jahr 1236 und das aus maurischer Zeit stammende **Castell de Son Mas**, das heute das Rathaus und die Touristeninformation beherbergt. An seiner Balustrade hat man den osmanischen Korsar Chaireddin Barbarossa – einer der wenigen, deren Angriff auf Andratx scheiterte – mit wallendem Bart in Stein gemeißelt. Vielleicht glaubte man, der Zauber bewahre vor weiteren Übergriffen.

In einer Seitenkapelle der Wehrkirche Santa Maria erinnert ein gemeinsames ex voto der Gemeinde an die Errettung vor dem Piratenangriff am 2. August 1578. Das naive Gemälde stammt allerdings aus dem 17. Jahrhundert.

Weil die Bestattung in einem Sarg als Armenbegräbnis galt, setzte man früher die Verstorbenen von Andratx in **Totenhäuschen** bei, wo sie sich dicht an dicht noch fünf Jahre Gesellschaft leisteten, bevor man die Reste verbrannte und endgültig bestattete. Am Friedhof lassen sich noch die mit Ziegeln gedeckten Totenhäuschen besichtigen, die so manchem, wenn sie nicht belegt waren, als Versteck für Schmuggelware dienten.

REGION 2
Der Westen

Service & Tipps:

 O.I.T.
Av. de la Cúria, 07150 Andratx
© 971 62 80 19, Fax 971 62 80 19
www.andratx.net

Centro Cultural de Arte (CCA) Andratx
C/Estanyera, 2, 07150 Andratx
© 971 13 77 70
www.ccandratx.com
Di–Fr 10.30–19, im Winter und Sa/So/Fei 10.30–16 Uhr, Eintritt € 6
Die dänischen Galeristen Jacob und Patricia Asebaek haben hier eine Mischung aus Galerie, Atelier und Museum errichtet. Auf 4000 m² werden zeitgenössische Kunstwerke präsentiert. Artists in Residence erhalten die Möglichkeit, während ihres Aufenthalts neue Ideen zu entwickeln. Ein kleines und feines Restaurant verleiht Gesprächen zwischen Künstlern, Besuchern und Galeristen eine ungezwungene Atmosphäre.

Am 29. Juni findet in Andratx das **Patronatsfest** zu Ehren des heiligen Petrus statt. Die mehrtägige Feier gipfelt in der Schiffsprozession in der Bucht.

❾ Port d'Andratx

Der Hafen des Städtchens Port d'Andratx gilt als einer der schönsten Naturhäfen Mallorcas, wenn nicht des gesamten Mittelmeers. Das zeigt sich nicht nur an den zahlreichen ankernden Luxusjachten, sondern leider auch an der anhaltenden Bautätigkeit an den Uferhängen. Zwischen dem »Termitenhügel« genannten Neubaugebiet im Westen und den steilen Uferhängen der Sa Mola konnte trotz der exklusiven Atmosphäre noch der Charme eines Fischerdorfes bewahrt werden. Denn noch kann man nicht nur durch teure Boutiquen und Galerien bummeln, sondern auch den Fischern bei ihrer täglichen Arbeit zusehen.

An der Uferpromenade reihen sich schmucke Cafés; auf Souvenirläden wurde weitgehend verzichtet und in den schmalen Gassen fahren kaum Autos – die meisten Besucher haben ihr Verkehrsmittel in der Marina, dem großen Jachthafen, liegen. Bademöglichkeiten gibt es so gut wie keine, sodass hier das Flanieren und Sehen und Gesehenwerden ganz im Mittelpunkt stehen.

Port d'Andratx hat nicht nur ein sonniges Wappen

In Port d'Antratx kann man sich einen guten Überblick über die Welt der Yachten verschaffen

Service & Tipps:

ⓘ O.I.T.
Av. Mateo Bosch – Edificio de La Lonja
07157 Port d'Andratx
✆ 971 67 13 00

🏛 Studio Weil
Camí de Sant Carles, 20
07157 Port d'Andratx
✆ 971 67 16 47
www.studioweil.com
Besichtigung nach Absprache
Auf einem schmalen Grundstück, dem ehemaligen Tennisplatz der Künstlerin, hat Daniel Libeskind ein eigenes Museum für die Werke von Barbara Weil entworfen. Die 1933 in Chicago geborene Künstlerin lebt seit 1972 auf Mallorca und ist eine der wenigen lebenden Künstlerinnen, die ein Museum eigens für ihre Werke besitzt. Der vielgliedrige, verwinkelte Bau, der die Besucher zu mehrmaligem Hinsehen und ständi-

gem Perspektivwechsel anhält, tritt in Zwiesprache mit dem Form- und Farbreichtum der Werke.

✗ Barlovento
Camí Vell des Far, 1
07157 Port d'Andratx
✆ 971 67 10 49, Mo geschl.
Frischer Fisch zu moderaten Preisen, Meerblick inbegriffen. €

✗ Osteria da Sandro
C/Isaac Peral, 47
07157 Port d'Andratx
✆ 971 67 10 38
Italienische Küche ist auch auf Mallorca beliebt. Hier trifft man Einheimische und Touristen. €€

✗ Miramar
Av. Mateo Bosch, 18 D
07157 Port d'Andratx
✆ 971 67 16 17
Mediterrane Küche, die – auf der schönen Terrasse mit Meerblick genossen – vor allem von den vielen

(deutschen) Ferienhausbesitzern der Gegend geschätzt wird. €€

✗ Layn
Av. Almirall Riera Alemany, 20
07157 Port d'Andratx
✆ 971 67 18 55
Im Freien sitzt man direkt am Wasser. Dazu gibt's fangfrischen Fisch, Gemüse aus der Region und Fleisch. €€

🏃 Cala Lamp
Vor dem Hotel stößt man auf einen kleinen Felsstrand, zu dem auch Nichtgäste des Hotels Zugang haben. Nichtschwimmer Vorsicht:

Das Meer ist hier tief und der Aus- und Einstieg ein bisschen umständlich.

🎭 Jährlich am 16. Juli lassen die Fischer von Port d'Andratx ihre Schutzpatronin **Nostra Senyora del Carme** blumenbekränzt und kerzengeschmückt aufs Meer hinausfahren, mit der Bitte, ihnen ein weiteres Jahr gute Fänge zu bescheren und sie vor den Gefahren des Meeres zu beschützen. Die Fahrt der Madonna inmitten unzähliger *llaüts*, mallorquinischer Fischerboote, die die Nacht im Fackelschein erhellen, bildet den Höhepunkt der dreitägigen Festlichkeiten.

⑩ Sant Elm und Sa Dragonera

Trotz der strategisch wichtigen Lage Sant Elms wurde der Hafen nie mit Verteidigungsanlagen ausgerüstet. Zwar passieren alle Schiffe, die vom westlichen Festland Mallorca ansteuern, das Kap, doch war ein besonderer Schutz der nur schwer zugänglichen Gegend wohl zu teuer. Jaume II. übernahm den Hafen aus der Herrschaft Bernat Bassets, weil er versprach, dort ein Seemannshospital zu bauen. Doch trotz Hospital verkümmerte der Hafen in der Folgezeit und blieb den Piratenangriffen ausgesetzt.

Noch heute geht es beschaulich zu in dem westlichsten Ort Mallorcas, in dem im Sommer meist spanische Urlauber unter sich bleiben. Allerdings kann der nicht allzu große Strand im Juli und August schon bis auf den letz-

Von Sant Elm geht der Blick auf das kleine Eiland Sa Dragonera, das ab dort und von Port d'Andratx mit dem Schiff zu erreichen ist

ten Meter gefüllt sein. Vom Strand aus blickt man auf die kleine Insel Pantaleu, wo sich die größte Sturmtaucherkolonie Mallorcas angesiedelt hat.

Einer der schönsten Rundwanderwege Mallorcas führt von Sant Elm in etwa drei bis vier Stunden zu den Resten des ehemaligen Trappistenklosters von **La Trapa** in dem gleichnamigen Naturschutzgebiet, das seit Mitte der 1990er-Jahre von der GOB wieder aufgeforstet wird, und über den **Puig d'en Trobat**.

Im Zuge der französischen Revolutionswirren floh 1810 eine Gruppe von Trappistenmönchen aus der Normandie nach Mallorca und ließ sich mit Hilfe der lokalen Bevölkerung und des Kanonikers Pere Roig im Sankt Josephstal in den südwestlichen Ausläufern der Tramuntana nieder. Schon 1820 löste sich die Ordensgemeinschaft auf und die Mönche hinterließen einen zauberhaften Ort mit einer schlichten Kapelle, einem alten Dreschplatz, einigen Wohnhäusern, einer Mühle, einem noch heute erhaltenen Brunnen und einem ausgeklügelten Stollensystem zur Bewässerung der typisch mallorquinischen Ackerterrassen. Die GOB bemüht sich nach dem jahrelangen Verfall auch um den Wiederaufbau der Klosteranlagen – mit der finanziellen Unterstützung von Einheimischen, Residenten und Touristen.

Spektakulär ist auf dem Weg immer wieder die Aussicht auf das Meer und Sa Dragonera. Ab dem Haus Can Tomevi am nördlichen Ortsrand von Sant Elm ist der Weg ausgeschildert. Auf dem Weg gibt es keine Versorgungsmöglichkeiten, also unbedingt Wasser und Proviant mitnehmen!

Zwischen Sant Elm und dem Eiland Sa Dragonera sind die Bedingungen für Taucher und Schnorchler besonders günstig.

Vor Sant Elm liegt die Insel **Sa Dragonera**. Während die einen den Inselnamen mit der Form des Eilandes erklären, die an einen Drachenkopf erinnert, erzählt eine mallorquinische Legende von der Besiedelung der Insel durch Noah. Als Noah seinen Sohn Ham an der afrikanischen Küste abgesetzt hatte, machte er sich auf die Suche nach neuem Lebensraum im Mittelmeer. Er geriet in einen Sturm und die Insel vor der Westküste Mallorcas bewahrte seine Arche vor dem Kentern. Aus Dankbarkeit ließ Noah Jafets Sohn Drag und seine Frau Onera auf der Insel zurück sowie mehrere Eier, aus denen später kleine Echsen schlüpften. Der Inselname setzt sich aus den Namen der beiden ersten Siedler zusammen und diese gaben auch den Echsen ihren Namen.

In den 1980er-Jahren wollte man Sa Dragonera in eine Ferieninsel für Besserverdienende verwandeln, doch auf Druck der Umweltschutzorganisation GOB (Grup Balear d'Ornitologia i Defensa de la Naturalesa) kaufte die Balearenregierung das Eiland und verwandelte es 1988 in ein Naturschutzgebiet. Seit 1995 ist die Insel Naturpark und darf nur für Tagestouren angelaufen werden. Wegen ihres Artenreichtums ist sie ein ideales Wandergebiet (Umweltabgabe € 1) und an der Anlegestelle klärt ein Informationszentrum über Flora und Fauna sowie die Geschichte der Insel auf.

Service & Tipps:

ⓘ **O.I.T.**
Av. Jaime I, 28 B
07159 Sant Elm/Andratx
✆ 971 23 92 05, Fax 971 23 92 05

🚢 Drei Fährgesellschaften in Port d'Andratx und Sant Elm verbinden die beiden Hafenorte und die Insel Sa Dragonera:
– La Margarita, ✆ 639 61 75 45
www.crucerosmargarita.com
– Watertaxi, ✆ 667 59 26 57
www.watertaxi.es
– Bergantin, ✆ 627 96 62 64

Hin und zurück von Sant Elm € 15, von Port d'Andratx € 25. Abfahrt ab 10 Uhr, für genaue Zeiten muss man sich vor Ort informieren.

🏃 **Scuba Activa**
Pl. M. S. Grau, 7
🕴 07159 Sant Elm
✆ 971 23 91 02
www.scuba-activa.de
Die einen Deutschen geleitete Tauchbasis bietet Tauchgänge und Kurse rund um das Naturschutzgebiet Sa Dragonera. Kinder ab 8 Jahren können einen Tauchlehrgang machen (€ 132).

⓫ Estellencs

Das auf der Nordseite des Puig de Galatzó gelegene Estellencs dient vielen Wanderern als Ausgangspunkt für Touren rund um den markanten Berg im Südwesten. Abseits der Touristenströme konnte sich das Bergdorf seine Ursprünglichkeit bewahren und hat sich trotzdem dem Wandertourismus geöffnet. Der trockene und kalkhaltige Boden der Tramuntana eignet sich besonders gut für den Olivenanbau, und auf den terrassierten Hängen erstrecken sich die Olivenhaine von dem hoch gelegenen Bergdorf fast bis hinab ans Ufer. Ein etwa eineinhalb Kilometer langer Wanderweg windet sich durch die Terrassen zu einer kleinen Badebucht. Aber Vorsicht, der Weg zurück will nach dem Bad wieder erklommen werden!

Service & Tipps:

Mirador de Ricardo Roca
Von Süden kommend der erste Aussichtspunkt an der kurvenreichen Küstenstraße, zwar nicht ganz so spektakulär wie der Mirador de ses Animes, dafür aber leichter zugänglich. Im Sommer kann es gelegentlich zu Engpässen an den beiden Parkplätzen kommen.

Mirador de ses Animes
Etwas nördlich von Estellencs liegt einer der schönsten Aussichtstürme der Insel. Über eine schmale Eisenleiter kann der 1545 erbaute ehemalige Wachturm erklommen werden, von dem vor allem nach Piraten Ausschau gehalten wurde. Für die lächerliche Summe von 78 Peseten ersteigerte 1875 Erzherzog Ludwig Salvator den Turm, weil er die spektakuläre Aussicht über Meer und Berge liebte. An dieser hat sich bis heute nichts verändert.

Montimar
Constitució, 6, 07192 Estellencs
☎ 971 61 85 76
Laut der britischen Zeitung »The Guardian« gibt es hier das beste Spanferkel aus dem Ofen *(lechona al horno)*. Der Koch achtet vor allem auf Bekömmlichkeit. €€

La Reserva del Galatzó
Predio Son Net, s/n
07194 Puigpunyent
Zufahrt über Calvià–Galilea oder Puigpunyent, ☎ 971 72 87 86
www.lareservamallorca.com

Turm »Torre de Ses Animes« an der Westküste

Tägl. Nov.–Mai 10–18, Juni–Aug. 10–19, Sept.–Okt. 10–18.30 Uhr Eintritt € 14/7, auch (Gruppen)aktivitäten (mit Übernachtung) buchbar. Der am Fuße des Puig Galatzó gelegene Naturpark ist vor allem bei Mallorquinern beliebt, die auf den Spuren der Erstbesiedlung Mallorcas wandeln. Auf einem 3,5 km langen Wanderweg gibt es mit etwas Glück beinahe alle Tier- und Pflanzenarten der Insel zu bewundern. Im Picknickareal versorgt eine kleine Bar die hungrigen Wanderer. Nebenan lockt die Falkenschau. Für die Wanderung ist festes Schuhwerk erforderlich. Achtung: letzter Einlass 2 Std. vor Schließung des Parks.

Die Buschtomaten von den Hängen um Banyalbufar nehmen den leicht salzigen Geschmack des Meeres an und sind neben den milden Stabtomaten und den saftigen ramellet-Tomaten (um Druckstellen zu vermeiden, werden sie auf Schnüre – sogenannte ramellets – gezogen) eine besondere Spezialität der Gegend.

⑫ Banyalbufar

Bany al buhar, Weingarten am Meer, so nannten die Mauren den Ort mit seinen terrassierten Hängen, die bis ans Meer reichen. Lange galten die hängenden Gärten als Erfindung der Mauren, doch seit ein paar Jahren sieht das wachsende Nationalbewusstsein der Mallorquiner die Steine schleudernden Ureinwohner als Urheber des Terrassenbaus. Eine andere Lesart vermutet phönizische Seefahrer als Erfinder. Auf alle Fälle gebührt den Mauren das Verdienst, das, was sie vorfanden, perfektioniert zu haben. Bis zum Niedergang des mallorquinischen Weinbaus Ende des 19. Jahrhunderts wurde hier hauptsächlich die Malvasier-Traube angebaut, die als süßer Dessertwein in ganz Europa reißenden Absatz fand.

Mit einem ausgeklügelten System, das das leichte Gefälle der Terrassen nutzt, werden die Felder bewässert. Gestützt werden sie durch Trockensteinmauern, die den Humus tragen und den Durchlauf des Wassers verhindern. Bis heute ist der Anbau auf den Terrassen von Banyalbufar ein arbeitsintensives Geschäft, denn die Steinmauern müssen ständig erneuert und ausgebessert werden. Im 20. Jahrhundert versuchten einige Bauern die Natursteine durch Hohlblocksteine aus industrieller Fertigung zu ersetzen, doch die sogenannten *bloques* hielten dem Druck von Erde und Wasser nicht stand, sodass man wieder zur traditionellen Bauweise zurückgekehrt ist. Heute sichert übrigens der Gemüse- und vor allem Tomatenanbau das wirtschaftliche Überleben Banyalbufars.

»Kleiner Weingarten am Meer«: die Terrassen von Banyalbufar

Service & Tipps:

✗ Son Tomás
Baronia, 17, 07191 Banyalbufar
✆ 971 61 81 49
Mi–Mo 12.30–16 Uhr
Lokale Spezialitäten werden auf
einer Terrasse mit schöner Aussicht
serviert. €€

✗ Ca'n Paco
C/Constitució, 18
07191 Banyalbufar
✆ 971 61 81 48

Grundsolides mallorquinisches Restaurant mit Panoramafenstern über
dem Meer. €

🏃 Port des Canonge
Den kleinen Fischerhafen mit
Kieselstrand erreicht man entweder
auf einem Fußweg über die Punta
Grossa von Banyalbufar aus (Einstieg
am Parkplatz am nordöstlichen Dorf-
ausgang) oder über eine schmale,
steile und serpentinenreiche Straße,
die auf dem Weg nach Esporles nach
etwa 2 km von der Ma 10 abzweigt.

⑬ Esporles

*Innenhof und Arkaden
von Sa Granja*

Von Palma kommend, säumen immergrüne Orangen-,
prachtvoll blühende Mandel- und knorrige Oliven-
bäume die Straße nach Esporles. Die Grenze zwischen
Vila Vella (Altstadt) und *Vila Nova* (Neustadt) wird
von einer Platanenallee gebildet, und bis auf den heutigen Tag markiert diese Allee auch die Grenzlinie
zwischen der traditionsbewussten alteingesessenen
Gesellschaft und den eher derben Neubürgern der
Stadt, Nachkommen der ehemals dort angesiedelten
Land- und Fabrikarbeiter. Rund um die Kirche des
Ortes aus dem 13. Jahrhundert hat nicht nur die Gemeinde ihre Verwaltungsgebäude errichtet, hier haben
sich auch die vermögenden und alteingesessenen Bürger niedergelassen. Die kleineren Häuser des Straßen-
dorfes reihen sich entlang eines Sturzwassergrabens
(*torrentes*). Hier gibt es zwar keine spektakulären Sehenswürdigkeiten, doch dafür kann man eintauchen in
ein Stück unverfälschtes mallorquinisches Landleben.

Die meisten werden Esporles am Samstagvormittag
zum Wochenmarkt aufsuchen oder am 29. Juni zum
Festtag von Sant Pere, dem Patron der Gemeinde.
Dann werden in einem Wettbewerb die Straßen des
Dorfes geschmückt und alle Nachbarn sorgen ge-
meinsam für das leibliche Wohl von Einheimischen
und Besuchern. Zum Abschluss gibt's ein großes
Feuerwerk.

Sehenswert ist zudem das nahe gelegene Mustergut
Sa Granja. Schon den Römern war die auf dem Gelände entspringende Quelle bekannt und die Mauren
waren wohl die Ersten, die sie landwirtschaftlich nutzten und hier eine *alqueria*, einen großen landwirtschaftlichen Gutshof, errichteten. Nach der Eroberung
schenkte Jaume I. den Hof einem seiner getreuen Va-
sallen, der ihn kurz darauf an die Zisterzienser weiter-
gab. Seit dem 15. Jahrhundert gehörte das Gut verschiedenen Familien. Nach Jahren des Verfalls im
20. Jahrhundert wurde es wiederaufgebaut und huldigt
seitdem dem vergangenen feudalen Landleben der
Insel. Durch den Park des prächtigen Anwesens, vorbei

Das maurische Mallorca

Will man der Legende Glauben schenken, begann Mallorcas Entdeckung und Eroberung durch die Araber mit einem Zufall. Auf seiner obligatorischen Pilgerfahrt nach Mekka geriet der zum Islam übergetretene Kaufmann Isman al-Khaulani in ein Unwetter und musste auf Mallorca notlanden. Während der Reparatur seines Schiffes saß al-Khaulani einige Wochen auf der Insel fest. Er nutze die Zeit, um sich gründlich auf der Insel umzusehen und die Verteidigungsanlagen auszukundschaften. Wieder zurück in Spanien schwärmte er seinem Herrn, dem Emir Abd-Allah von Córdoba, von der Schönheit der Insel und der Leichtigkeit ihrer Einnahme vor, sodass dieser nicht lange zögerte und den Kaufmann mit der Eroberung Mallorcas beauftragte.

Jakob I. Kryptobildnis in einem Altarbild von Francesc Comes (14 Jh.), Museo de Mallorca

Fast 200 Jahre zuvor hatten maurische Truppen im Auftrag des Kalifen von Damaskus beinahe die gesamte Iberische Halbinsel innerhalb weniger Jahre unter dem Namen Al-Andalus ihrer Herrschaft einverleibt. Seit 711 tobte ein Kleinkrieg zwischen christlichen Truppen aus dem Norden und den maurischen Besetzern mit wechselnden Koalitionen und Fronten, doch vor allem im Süden des Reiches saßen die Mauren fest im Sattel und führten die Halbinsel zu großer kultureller Blüte.

Mehrmals hatten arabische Einheiten bei ihrem Ausgriff auf Nordafrika und die Iberische Halbinsel auch die Balearen angegriffen, doch immer wieder konnten die Einwohner der Inseln erfolgreich widerstehen. 799 sollen von Karl dem Großen geschickte Hilfstruppen die Insel vor der Übernahme bewahrt haben, 813 konnte Conde Armengol de Ampurias Mallorca erfolgreich verteidigen. Die Einwohner der Insel verlegten sich wieder auf die Art der Kriegsführung, die sie am besten beherrschten, nämlich die Piraterie, und so ist es ebenso wahrscheinlich wie die Geschichte von dem Schiffbruch des mozarabischen Kaufmanns, dass die Eroberung ihren Ursprung in einer der zahlreichen Strafexpeditionen gegen das Piratennest Mallorca hatte.

Auf jeden Fall führte al-Khaulani 902 eine erfolgreiche Expedition gegen die Insel an und wurde zum ersten *wâlî*, also Gouverneur, der Insel ernannt. Nach der erfolgreichen Eroberung widmeten sich die Araber zuerst dem Ausbau Palmas, das unter dem Namen Medina Mayurqa in ein Zentrum islamischen Lebens verwandelt wurde. Über das europäische Mittelalter hinweg bewahrten die Araber Wissen und Techniken der griechischen und römischen Antike. So finden sich in den Mitte des 10. Jahrhunderts errichteten Banys Arabs die Konstruktionsprinzipien der Römer. Über ausgeklügelte Bewässerungssysteme verwandelten die Araber die Insel in blühende Landschaften, sie begannen oder vervollkommten – da sind sich die Gelehrten uneins – die Terrassenbauweise, führten zahlreiche neue Früchte und Genüsse ein – Orangen, Aprikosen, Mandeln und Granatäpfel – und brachten die Kunst der bemalten Keramikkacheln mit, die sogenannten Majolica-Fliesen. Al-Khaulani starb 913, sein Sohn regierte bis 947 und dessen Nachfolger al-Muwaffak setzte mit einem Seeräuberheer von Mallorca aus der christlichen Seefahrt des westlichen Mittelmeers zu. Eine Zeitlang finanzierte man den Ausbau der Insel mit den geraubten Schätzen italienischer, katalanischer und französischer Kaufleute.

Als das Kalifat von Córdoba zerbrach, wurde Mallorca Anfang des 11. Jahrhunderts dem südspanischen Taifa-Königreich Denia zugeschlagen und mit dessen Statthalter Ali ibn Mujahid kehrte ein Zeitalter großer Toleranz auf der Insel ein. Bei Anerkennung der Herrschenden und der Tributpflicht waren Christen und Juden im arabischen Machtbereich stets toleriert worden. Ali ibn Mujahid nahm sogar den Bischof von Barcelona als geistliches Oberhaupt der Christen Mallorcas an. Gleichzeitig wussten die Statthalter die in großen Reichen herrschenden Fliehkräfte für sich zu nutzen. Immer unberührter von den Querelen des Festlands stand Mallorca bald in dem Ruf, sich wenig um die Politik in Al-Andalus zu scheren. Der wâlî Aglab al-Murtad ließ sogar eigene Münzen mit seinem Namen prägen und proklamierte 1076, als Denia von dem Taifa-Königreich Zaragoza erobert wurde, das unabhängige Königreich der Balearen. Allerdings stieß diese Eigenständigkeit schon bald an die Grenzen der christlichen Eroberungsbemühung.

Im Jahr 1114 formierten Pisaner und Katalanen einen gemeinsamen Kreuzzug gegen die maurischen Seeräuber von der Insel, die eine friedliche Seefahrt im Mittelmeer beinahe unmöglich machten. Die erste

Belagerung Palmas scheiterte an der zuvor neu errichteten Stadtmauer, doch im Jahr darauf hatten die Christen mehr Erfolg. Sie besetzten die Stadt und »befreiten« 30 000 christliche Seelen. Der Sieg schien zum Greifen nahe, bis die um Hilfe gerufenen Almoraviden das Kriegsglück zugunsten der Araber entschieden.

Wieder wurde Mallorca dem maurischen Königreich des Festlands eingegliedert, das nun von den Almoraviden beherrscht wurde. Doch auch der Almoraviden-Staat auf der Iberischen Halbinsel zeigte bald Auflösungserscheinungen und erlag schließlich den Angriffen der aus Nordafrika vordringenden Almohaden. Mallorca erlangte zum zweiten Mal eine Art Unabhängigkeit. Zwischen 1147 und 1203 konnten sich die Almoraviden noch auf den Balearen behaupten. Dann näherte sich das Zeitalter großer religiöser Toleranz unter den drei Weltreligionen seinem Ende. Schon die Almoraviden zeigten sich wesentlich intoleranter gegenüber Andersgläubigen und unterwarfen sie der zwangsweisen Islamisierung; ihr Werk vollendeten die knapp 100 Jahre später zur Herrschaft gelangten Almohaden. Sie regierten mit religiösem Fundamentalismus, die Seeräuberei setzten sie fort.

Der letzte *wâlî* Mallorcas, Abu Yahia Muhammed ibn Ali ibn Abi Iman al-Tinmali, ließ in der Hauptstadt drei neue Moscheen errichten, eine davon an der Stelle der heutigen Kathedrale. Am 31. Dezember 1229 musste er sich den Truppen Jaumes I. ergeben. Noch heute zeigt ein Relief am Carrer Estudi General, 7 in Palma die Schlüsselübergabe des letzten *wâlî* an den Eroberer.

Die Eroberung der gesamten Insel dauerte noch drei Jahre. Die letzten maurischen Verteidiger zogen sich auf die Festung am Berg Alaró zurück und mussten sich nach zweijähriger Belagerung halb verhungert und verdurstet ergeben. Die meisten der Kriegsgefangenen wurden versklavt. Damit endete die Geschichte der Mauren Mallorcas. Diejenigen, die die Eroberung überlebten, gingen später in der katalanischen Bevölkerungsmehrheit auf. Die christlichen Heere hatten sich inzwischen in fanatisierte Gotteskämpfer verwandelt. Für religiöse Toleranz war in Spanien zumindest auf Seiten der Regierenden für lange Jahrhunderte wenig Platz. Bis zur Schlacht bei Lepanto 1571, als die Heilige Liga christlicher Heere das Osmanische Reich besiegte, blieben die Angriffe muslimischer Korsaren auf die Balearen begrenzt. Noch heute erinnern die zahlreichen Spektakel der *moros i cristians* in vielen Orten der Küste an die Vorfälle.

Herausragend: Der Berg Alaró

an Tiergehegen für Ziegen, Pferde und farbenprächtige Pfaue, gelangt man zu der alten Quelle, die in kleinen Kaskaden hinabplätschernd ihrem Ziel entgegenstrebt, dem Antrieb eines Mühlrads. Im Innern des Gutshauses taucht man ein in die Kultur- und Sozialgeschichte der Insel, denn Sa Granja war sowohl ländlicher Herrensitz als auch Stätte der landwirtschaftlichen Produktion.

Service & Tipps:

 Sa Granja
Apartado, 68, 07190 Esporles
℘ 971 61 00 32
www.lagranja.net
Tägl. 10–19 Uhr
Vorführung traditioneller Handwerkstechniken Mi und Fr 15–16.25 Uhr
Eintritt € 13,50/7, zu Vorführungen ca. € 3 mehr
In den einzelnen Räumen des Musterguts kann man dem feudalen Leben der Herrschaften nachspüren: im Salon florentinischen Stils ebenso wie im barocken Schlafzimmer, dem Arbeitskabinett, dem Kinderzimmer und der Kapelle, die in den Fels gehauen wurde. Daneben erzählen die Wirtschaftsräume von der Arbeit und dem Leben des Gesindes. Kaum ein Handwerk, das auf dem Gut nicht ausgeübt wurde, denn die großen Herrschaftssitze achteten auf ihre Autarkie. Man spaziert durch die Werkstätten der Wagner, Spengler, Färber, Schuster, Weber, Drechsler und Seilmacher. In der Küche lassen sich das köstliche Feigenbrot und die Marmeladen probieren und natürlich im Shop anschließend erwerben.

2-mal in der Woche werden die alten mallorquinischen Handwerkstraditionen vorgeführt ebenso wie folkloristische Tänze. Im Keller wurde eine Folterkammer eingerichtet, die die Schrecken vergangener Strafverfolgung eindrücklich darstellt.

Das angegliederte Restaurant gehobener Klasse offeriert eine große Bandbreite mallorquinischer und spanischer Spezialitäten und ist bei den Einheimischen vor allem für Familienfeierlichkeiten und Bankette beliebt (€€€).

Can Toni Moreno
C/Es Port des Canonge
07190 Esporles
℘ 971 61 04 26
In dem Restaurant kann man sich lokale Fischspezialitäten und internationale Küche in familiärer Atmosphäre schmecken lassen. €€

Zapateria Can Madó
C/Nou de Sant Pere, 31
07190 Esporles
℘ 971 61 01 53
Hier gibt es die für Mallorca typischen geflochtenen Schuhe, *espadrilles*, sowie Flechtwaren wie Körbe etc.

Altes Bauernhaus in Valldemossa

⑭ Valldemossa

Inmitten einer fruchtbaren Landschaft gelegen ist der Ort von jeher beliebt als Sommerresidenz. Und so wurde er benannt nach einem der ersten Sommerfrischler, dem *wâlî* von Mallorca namens Musa, also dem Statthalter des Kalifen von Córdoba Wali Musa, der sich hier einen Palast errichtete und das Tal durch die Anlage terrassierter Felder in einen fruchtbaren Landstrich verwandeln ließ. An Stelle des arabischen Gutes, das der christlichen Eroberung zum Opfer fiel, erbaute der mallorquinische König Jaume II. Anfang des 14. Jahrhunderts eine Sommerresidenz, bevor das Gut 1349 mit der inzwischen wieder verfallenen Residenz an die Kartäuser aus Tarragona übergeben wurde. Diese errichteten die noch heute existierende **Kartause**.

Berühmt ist der Ort allerdings nicht so sehr wegen seiner reichhaltigen Geschichte, sondern weil in den Mauern des Klosters das Liebespaar Frédéric Chopin und George Sand im Winter 1838/39 Zuflucht fand. Obwohl

Sands an diesen Aufenthalt erinnernder Roman »Ein Winter auf Mallorca« kaum ein gutes Haar ließ an dem feuchtkalten Winterklima und den Mallorquinern, die abweisend auf das unkonventionelle Paar reagierten, machte das Buch Valldemossa zur Touristenattraktion. Noch heute können die beiden Zellen des Paares besichtigt werden. Sonn- und feiertags darf man zwischen 10 und 13 Uhr stündlich einem kleinen Chopinkonzert lauschen.

Die monumentale Klosterkirche aus dem 18. Jahrhundert birgt einige Kunstschätze und ist ebenso sehenswert wie die Klosterapotheke aus dem 17. Jahrhundert und die Bibliothek mit zahlreichen von den Mönchen vor der Erfindung des Buchdrucks kopierten alten Schriften in der ehemaligen Zelle des Priors. In der Klosteranlage befindet sich auch das Museu Municipal mit seiner breit angelegten Sammlung z. B. zum Buchdruck auf Mallorca sowie mit Arbeiten zeitgenössischer und moderner Künstler wie Picasso und Miró.

So, wie das Oberdorf Valldemossas den berühmten Liebenden gewidmet ist, hat sich das wesentlich weniger touristische Unterdorf der Inselheiligen verschrieben. *Beateten* nennen sie die wichtigste Heilige der Insel, Santa Catalina Tomàs, in der etwas eigenwilligen Steigerung von *La Beata*, »die Selige«. 1531 erblickte sie in der Calle de la Rectoría das Licht der Welt und ihr kleines Elternhaus kann immer besichtigt werden. An den benachbarten Häusern erzählen handbemalte Keramikschilder Episoden aus dem Leben Catalinas. Die Pfarrkirche **Sant Bartomeu** ist Catalina gewidmet, die als Heilige der Dienstmädchen gilt, und gleich hinter der Kirche murmelt der Catalina-Brunnen. Als sie sich als Magd auf dem Landgut Raixa bei Bunyola verdingte, hatte Catalina mehrere Visionen und vollbrachte Wunder. Auf Betreiben eines Adligen erhielt sie religiöse Unterweisung und wurde mit 21 Jahren in den Orden der Augustinerinnen aufgenommen. Bis zu ihrem Tod 1574 lebte sie als einfache Nonne – mehrmals lehnte sie das Angebot, Äbtissin zu werden, ab – im Kloster Santa María Magdalena in Palma, wo sie bis heute in einem gläsernen Schrein bestattet liegt.

Chopin in Valldemossa

Eine kleine Stärkung in den Gassen von Valldemossa

Zweimal besuchte die unglückliche __Kaiserin Sisi__ den Erzherzog Ludwig Salvator in seinem Inselrefugium Son Marroig. Der Seelenverwandten des ungeratenen Sohnes aus dem Hause Habsburg wurde es ebenfalls immer wieder zu eng am Wiener Hof. Als sie ihren 55. Geburtstag, den Heiligen Abend 1895, auf Mallorca verbrachte, telegrafierte ihr Gemahl Kaiser Franz Joseph säuerlich: »Ich hoffe, dass der dicke Luigi für Dein Wohlergehen sorgt.«

In einem der zahlreichen Cafés in Valldemossa sollte man unbedingt die lokale Spezialität __coca de patata__, ein Gebäck aus Kartoffelteig, probieren.

Centre Cultural Costa Nord

Blick auf Valldemossa ▷

Nimmt man die Straße von Valldemossa Richtung Banyalbufar, geht es bald nach dem Ortsende auf der Ma 1131 in steilen und engen Kurven, die immer wieder schöne Blicke auf Küste und Meer freigeben, hinab zu dem kleinen Hafen **Port de Valldemossa**. Dort wartet ein kleiner und nicht allzu stark frequentierter Kieselstrand auf den Besucher.

Ab dem letzten Aussichtspunkt der Landstraße (km 3,9) bietet sich Wanderlustigen ein schöner Weg über dem Meer an die **Bucht von S'Estaca**. Ein bequemer Pfad führt durch ein Tor Richtung Nordosten bis zum Abstieg zu dem felsigen Badeplatz unterhalb des Landhauses S'Estaca. Einst kaufte Erzherzog Ludwig Salvator das heruntergewirtschaftete Anwesen für seine Geliebte Catalina Homar und ließ das Herrenhaus im maurischen Stil wieder aufbauen. In den 1990er-Jahren erwarb Michael Douglas das Anwesen.

Trittfeste Abenteuerlustige können ihren Weg bis an die **Punta de Sa Foradada** fortsetzen, doch benötigt man hierfür feste Schuhe und Schwindelfreiheit, denn der Pfad über dem Meer ist in sehr schlechtem Zustand. Die kleine Halbinsel ist vor allem wegen der spektakulären Felsformation mit einem Loch in der Mitte bekannt. Wer es bequemer haben will, kann auch von dem gleichnamigen Mirador an der Ma 10, ein kleines Stück südlich von Son Marroig, einen Blick auf die Landzunge werfen.

Service & Tipps:

 O.I.T.
Av. de Palma, 7, 07170 Valldemossa, ✆ 971 61 20 19
www.valldemossa.com

Kartause/Real Cartuja
Pl. de la Cartoixa, s/n
 07170 Valldemossa
✆ 971 61 21 06
www.cartujadevalldemossa.com
www.celdadechopin.es
So 10–13, Mo–Sa Feb./März, Okt./Nov. 9.30–17/17.30, April–Sept. 9.30–18.30, Dez./Jan. 9.30–15 Uhr
Eintritt € 3,50 für Chopins Zelle, € 7/5,60 restliche Kartause
Hier fanden u. a. Frédéric Chopin und George Sand Zuflucht. Mit Museu Municipal.

Centre Cultural Costa Nord
Av. de Palma, 6
07170 Valldemossa
 ✆ 971 61 24 25
www.costanord.es
Tägl. 9–17 Uhr, Eintritt € 7,75/4,75
Das Centre Cultural Costa Nord wurde von Michael Douglas als Naturschutzstiftung gegründet und an die Balearenregierung verkauft, die es zum Sitz der Stiftung für nachhaltige Entwicklung der Balearen machte. Mittlerweile ist das Anwesen an einen Investor verpachtet. Ein 15-minütiger Film zeigt die Schönheiten der mallorquinischen Nordküste. Ein ganzer Raum widmet sich der Ausstattung des »Nixe«, dem Forschungsboot von Erzherzog Ludwig Salvator. Das Innere des Schiffs wurde nachgebaut und einige Ausstellungsstücke verweisen auf die wissenschaftlichen Abenteuer des Erzherzogs. Gelegentlich finden im Amphitheater im Garten Konzerte statt.

 Es Port
Ponent, 5, 07170 Valldemossa
✆ 971 61 61 94
www.restaurantesport.es, tägl. 12–17.30, Juli und Aug. bis 20 Uhr
Frischer Fisch und von der Terrasse eine tolle Aussicht über das Meer. €€

Ausflugsziele:

 Son Marroig
Zwischen Valldemossa und Deià
✆ 649 91 38 32
www.sonmarroig.com
Mo–Sa 10–19, Okt.–März 10–17 Uhr, Eintritt € 4
Der Herrensitz aus dem 16. Jh. diente Erzherzog Ludwig Salvator, dem Entdecker Mallorcas für den Tourismus, als Hauptwohnsitz. Zur Bergseite hin fast wie eine Festung gebaut, zeigt die Meerseite eine verspielte Fassade mit Loggien und Terrassen sowie eine romantischen Gartenanlage. Aus Italien ließ der Erzherzog einen Marmorpavillon anliefern, der, auf einem künstlichen Plateau zur Meerseite aufgebaut, eine

schöne Aussicht auf die Halbinsel Sa Foradada und über das Meer bis zur Insel Sa Dragonera freigibt. Heute beherbergt Son Marroig ein kleines, dem Erzherzog gewidmetes Museum mit dem verstaubten Charme des vorletzten Jahrhunderts. Ausgestellt wird die persönliche Sammlung Salvators – Dinge des täglichen Lebens, Kunsthandwerk und verschiedene Ausgaben seiner zahlreichen Schriften. Am Marmorpavillon im Garten finden im Sommer gelegentlich Konzerte oder Hochzeiten statt.

Son Marroig

 Monestir de Miramar
An der Küstenstraße ab Valldemossa Richtung Nordosten
℡ 971 61 60 73
Tägl. 9–16.45 Uhr, Eintritt € 4
»Ohne Zweifel verdient kein anderer Ort der Erde mit mehr Recht den Namen Miramar«, schrieb der Erzherzog in seinem Werk »Die Balearen«. Eingebettet in die großartige Landschaft der Nordküste, inmitten von Oliven- und Eichenhainen wurde Miramar im 13. Jh. als Kloster mit einer Schule für orientalische Sprachen gegründet. Erzherzog Salvator, der sich in die Nordküste Mallorcas verliebt hatte, kaufte das Kloster im 19. Jh. und errichtete auf dessen Fundamenten seinen ersten Landsitz auf der Insel. Inzwischen gehört das Anwesen den Nachkommen des mallorquinischen Sekretärs des Erzherzogs, der die Landhäuser von Son Marroig und Miramar erbte. Einen Blick lohnen vor allem die gotischen Außenanlagen und der byzantinische Garten. Mit ein wenig Glück finden nur wenige gleichzeitig den Weg ins ehemalige Kloster, sodass man die Ruhe, die von diesem Platz ausgeht, erfassen kann. Ein kleines Museum zeigt Erinnerungsstücke an den gelehrten Missionar und an den Erzherzog.

⑮ Deià

In Deià, so heißt es, werden die Toten im Stehen begraben, so wenig Platz habe man zur Verfügung. Nicht wenige beginnen eine Besichtigung des hübschen Bergdorfes auf dem Gottesacker gleich neben der Kirche im Oberdorf, liegt hier doch unter einer Platte mit der lapidaren Aufschrift *Poeta* (Dichter) der britische Schriftsteller Robert Ranke-Graves (1895–1985) begraben, der, bis auf die Zeit während des Spanischen Bürgerkriegs, ab 1932 in Deià lebte und hier seinen berühmten Roman »Ich, Claudius Kaiser und Gott« ebenso verfasste wie »Geschichten aus dem anderen Mallorca«. Dem von den Einheimischen respektvoll *Don Roberto* genannten Dichter folgten Künstler und Schriftsteller aus aller Welt: Anaïs Nin, Ava Gardner, Sir Alec Guinness, Peter Ustinov, Gabriel Garcia Márquez, Kingsley Amis, Alan Sillitoe, Anthony Burgess … Sie alle suchten Ruhe und Erholung in einem der abgelegensten Dörfer der Insel.

Auch heute noch muss man sich zu Fuß aufmachen, um das Dorf zu erkunden. Auf dem höchsten Punkt eines Bergrückens, geschützt durch den 1064 Meter hohen Puig d'Es Teix im Südosten, liegt die Pfarrkirche **Sant Joan Baptista** mit dem Dorffriedhof. Umrahmt von Orangen-, Oliven und Johannisbrotbäumen scharen sich gepflegte Steinhäuser um die Kirche, erreichbar durch ein pittoreskes Gassengewirr. Natürlich sind inzwischen die

Erzherzog Ludwig Salvator

Im Jahre 1867 tauchte Erzherzog Ludwig Salvator von Habsburg, vierter Sprössling Leopolds II. von Habsburg-Toskana, erstmals in Mallorca auf. Kaum 20 Jahre alt war er bereits auf der Flucht vor dem beengenden Zeremoniell des Wiener Hofs, der ihm vorgezeichneten militärischen Karriere und der Mühsal seines politischen Amtes als Statthalter von Böhmen und Mähren.

Die Insel blieb Zeit seines Lebens Ziel seiner Sehnsüchte, liebstes Studienobjekt und Fluchtpunkt seiner Rastlosigkeit und Reiselust. Auch wenn er Mallorca immer wieder verließ, um seinen Wissensdurst, der Natur, Menschen und Archäologie galt, zu stillen, kehrte er stets zurück: auf sein bevorzugtes Landgut Son Marroig, nach Estaca, wo er der Frau seines Herzens ein Schlösschen errichten ließ, und nach Miramar, ins ehemalige Kloster Ramon Llulls, das ihm bis zum Ersten Weltkrieg als Wohnsitz diente. Zahlreich sind die Schriften des Erzherzogs, meist Reise- oder Naturbeschreibungen aus allen erdenklichen Ecken der Welt. Sein berühmtestes Werk aber ist seiner geliebten Insel gewidmet: Das 1870–91 erschienene siebenbändige Œuvre »Die Balearen in Wort und Bild« brachte ihm 1899 eine Goldmedaille auf der Pariser Weltausstellung und gilt noch heute als fundierteste Quelle für Flora und Fauna der Insel sowie für die Mallorquiner Lebensart.

Sein Leben auf Mallorca mit mehreren Geliebten und zahlreichen Kindern jenseits aller Konventionen muss auf der Insel selbst als ebenso großer Skandal empfunden worden sein wie im fernen Wien. Doch die Mallorquiner wusste der Erzherzog durch Bescheidenheit und Volksnähe zu beeindrucken. Fast sprichwörtlich wurde seine nachlässige Kleidung, sodass man noch heute ab und an das Wörtchen *Arxiduc*, Erzherzog, als scherzhafte Bezeichnung für schlecht angezogene Leute vernehmen kann. »Diogenes aus fürstlichem Geschlecht« nannte ihn der große spanische Dichter Unamuno. So lebt der Vorfahr und Wegbereiter zahlreicher Aussteiger und Glückssucher, der sein Leben dem akribischen Sammeln von Informationen und Gegenständen aus dem Dasein fremder Völker widmete, in zahlreichen Anekdoten der Insel und an den mit seinem ganz persönlichen Stempel versehenen Erinnerungsorten fort.

Immobilienpreise gestiegen und manch ein Ferienhausbesitzer hat die Lebenskünstler und Bohemiens vertrieben. Doch auch wenn heute zahlreiche Touristen dem besonderen Charme des Künstlerdorfes und dem Drehort der ZDF-Serie »Hotel Paradies« nachspüren, konnten sich lokale Künstler ihre besonderen Nischen erhalten.

Rathaus von Deià

Service & Tipps:

 Museu Arqueològic i Centre d'Investigació de Deià
Es Clot
07179 Deià
✆ 971 63 90 01
www.sollernet.com/damarc
April–Okt. So, Di und Do 17–19 Uhr
Das Museum wurde 1962 von dem amerikanischen Maler und Archäologen William Waldren gegründet und überzeugt nicht nur durch seine außergewöhnliche Sammlung archäologischer Funde der Gegend, sondern auch durch sein ansprechendes Design.

**Fundació Robert Graves
Ca N'Alluny**
Ctra. de Sóller, km 1, 07179 Deià
✆ 971 63 61 85
www.lacasaderobertgraves.com
April–Okt. Mo–Fr 10–17 (letzter
Einlass 16.20), Sa 10–15, Nov.–März
Di, Fr 10.30–13.30 Uhr, Eintritt € 7/5
Das Wohnhaus von Robert Ranke-
Graves, der 1985 im Alter von
90 Jahren auf Mallorca starb, wurde
sorgfältig restauriert und in den Zu-
stand gebracht, in dem es Ranke-
Graves bei seiner Rückkehr auf Mal-
lorca 1946 vorfand. Herzstück der
Besichtigung ist der üppige Garten.
Daneben können die Wohn- und Ar-
beitsräume des Dichters besucht werden. Voranmeldung empfehlenswert.

 Museu Yanikun
Font Fresca, 55, 07179 Deià
✆ 676 32 42 34
www.deia.info/yanikun/indexen.html
So 14–18.30 oder nach Vereinbarung
Der amerikanische Künstler Norman
Jenkins Yanikun pendelte eine Zeitlang zwischen Paris und Deià, bevor
er sich 1973/74 endgültig hier nie-
derließ. Er war eines der Gründungs-
mitglieder der in Deià beheimateten
Künstlergruppe »Es Deu Des Teix«
und wurde in dem Ort vor allem als
Lebenskünstler und Spaßmacher geschätzt. Als er 1988 starb, wünschte
er sich ein eigenes Museum. Das
kleine Haus zeigt die Vielfalt seines
Schaffens.

 Sant Joan Baptista
07179 Deià
Die ursprüngliche, im 16. Jh. errichtete Pfarrkirche fiel den Flammen
zum Opfer. Der heutige Bau wurde
zwischen 1754 und 1760 errichtet.
Der Hochaltar ist ein Werk Josep
Sastres von 1768, der mehrere Kirchen Mallorcas ausgestaltete. Das
Bild des heiligen Joseph in der
gleichnamigen Kapelle von Joan Cal-
deró stammt noch aus der Vorgängerkirche. In der kleinen Pfarrkirche
findet im Juli und Aug. das alljährli-
che Musikfest *Festival de Deià* statt.
Nur selten gibt es öffentliche Wer-
bung; die Termine verbreiten sich
durch Mund-zu-Mund-Propaganda.
Das der Kirche angeschlossene Pfarr-
museum zeigt religiöse Kunstwerke,
Ikonen und alte Münzen.

Das Bergdorf Deià

Llucalcari

👁 Auf dem Weg von Deià nach Sóller stößt man nach wenigen Kilometern auf das Bergdorf Llucalcari, dessen ca. 20 Häuser sich wie in einem Bilderbuch an die Steilküste schmiegen. Von den ehemals 5 Wachtürmen sind nur noch 3 erhalten. Ein kurzer Stopp gehört wohl zu den idyllischsten und ursprünglichsten Minuten auf der Insel, weshalb Llucalcari zu den meistfotografierten Dörfern Mallorcas zählt.

Ca'n Quet

✗ Ctra. Valldemossa, s/n
07179 Deià
☏ 971 63 90 00, www.esmoli.com
Das Restaurant liegt etwas außerhalb und ist an das Hotel Es Molí angeschlossen. Mediterrane Küche in einer alten Mühle, die 1966 von Rheinländern umgebaut wurde. €€€

Jaume

✗ C/Arxiduc Lluis Salvador, 22
07179 Deià
☏ 971 63 93 57
Tägl. außer Mo 12.30–15.30 und 19.30–24 Uhr
In idyllischer Lage genießt man von der Terrasse einen traumhaften Blick auf Es Clot und die Höhen der Tramuntana und dazu verfeinerte Inselklassiker wie *Frito Mallorquin, Tumbet* oder *Sopas Mallorquinas,* die von Biel und Alicia Payeras spürbar leichter zubereitet werden. €€

El Olivo

✗ Son Canals s/n, 07179 Deià
☏ 971 63 90 11, www.hotel-la residencia.com, tägl. 19.30–23 Uhr
Das dem Hotel Residencia angeschlossene Restaurant wurde in einer ehemaligen Ölmühle aus dem 16. Jh. stilvoll eingerichtet. €€€

Ca's Patró March

✗ Cala Deià, 07179 Deià
☏ 971 63 91 37
Strandbar mit einfachen Gerichten. €

🏊 Zum Schnorcheln und Tauchen lädt die geschützte Bucht **Cala Deià** ein. Natürliche Höhlen wurden zu Bootsgaragen umgebaut und die die Bucht umrahmenden Felsen werden von Mutigen als Sprungtürme genutzt. Eine auf der linken Seite auf den Felsen gebaute Bar sorgt für das leibliche Wohl. Allerdings ist an dem Kieselstrand höchstens im Winter noch Einsamkeit zu finden.

Llucalcari bei Deià

⑯ Sóller

Sulliar, Tal des Goldes, nannten die Araber die Stadt, die wenige Kilometer über dem Meer, umrahmt von den höchsten Bergen der Tramuntana, inmitten eines fruchtbaren Tales liegt, in dem noch heute Orangen, Zitronen, Feigen und Oliven geerntet werden. Golden ist die Farbe des Öls, das die Mauren und nach ihnen die Christen aus den satt tragenden Olivenbäumen gewannen und heute noch gewinnen. Die Araber legten hier in typischer Terrassenbauweise Felder und Gärten an. Vom Meer aus besiedelt, blieb das Städtchen jahrhundertelang gegen das Hinterland abgeschlossen, weil die vier Tausendergipfel einstmals ein nahezu unüberwindbares Hindernis darstellten. So leitet eine andere Überlieferung den Namen des Städtchens von dem arabischen Wort für Muschel ab, gemäß der Talform einer Schale, die sich nur zum Meer hin öffnet.

Ende des 18. Jahrhunderts flohen aus dem revolutionären Frankreich Händler und Bauern nach Sóller und organisierten schon bald den Vertrieb des anderen nachwachsenden Reichtums des Tals – der Orangen. Über verwandtschaftliche Netze verkauften sie die Früchte bis nach Paris und schon bald expandierten die dort entstandenen Südfruchtläden, die *Jardin d'Espagne*, wie sie ihre Geschäfte oft nannten, über Frankreichs Grenzen hinaus. Doch 1860 traf das Tal ein schwerer Schicksalsschlag. Ein Schädling vernichtete Orangenbäume und Früchte und trieb viele Bauern und Händler ins Exil: zurück nach Frankreich oder in die Karibik, nach Kuba, Puerto Rico oder Venezuela.

In Sóller erzählen die Fassaden der Häuser vom Schicksal ihrer Bewohner. Diejenigen, die daheimblieben, die Krise überstanden und im nachfolgenden Vitamin-C-Boom zu Reichtum gelangten, kultivierten den klassischen Baustil der Gegend: Marès-Fassaden, elegante Toreinfahrten und Patios sowie kunstvolle Portale. Die Heimkehrer aus Lateinamerika – gewillt ihre Erfolge in Übersee auch zu zeigen – bauten Stadtpaläste im Kolonialstil mit neobarocken und klassizistischen Elementen, setzten hier ein Giebelchen und dort eine aufwendige schmiedeeiserne Verzierung. Am liebsten an der Hauptstraße, der **Gran Vía**, oder den Ausfallstraßen der Stadt, wo sie heute noch zu bewundern sind. Diejenigen, die nur ins benachbarte Europa ausgewandert waren, brachten den Jugendstil in seiner katalanischen Spielart des *Modernisme* mit zurück und so ist Sóller nach Palma die Stadt mit der meisten Jugendstilarchitektur.

Dem Besucher bietet sich heute eine weltoffene und lebendige Kleinstadt, in der sich viele Fremde über den Sommer oder auf Dauer niederlassen. Mit dem Sonnenuntergang, wenn die zahlreichen Tagesausflügler der Stadt wieder den Rücken kehren, findet sie zu ihrem eigenen Rhythmus zurück.

Tal des Goldes

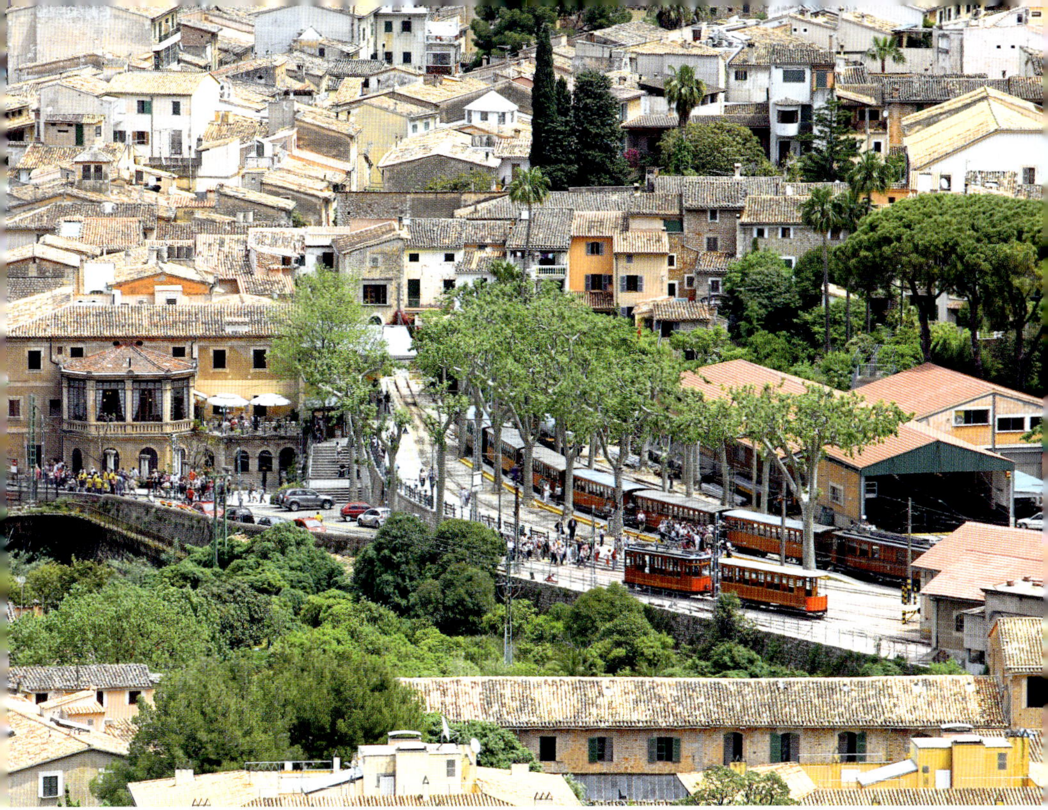

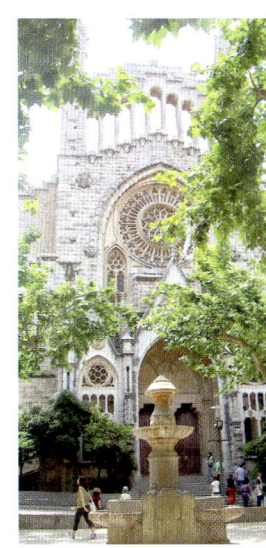

Eine Besichtigung beginnt man am besten im Zentrum des Städtchens, an der hübschen **Plaça Sa Constitució**. Die Fassade der Pfarrkirche **Sant Bartomeu**, schon bald nach der Eroberung durch Jaume I. begonnen, wurde ebenso wie die der **Banco Central Hispano** und die **Villa Ca'n Prunera** im Carrer de Sa Luna von dem Gaudí-Schüler Joan Rubió i Bellver im schönsten *Modernisme* gestaltet. Zahlreiche Cafés und Bars verlocken auf der Plaça, die zu den schönsten Stadtplätzen der Insel gehört, zum ruhigen Verweilen und Schauen. Nur samstags zum Wochenmarkt ist kaum ein freier Platz unter den Platanen zu finden, doch das bunte Treiben und die Leckereien an den Ständen versüßen das Warten. Entlang der Ausfallstraßen reihen sich weitere Beispiele des Jugendstils, ob am Carrer de Sa Mar, seiner Parallelen, der Avinguda Gran Vía, dem Carrer de Sa Luna oder dem Carrer de Cristofol Colom. Der Bahnhof ein wenig südlich vom Hauptplatz ist ein Gebäude aus dem 17. Jahrhundert, das im Stil des *Modernisme* umgebaut wurde, als man es zum Bahnhof umfunktionierte. Einen Besuch lohnen auch die zahlreichen Galerien und Ateliers am **Carrer des Sant Joan**, dem künstlerischen Rückgrat der Stadt.

Die Stadt ist durch die einzige Straßenbahn der Insel mit ihrem knapp vier Kilometer entfernten Hafen **Port de Sóller** verbunden. Der größte natürliche Hafen an der Tramuntana-Küste bildet ein fast perfektes Rund mit schönen Sandstränden, die direkt von der Straßenbahn angefahren werden.

Seit 1997 verkürzt ein mautpflichtiger Straßentunnel, **Coll de Sóller**, die Strecke zwischen Palma und Sóller (€ 5,05 einfache Fahrt). Die Entstehung des Tunnels, der maßgeblich zur wirtschaftlichen Entwicklung Sóllers beigetragen hat, ist allerdings ein Beispiel für die auf der Baleareninsel so verbreitete Vettern- und Misswirtschaft. Der Unternehmer Antonio Cuart zahlte Bestechungsgelder in Höhe von 50 Millionen Peseten (rund 300 000 Euro),

Der Bahnhof von Sóller – Station des Roten Blitzes

Sant Bartomeu in Sóller

Blick auf Port de Sóller

um im Ausschreibungsverfahren den Auftrag zu erhalten. Einer Verurteilung entging der Balearen-Premier Gabriel Cañellas nur, weil die Straftat 1997 bereits verjährt war. Der Korruptionsskandal kostete ihn jedoch noch vor der Eröffnung des Tunnels den Job. Vielen gilt der Tunnel noch immer als der gefährlichste Europas, weil auf den rund drei Kilometern Fluchtwege fehlen. Allerdings ist bis jetzt ein ernsthafter Unfall ausgeblieben und insgesamt wird über 44 Kameras die Strecke flächendeckend kontrolliert.

Wer Zeit und Muße hat, sollte bei den Gärten von Alfabia auf die alte Strecke über den Coll de Sóller abzweigen. In 60 Kurven windet sich die Straße auf elf Kilometern über 400 Höhenmeter. Auf der Nordseite des 496 Meter hohen Bergrückens eröffnen sich schöne Ausblicke auf das Tal und die Stadt. Die **Jardines d'Alfabia**, an der Ma 11 zwischen Palma und Sóller kurz vor der Einfahrt in den Tunnel gelegen, sind ein hervorragendes Zeugnis dafür, wie die Mauren, Söhne der Wüste, den Mallorquinern die Fertigkeit im Umgang mit Wasser und die Gartenbaukunst beibrachten. Hier sorgen die Bergbäche der Tramuntana für einen auf der Insel selten hohen Grundwasserspiegel und über eine Quelle steigt das frische Bergwasser an die Erdoberfläche. Diese Stelle erkor im 12. Jahrhundert der Großwesir Ben Abet zur Anlage seines Gartens, als Labsal in seiner Sommerresidenz, als Muster für ähnliche Projekte auf der ganzen Insel. Vor den rauen Nordwinden geschützt durch die Felsrücken der Tramuntana gedeihen hier neben einheimischen Oliven, Stacheleichen und Johannesbrotbäumen Exoten: Nordische Tannen, kleinasiatische Zedern, Platanen aus dem Morgenland, syrische Kiefern und der ursprünglich aus China stammende Palisander.

In beschaulicher Stille wandelt der Besucher durch schattige Laubengänge, vorbei an jahrhundertealten Palmen, prachtvollen Blüten, verknoteten Glyzinien und müde dahindösenden Steinlöwen. Die raffiniert angelegten Bewässerungskanäle speisen künstliche Wasserfälle, versteckte Tümpel und flirrende Fontänen. Die Wasserpergola in einem barocken Säulengang muss zwar inzwischen auf Knopfdruck aktiviert werden, doch gerade in den heißen Sommermonaten wird kaum ein Besucher die angenehme Kühle und lustigen Wasserspiele des Gartens vergessen.

Auch die kleine Landvilla des Anwesens, eine Mischung verschiedener jahrhundertealter Baustile, und die angeschlossene Ölmühle lohnen einen Besuch. Achten Sie auf die beiden den Torbogen flankierenden Steinbänkchen, die im Mittelalter von den Rittern genutzt wurden, um in schwerer Rüstung aufs Pferd zu steigen. Urheber der heutigen Fassadenansicht ist Joan d'Aragó, einer der wichtigsten Barockarchitekten auf Mallorca. Durchquert man das Hauptportal, sollte man nicht versäumen, einen Blick auf die letzten Reste maurischer Architektur zu werfen. Das Durchgangsgewölbe besteht aus einer kunstvoll gestalteten maurischen Kassettendecke aus Kiefer und Steineiche aus dem Jahr 1140. Darunter befinden sich die Wappen der arabischen Bewohner des Hauses sowie die Symbole des Königreichs von Aragon und Katalonien. Im Fries kann man lesen: »Allah ist groß. Die Macht gehört Allah. Es gibt keinen anderen Gott als Allah.« Im Innern des Hauses zeigen die verschiedenen Räumlichkeiten die typische Ausstattung mehrerer Jahrhunderte.

Noch etwas weiter südlich liegt das Landgut **La Raixa**, dessen Gärten von maurischen Gartenbaukünstlern angelegt, im 18. Jahrhundert jedoch umgestaltet wurden. Das zugehörige Landhaus mit der imposanten Treppe wurde von italienischen Meistern im neoklassizistischen Stil erbaut. Sehenswert ist auch der riesige Teich der Anlage. Schon mehrmals diente La Raixa als Filmkulisse, zuletzt für den Streifen »Bearn o la sala de les nines«, der Verfilmung eines Romans von Llorenç Villalonga. Vor ein paar Jahren kaufte die Inselregierung das Gut, um den Ausverkauf des Kulturerbes zu verhindern. Zuvor hatte sich die deutsche Modedesignerin Jil Sander für die Immobilie interessiert. Seitdem wird die Wiedereröffnung immer wieder angekündigt und schließlich doch verschoben. Immerhin arbeitet die Inselregierung seit November 2009 an der Restaurierung der Gartenanlagen. Auskünfte erhält man in den Touristeninformationen von Palma oder Sóller.

Service & Tipps:

ⓘ O.I.T.
Pl. Espanya, 15 (im Zugwagon), 07100 Sóller
✆ 971 63 80 08, www.ajsoller.net

⊙ Vom **Leuchtturm am Cap Gros**, dem Ausgangspunkt mehrerer Wanderwege, genießt man einen schönen Blick auf das fast perfekte Rund der Bucht von Port de Sóller.

🏛 Museu del Casal de Cultura
C/de Sa Mar, 13, 07100 Sóller
✆ 971 63 14 65
www.sollernet.com/casal
Im Sommer 11–13 und 17–20, Sa 11–13, im Winter Di–Fr 11–13 und 16–19, Sa 11–13 Uhr
Die Villa Ca'n Mo aus dem Jahr 1740 beherbergt eine Art Heimatmuseum mit archäologischen Funden und Kunsthandwerk des täglichen Gebrauchs.

🏛 Museu de la Mar
C/Sta. Caterina d'Alexandria, 50
07108 Port de Sóller
✆ 971 63 22 04
Mi–Sa 10–17, So/Fei 10–14 Uhr
Eintritt € 3/2
Sóller war bis zur Eröffnung des Tunnels, der die Reise nach Palma

In Sóller sollte man nicht versäumen, ein Eis zu essen, denn zumindest die Einheimischen halten ihr Speiseeis für das beste Spaniens.

Verwunschene Ruheplätze in den arabischen Gärten von Alfabia

Es Firo

Moros a terra, »Mauren an Land«, tönt ein Schrei durch die Stadt und so beginnt eines der größten Spektakel der Insel in Sóller. Schon springen Mauren in Turbanen und Pluderhosen, mit Krummsäbeln bewaffnet, und Mallorquiner in typischer Landestracht vergangener Jahrhunderte mit Schwertern und Mistgabeln aufeinander los und führen so lange ein Scheingefecht, bis die maurischen Korsaren als Gefangene abgeführt werden. Die Authentizität der Kostüme und historischen Ereignisse spielt dabei eine eher untergeordnete Rolle, denn im Mittelpunkt stehen der Spaß und das Spektakel. Besucher und Einheimische verlieren gelegentlich schon mal den Überblick über Freund und Feind, doch gegen Ende versöhnt man sich ohnehin in den Bars der Stadt. In Sóller wird am zweiten Wochenende im Mai mit dem Stadtfest Es Firo, bei dem es zu den Schlachten zwischen *Moros i Christians* (Mauren und Christen) kommt, der erfolgreichen Abwehr eines maurischen Piratenheers im Jahr 1561 gedacht. Besonders mutig verteidigte damals der Kaplan von Santa Catalina sein Gotteshaus gegen die Heiden ebenso wie die beiden Frauen, die nur mit Beilen, Messern und anderen Küchengeräten bewaffnet ihr Landhaus Ca'n Tamany erfolgreich vor der Einnahme bewahrten. Über 500 Tote sollen es damals auf Seiten der maurischen Korsaren gewesen sein.

Bei der Wahl der Waffen sind dem Erfindungsreichtum keine Grenzen gesetzt: Auch Bratspieße, Pfannen und Nudelhölzer dienen zur Vertreibung der Mauren beim Es Firo.

Der »Orangenexpress«

von einer Tagestour in einen kurzen Ausflug verwandelte, eigentlich immer von der Verbindung über das Meer abhängig. Doch das Meer brachte nicht nur Gutes, denn häufig überfielen Piraten den Hafen und die Stadt. In einem historischen Gebäude hoch über dem Meer wird die Geschichte Sóllers vom Meer aus betrachtet und nacherzählt.

Seit 1912 verbindet der **Rote Blitz** Sóller mit Palma. Die Bahn braucht für die 27 km knapp eine Stunde und durchquert 13 Tunnel, doch die Zeit sollte man sich nehmen. Die Fahrt führt mit ungewöhnlich steiler Streckenführung durch das schönste Stück der Tramuntana und mündet schließlich im Schatten der letzten Erhebungen in Bunyola, dessen Ahornalleen und Olivenplantagen von beschaulichem Landleben erzählen, in die Ebene nach Palma ein.
www.trendesoller.com
Mehrmals tägl., hin und zurück
€ 19,50/14, einfache Fahrt € 12,50/9
Für € 5 (Tickets im Zug) kann man sich mit der hölzernen Straßenbahn, dem sogenannten »Orangenexpress«, der früher die Ernte der Orangenplantagen vom Landesinneren ans Meer brachte, vom Bahnhof Sóller nach Port de Sóller chauffieren lassen – ein Transportmittel, das vor allem bei Touristen sehr beliebt ist.

Sa Teulera
Ctra. Puig Major, s/n
07100 Sóller, ✆ 971 63 11 11
www.restaurantesateulera.es
Auf der Strecke nach Fornalutx gelegen, hat sich dieses Restaurant vor allem der heimischen Küche verschrieben. €€

Béns d'Avall
Ctra. Sóller–Deià, urb. Costa Deià, 07100 Sóller
✆ 971 40 57 68, www.benetvicens.com
Ein Abendessen in diesem über einer kleinen Bucht zwischen Deià und

Sóller gelegenen Restaurant ist ein unvergessliches Erlebnis. Der Küchenchef hat sich der Verarbeitung lokaler, zum Teil ökologisch produzierter Produkte verschrieben. Auf der Terrasse lassen sich so, umspielt von den warmen Farben der untergehenden Sonne, die mit äußerster Raffinesse zubereiteten Erzeugnisse der Gegend probieren. €€–€€€

 Agapanto
C/del Faro, 2, 07108 Port de Sóller, ✆ 971 63 38 60
www.agapanto.com, tägl. 12–1 Uhr
Das Restaurant wird von einer Regensburgerin geführt und liegt am Strand unterhalb des Leuchtturms mit Blick auf die Promenade von Port de Sóller. Ein idealer Ort, um den heraufziehenden Abend zu genießen. Traditionelle mediterrane Kochkunst mit modernem Pfiff. €€

Sa Fàbrica de Gelats SL
Pl. del Mercat, 07100 Sóller
✆ 971 63 17 08
www.gelatsoller.com
Seit Kurzem gibt es die Eiscreme der berühmtesten Eisdiele Sóllers, die die ganze Insel beliefert, auch in deutschen Karstadtfilialen.

Can Det S.L
Ozonas, 8, 07100 Sóller
✆ 971 63 03 03
www.sollernet.com/candet
Hier kann man Olivenöl direkt beim Erzeuger kaufen, denn Can Det ist eine der wenigen Fincas, die wie früher vom Anbau von Oliven und Zitrusfrüchten lebt. Hier wird das Olivenöl noch auf traditionelle Weise gewonnen, ein Prozess, der auch Besuchern gern gezeigt wird. Es gibt auf ganz Mallorca nur noch 4 solcher Ölmühlen, die nach alten Rezepturen mit der ursprünglichen Technik arbeiten. Terminvereinbarung empfohlen.

Museu Balear de Ciències Naturals i Jardí Botanic
Ctra. Palma–Port Sóller, km 30
Garten: ✆ 971 63 40 14, www.jardibotanicdesoller.org, Mo–Sa 10–18, im Winter bis 14 Uhr, Eintritt € 5
Museum: ✆ 971 63 40 64, www.museucienciesnaturals.org, Di–Sa

März–Okt. 10–18, Nov.–Feb. 10–14 Uhr, Eintritt € 5/4 (bis 12 Jahre frei)
Als Reaktion auf die Agrarkrise Mitte des 19. Jh. verwandelte eine Bank ein Landgut in den einzigen botanischen Garten der Insel. Heute wird hier der Pflanzenreichtum der Balearen bewahrt: In den Archiven lagern die schockgefrorenen Samen von 1700 einheimischen Pflanzen.

 Von Port de Sóller verkehrt mehrmals am Tag (abhängig von den Meeres- und Witterungsver-

hältnissen) ein Boot nach **Port de Sa Calobra** (s. S. 83). Hin und zurück € 22/11, einfache Fahrt € 12/6

 Beim Stadtfest **Es Firó** wird am 2. Wochenende im Mai der erfolgreichen Abwehr eines maurischen Piratenheers im Jahr 1561 gedacht.

Ausflugsziele:

Jardines d'Alfabia
Ctra. de Sóller, km 17
www.jardinesdealfabia.com
April–Okt. Mo–Sa 9.30–18.30, Nov.–März Mo–Fr 9.30–17.30, Sa 9.30–13 Uhr, Eintritt € 5,50
Besonders interessantes Zeugnis der mallorquinische Gartenbaukunst, Anwesen mit angeschlossener Ölmühle.

Landgut La Raixa
Ctra. Palma–Sóller
07193 Bunyola
✆ 971 23 76 36, www.raixa.cat
Sehenswerte Gärten mit zugehörigem Landhaus und imposanter Treppe. Zahlreichen Filme diente das Anwesen bereits als Kulisse. Im Frühjahr 2013 war das Gelände wegen Bauarbeiten geschlossen. Informationen können unter ✆ 971 21 97 41 eingeholt werden.

Kakteen gedeihen prächtig unter der Sonne Mallorcas

Reifende Oliven

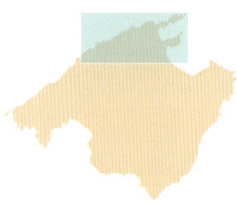

Nordöstliche Tramuntana
Zwischen Fornalutx und Cap de Formentor

Nordöstlich von Sóller gibt sich die Tramuntana unzugänglich. Die einzige Landstraße führt fernab von der Küste durch die höchsten Gebirgszüge der Insel, vorbei an mehreren Stauseen zum spirituellen Mittelpunkt Mallorcas, dem Kloster Lluc. Rund um den Puig Major, den höchsten Punkt der Insel, findet der Wanderer auch im Sommer noch Bergeinsamkeit; die durch bizarre Felsformationen führende Straße ist selbst im Juli kaum befahren und bis auf wenige Ausnahmen gelangt man nur zu Fuß hinunter ans Meer. 2011 wurde die Kulturlandschaft der Tramuntana in die Welterbeliste der UNESCO aufgenommen.

Bevölkerter gibt sich da der nördlichste Zipfel der Insel, Cap de Formentor, ein ins Meer gesetztes Karstgebirge, dessen schroffe Abhänge und bizarren Felsformationen sich kaum ein Besucher entgehen lassen möchte. Staunend steht so mancher am nordöstlichen Ende der Insel und lauscht hingerissen dem *bufador*, dem Tosen, Röhren und Donnern der Wellen, die an die Felsen schlagen, und schaut – wenn er früh genug den Weg auf die Felsnase genommen hat –, wie sich die Sonne über der Insel erhebt, um wieder einen Tag lang Einheimischen und Urlaubern die Schönheit Mallorcas zu beleuchten.

Der höchste Berg Mallorcas: der Puig Major

❶ Fornalutx

Schon mehrmals ist der Weiler zum schönsten Dorf Spaniens gekürt worden. Die engen Gassen, steilen Treppchen und rustikalen Steinhäuser verleihen dem inmitten von Orangen- und Zitronenhainen gelegenen Ort eine zauberhafte Atmosphäre. Bisweilen wirkt das durch und durch stimmige Ambiente fast zu perfekt. Auch zu Fuß ist der Ort ab Sóller gut zu erreichen: Ein schöner Spaziergang führt durch schattige Wäldchen, vorbei an restaurierten Landhäusern in etwa einer Stunde zum Ziel. Den Einstieg findet man in Sóller am Sportplatz, von wo aus der Weg ausgeschildert ist.

Einen Besuch lohnt die **Pfarrkirche** aus dem 17. Jahrhundert am Ortsmittelpunkt, der Plaça d'Espanya. Über dem einschiffigen Kirchenraum, der von vier Seitenkapellen flankiert wird, spannt sich ein Tonnengewölbe. Sehenswert sind die Orgel aus dem Jahr 1584, der 1680 entstandene Hochaltar in überbordendem Barock sowie die Kapelle der Unbefleckten Empfängnis (Capella de la Puríssima Concepció) im Rokoko-Stil.

Service & Tipps:

✗ **Es Turó**
C/Arbona Colom, 12
07109 Fornalutx
✆ 971 63 08 08, www.restaurante-es

turo-fornalutx.com
Im Osten des Dorfes gelegen bietet das Es Turó eine variationsreiche Küche, ein stilvolles Ambiente und eine schattige Terrasse für heiße Sommertage. Do Ruhetag. €€

Impression aus Fornalutx

❷ Sa Calobra

Das Dörfchen Sa Calobra besteht nur aus wenigen Häusern und doch ist es vor allem aufgrund seiner spektakulären Lage und der nicht weniger aufregenden Wege, über die man zur Ansiedlung gelangt, ein beliebtes Ausflugsziel. Die Masse der Besucher teilt sich in Schiffspassagiere (von Port de Sóller aus, s. S. 81) und Autofahrer. Erst seit 1923 existiert die Straßenverbindung an die Küste, die gleich hinter dem Stausee Gorg Blau beginnt. In immer abenteuerlicheren Kurven windet sie sich hinab zum Meer, sanft eingebettet in die Landschaft und als ein in Beton gegossenes Loblied der Ingenieursbaukunst. Der italienische Baumeister Antonio Paretti konnte, so heißt es, zwei Dinge nicht leiden: die Erhabenheit der Berge zu verschandeln und schroffe Kurven. So brachte er auf vier Kilometern Luftlinie zwölf Kilometer Straße unter, mit einer verwirrenden Anzahl Kurven und dort, wo die Natur keinen anderen Ausweg ließ, der so beliebten Krawattenknotenkurve *(nus de sa corbata)*, die sich in einer eleganten Windung selbst durchstößt.

Eine ingenieurtechnische Meisterleistung: die Straße nach Sa Calobra

Am Torrent de Pareis

Nicht weniger aufregend, doch tatsächlich nur geübten und gut ausgerüsteten Kletterern zu empfehlen ist die Wanderung durch den **Torrent de Pareis**, der etwas oberhalb in Escorca beginnt, an einer der ältesten und kleinsten Kirchen Mallorcas, dem **Oratori de Sant Pere**. Der Weg durch den sich immer tiefer grabenden Canyon ist unglaublich eindrucksvoll, zählt er doch zu den letzten noch unberührten Naturflecken der Insel. Doch Vorsicht! Die Natur hat ihre Tücken, weshalb niemand allein den Abstieg wagen sollte, der außerdem nur bei stabil sonnigem Wetter im Sommer unternommen werden kann, denn der bei Regen anschwellende Bachlauf kann lebensgefährlich werden.

Nach der anstrengenden Wanderung reizt ein Sprung ins Meer, doch auch hier Vorsicht, es herrscht meist starker Wellengang. Wer einen Badeausflug hierher plant, sollte auch bedenken, dass die Strände der Nordküste schon früh am Tag im Schatten liegen.

Service & Tipps:

✗ Eine schmale Straße führt in die außerhalb der Saison nur wenig frequentierte Bucht **Cala Tuent** mit mehreren schönen Aussichts- und Terrassenrestaurants.

🎭 In jedem Jahr findet jeweils am zweiten Julisonntag an der Mündung des Canyons zum Meer das von Josep Coll Bardolet ins Leben gerufene Musikfestival **Música Coral al Torrent de Pareis** statt.

Bucht bei Sa Calobra

❸ Monestir de Lluc

Im Kloster Monestir de Lluc, wo im 13. Jahrhundert von einem Hirtenjungen die schwarze Madonna gefunden wurde, liegt das spirituelle Zentrum der Insel. Drei alte, immer noch viel begangene Pilgerwege führen sternförmig hierher, von Sóller, von Inca und von Pollença. Kaum ein Mallorquiner, der nicht schon mal versucht hätte, zu Fuß nach Lluc zu pilgern, ob als Jugendlicher in der Nacht zum 9. September (Jugendwallfahrt) oder Anfang August von Palma aus – der sogenannte *Marxa des Güell a Lluc a peu* findet seit 1974 statt und startet gegen 23 Uhr im 50 Kilometer entfernten Carrer

Das Kloster Lluc

Nach der *Reconquista*, der Wiedereroberung Mallorcas durch christliche Heere, enteigneten die Christen die arabischen Bauern. Ein maurisches Ehepaar hoch oben in der Tramuntana verlor so Haus und Hof an die neuen Herrscher. Um ihr nacktes Leben zu retten, traten sie zum Christentum über und ließen ihre Kinder taufen. Eines dieser Kinder namens Lluc hütete die Ziegen und Schafe des Vaters und eines Tages nahm er auf seinem Weg zu den fruchtbaren Weideplätzen der höher gelegenen Täler inmitten des dichtesten Gestrüpps ein eigenartiges Leuchten wahr. Neugierig trat er näher und entdeckte eine kleine bis zur Hüfte in der Erde vergrabene Marienfigur. Vielleicht noch verwunderlicher für den kleinen Lluc war die Hautfarbe der Madonna, denn sie war so dunkel wie er selbst. Lluc brachte die Madonna zum Pfarrer der Kirche Sant Pere beim nahe gelegenen Escorca, einem der ersten Gotteshäuser der Insel. Der Pfarrer gab ihr zwar einen Ehrenplatz in der kleinen Kirche, doch als am nächsten Tag Gläubige zu ihrer Anbetung herbeieilten, war sie verschwunden. Lluc, der wieder die Schafe hütete, fand die Madonnenfigur an derselben Stelle wie am Vortag und wieder brachte er sie dem Pfarrer und wieder verschwand die Madonna über Nacht. So wiederholte sich dieses Spiel einige Male, bis man der Marienfigur ihren Willen ließ und an der Stelle des ersten Leuchtens und Findens eine kleine Kapelle errichtete. Das Kirchlein entwickelte sich schon bald zum beliebtesten Wallfahrtsziel der Insel, sodass bereits 1260 der Grundstein für die Augustiner-Einsiedelei **Nostra Senyora de Lluc** gelegt werden konnte.

Man mag die Geschichte glauben oder nicht, Lluc ist von jeher ein Ziel für Pilger. Immer wieder gelang es dem Christentum in der Geschichte der Christianisierung, Eroberung und Wiedereroberung heilige Plätze für sich zu besetzen. Auch schwarze Madonnen gibt es zahlreiche: Man denke nur an Altötting oder das spanische Guadalupe. Angeblich brachten die Kreuzritter in der Tradition des Isiskultes die schwarzen Jungfrauen nach Europa.

Der Name Lluc leitet sich wahrscheinlich von *lucus*, »heiliger Wald«, ab. In der Nähe des Klosters befinden sich Grabhöhlen aus der Talayotkultur, ein Zeichen, dass man in dem zwischen schroffen Berghängen sanft gebetteten Tal schon immer ein Zentrum der Spiritualität vermutete. Für die Mallorquiner ist Lluc mehr als ein schlichter Wallfahrtsort, es ist, so meinte Josep Maria Llompart de la Peña, Poet und Aktivist, des Mallorquí »säkulares Nationalsymbol« oder, wie es der Dichter Miquel Bauçà ausdrückte, »eine der sichersten Fährten, um zum Selbstverständnis des mallorquinischen Volkes« zu gelangen.

Engpass in der
Tramuntana

Aragón in der Nähe der einstigen Bar Güell in Palma. Nicht alle kommen an, doch für die Pilger ist auch der Weg das Ziel. Täglich werden zwei Messen gelesen, die jeweils mit dem gesungenen Salve des 500 Jahre alten Knabenchors Coro Blavet beginnen oder enden (11.15 und 19.30 Uhr).

Service & Tipps:

 Monestir de Lluc
✆ 971 87 15 25, www.lluc.net
🏛 Museum: So–Fr 10–14 Uhr, Eintritt € 4
🛏 Das Museum enthält archäologische Fundstücke, Malerei, Sakralkunst und Kunsthandwerk.
In der Klosterherberge kann man günstig übernachten – ein für Wanderer und Pilger interessantes Angebot. Neben dem Kloster befindet sich

auch das Informationszentrum über den Naturpark Tramuntana (Paratge Natural de la Serra de Tramuntana):
✆ 971 51 70 70, tägl. 9–16 Uhr.

✘ **Sa Fonda**
Santuari de Lluc, Pl. Peregrins Monestir de Lluc
✆ 971 51 70 22
Das Restaurant im Klosterkomplex offeriert rustikale, aber schmackhafte Küche im ehemaligen Speisesaal der Mönche. €

❹ Pollença

Ursprünglich stand das römische Pollentia fünf Kilometer weiter südöstlich. Die Vandalen zerstörten die Stadt bei ihrem Einfall im Jahre 440 und erst später wurde an diesem Ort eine neue Siedlung aufgebaut. Diesmal unter dem Namen Alcúdia. Die Überlebenden des Vandalenüberfalls aber gründeten ihr neues Pollentia, aus dem mit der Zeit das weichere mallorquinische Pollença wurde, ein wenig weiter landeinwärts; zu gefährlich erschienen die ständigen Angriffe vom Meer.

Die heimliche Hauptstadt des Nordens gibt sich kunstliebend und weltoffen. Die Engländer waren die ersten, die das Städtchen als Feriendomizil entdeckten, doch schon bald folgten Reisende aus aller Herren Länder. Heute weist Pollença die höchste Galeriedichte der Insel auf.

Am besten parkt man den Wagen außerhalb der Stadt, denn die Gassen sind eng und bieten kaum Parkmöglichkeiten. Vom Hauptplatz aus führen 365 Stufen, für jeden Tag eine, auf den Kalvarienberg mit der kleinen **Wallfahrtskapelle**. Am Karfreitag wird die Kapelle zum Ausgangspunkt für eine der farbenprächtigsten Prozessionen Mallorcas, hinab zu der Pfarrkirche **Nostra Senyora dels Angels** mit Fresken des deutschen Malers Mosgraber und des Argentiniers Boveri. Die Kirche ist eine Gründung der Templer. Kaum hatte man die Araber – Urheber des verwinkelten Gassengewirrs der Stadt – vertrieben, galt es eine trutzige Wehrkirche gegen etwaige Rückeroberungspläne zu bauen. Seitlich der Kirche hat sich auch der Palast des christlichen Ritterordens noch erhalten.

Südlich der Plaça Major an einem kleinen Park liegt die Kirche **Nostra Senyora del Roser**, deren barocke Orgel ausschließlich zu besonderen Anlässen gespielt wird. Überhaupt hat man sich hier der Musik verschrieben. In dem der Kirche angegliederten Kreuzgang des ehemaligen Klosters Santo Domingo finden jeden Sommer Konzerte im Rahmen des *Festival Internacional de Musica de Pollença* statt, bei dem sich so oft als möglich die Schirmherrin des Festivals, die spanische Königin, einfindet. Im Seitenflügel des Kreuzgangs befindet sich das **Museu Municipal**, das neben Malereien örtlicher Künstler Reproduktionen von Gegenständen aus der nahen Nekropole von Serra de la Punta ausstellt. In der die beiden Kirchen verbindenden Fußgängerzone **Carrer d'Antonio Maura** steht das Geburtshaus des 1861 geborenen Musikers Miquel Capllonch i Rotger.

Rechts an der Pfarrkirche vorbei gelangt man durch den Carrer del Temple auf die kleine Plazuela de la Almoina mit dem berühmten **Font des Gall**, dem Hahnenbrunnen, dem Wappentier der Stadt. An dieser Stelle soll einst der heilige Vincent Ferrer den Armen Brot und Gottes Wort dargebracht haben. An das Plätzchen schließt eine der schönsten Gassen der Stadt an, der **Carrer Costa i Llobera** mit dem Geburtshaus des gleichnamigen Dichters in der Nummer 9/11. Im Carrer de la Horta, auch eine Abzweigung von der Fußgängerzone, stoßen wir auf die ehemalige Monti-Sion-Kirche, eine Gründung der Jesuiten aus dem Jahr 1697. Dank der Initiative des heimischen Dichters Miquel Costa i Llobrera wird sie heute als Rathaus und Schule genutzt. Der Großteil des Stadtbildes stammt aus dem 16. Jahrhundert, denn trotz der geschützten Lage im Landesinneren war man nicht auf Dauer vor Piratenangriffen gefeit. 1550 wurde Pollença gebrandschatzt, bevor es gelang die maurischen Korsaren in die Flucht zu schlagen.

Im Norden der Stadt spannt sich die gut erhaltene Römerbrücke **Pont Romá** über den Torrent de Sant Jordí. Die Neugründer im 5. Jahrhundert mussten auf eine gute Infrastruktur achten, denn vom direkten Meerzugang waren sie nun abgeschnitten. Der Pont war Teil einer römischen Landstraße und ist heute eine der zwei verbliebenen Römerbrücken auf der Insel. Nur wenige Meter dahinter zweigt eine Straße zum **Castell del Rei** ab, zu einer der drei Festungen des Königreichs Mallorca. 1230 suchten die Mauren hier Zuflucht vor den christlichen Eroberern unter Jaume I., mehr als 100 Jahre später verschanzte sich dessen Nachfolger Jaume III. ebenso erfolglos vor den einfallenden aragonischen Truppen. Heute liegt das Schloss, von dem nur noch Ruinen vorhanden sind, auf dem Privatgelände der Bankiersfamilie March und wenige Kilometer nach der Abzweigung verhindert ein Schlagbaum die Weiterfahrt. Zu Fuß gelangt man nach einem zweieinhalb Kilometer langen Spaziergang durch eine reizvolle Landschaft zum Schloss (es ist aber ratsam, vorher die Erlaubnis bei der Touristeninformation in Pollença einzuholen).

Die Einsiedelei **Ermita del Puig de Maria** auf dem gleichnamigen 330 Meter hohen Berg im Süden der Stadt ist nicht nur der beliebteste Wallfahrtsort der Pollenser, von dort bietet sich auch ein schöner Ausblick über die Stadt und den gegenüberliegenden Kalvarienberg, von wo aus der Ort auch entdeckt wurde. Im 14. Jahrhundert begann auf dem Puig nachts das Gras zu leuchten, was drei fromme Damen vom gegenüberliegenden Kalvarienberg aus beobachteten. Gemeinsam mit dem örtlichen Pfarrer machten sie sich auf eine nächtliche Entdeckungstour und fanden eine Marienfigur mit einem Jesuskind, das einen Vogel in der Hand hielt. Wie in solchen Fällen üblich, widersetzte sich die Figur dem Vorhaben in die Kirche nach Pollença gebracht zu werden. Sie war plötzlich so schwer, dass acht kräftige junge Männer sie nicht anheben konnten. So baute man der Jungfrau eine Kapelle in den Fels und die frommen Frauen gründeten gleich noch ein Kloster dazu.

Der Kalvarienberg von Pollença mit schweißtreibendem, aber lohnendem Aufstieg

Pollenças Plaça Major, die außerhalb des Wochenmarktes sehr beschaulich ist

Seit 1998 leben keine Nonnen mehr im Kloster und im Sommer verirren sich nur wenige an den Wallfahrtsort, denn nach etwa zwei Dritteln des Anstiegs endet das schmale, steile Sträßchen mit den engen Serpentinen und Parken ist hier schwierig. Die letzten 15 Minuten des Weges müssen auf jeden Fall zu Fuß zurückgelegt werden. Eine Entschädigung für die Anstrengung ist die Aussicht. Früher konnten von hier herannahende Piraten ausgemacht werden, heute nutzen Forstarbeiter des balearischen Umweltministeriums die prädestinierte Lage für die Früherkennung von Waldbränden. An klaren Tagen reicht der Blick über die Buchten von Pollença und Alcúdia hinaus bis zu den Bergen von Artà, nach Nordosten bis an die Gipfel des Cap de Formentor und nach Norden zu den in der Sonne glänzenden Bergrücken der Tramuntana.

Service & Tipps:

O.I.T.
C/Sant Domingo, 17
07460 Pollença
971 53 50 77, www.ajpollenca.net

Museu Municipal de Pollença
C/Guillem Cifre de Colonya, s/n
07460 Pollença, 971 53 11 66
Juni–Sept. tägl. außer Mo 10–13 und 17.30–20.30 Uhr, im Winter nur vormittags, Fei geschl., Eintritt € 1,50
Lokale Kunst und Kultur.

Ermita del Puig de Maria
Auf dem Puig de Maria im Süden der Stadt liegt der beliebteste Wallfahrtsort der Pollenser. In dem ehemaligen Kloster ist ein Gasthaus untergebracht und wer möchte, kann sich für wenig Geld in die spartanischen Klosterzellen einmieten. Wunderbare Aussicht.

Restaurant Cantonet
C/Montision, 20, 07460 Pollença
Ein italienisches Ehepaar serviert mediterranen Crossover vom Feinsten. €–€€

 **Trencadora-Bar**
C/Ramon Llull 7
07460 Pollença
© 971 53 18 59
www.trencadora.com
Das zur Stiftung von Peter Maffay
gehörende Restaurant kocht mit bio-
logischen Zutaten, u. a. von der Finca
Can Sureda. Neben der gehobenen
Küche gibt es eine Chillout-Bar, eine
Lounge-Area und gelegentliche
Live-Events. €

Lohnenswert ist ein Badeausflug
an die **Cala Molins** oder **Cala
Sant Vincenç**, kleine Buchten mit
tiefblauem Wasser an der Felsküste.
Für Kleinkinder eher ungeeignet.

Am Karfreitag findet das
sogenannte **Davallament** statt.
Auf dem Kalvarienberg wird das
letzte Kapitel der Leiden Jesu nachge-
spielt, die Kreuzabnahme. Eine lange
Prozession aus Einheimischen und
Schaulustigen begibt sich anschließend über die Hügel in die Pfarrkirche
der Stadt, wo eine Mitternachtsmesse
gefeiert wird. Das Fest bildet den Höhepunkt der Feierlichkeiten zu Ostern
und dem Ende der Fastenzeit.

Jährlich am 2. August gedenkt
die Stadt mit einem großen **Pa-**
tronatsfest der Schutzheiligen Mare
de Déu dels Àngels, mit Hilfe derer
der Lokalheld Joan Mas mit seiner
kleinen Truppe an Männern das große
Heer der muslimischen Korsaren im
Jahr 1550 in die Flucht schlug. Das
ganze Städtchen nimmt an dem historischen Schauspiel *moros i cristians*
teil.

Ausflugsziel:

 Finca Can Sureda
Camí Vell de Campanet, 2. Ein-
fahrt, 07460 Pollença
Ab Pollença die Ma 2200 Richtung Süden, nach ca. 6 km Richtung
Campanet rechts abbiegen
© 971 53 51 55
www.cansureda.de
Einmal im Jahr lädt Peter Maffay zu
einem Tag der offenen Tür auf den
Hof der Peter-Maffay-Stiftung. Das
Fest findet meist im September oder
Oktober statt und wird über die Website (www.petermaffaystiftung.de)
und in der örtlichen Presse bekannt
gegeben.
    Außerdem kann man das ganze
Jahr über in dem Hofladen von Can
Sureda die dort produzierten Bioprodukte erstehen – ebenso wie am
sonntäglichen **Wochenmarkt in Pollença.**

*Aussichtspunkt auf dem
Cap de Formentor:
Mirador de Mal Pas*

Leuchtturm von Cap de Formentor

❺ Port de Pollença

Wie ein schützender Arm umschmiegt eine elegant geschwungene Landzunge den kleinen Fischerort am nördlichen Ende der Badia de Pollença. Direkt im Rücken des Dorfes erheben sich die gezackten Felsmassen von Cap de Formentor und der Tramuntana.

Agatha Christie ließ die Geschichte »Problem at Pollensa Bay« in dem Fischerdorf spielen und der eigenwilligen englischen Schriftstellerin folgten die Reichen und Bedeutenden Großbritanniens. Nach dem zweiten Weltkrieg wurde ein Aufenthalt in Port de Pollença auch für weniger Betuchte erschwinglich und der Hafen avancierte zu einem der ersten touristisch bedeutenden Seebäder der Insel. Trotz des beständigen Ausbaus für den Tourismus konnte der Ort den Charme eines Fischerdorfes bewahren. Von der großzügig angelegten Uferpromenade aus kann man immer noch die Fischer beim Einholen ihres Fanges oder beim Netzeflicken beobachten.

Am Ende der Promenade beschirmt eine kleine Festung aus dem Jahr 1634 den Hafen. In ihre Ruinen hat man später einen **Leuchtturm** gesetzt. An klaren Tagen kann man vom Leuchtturm aus zu Mallorcas kleiner Schwester hinüberwinken – dann sind die Stadt Ciutadella und das Cap Punta Nati auf Menorca zu sehen.

An der Festung vorbei über den Bergrücken gelangt man an die relativ wenig besuchte **Platja Calo**. Von dort aus kann man bei ruhiger See ein Stück die Felsen Richtung Cap de Formentor entlangschnorcheln. Erlaubt und ratsam ist das Schnorcheln ohne Boje nur in Küstennähe (200 m).

Eine Traumstraße schlängelt sich von Port de Pollença ans nördlichste Kap der Insel, Cap de Formentor. Allerdings kommt es während der Saison auf der schmalen Straße mit nur wenigen Wendemöglichkeiten schon mal zu länger anhaltenden Staus, besonders wenn vormittags viele Reisebusse unterwegs sind. Ein Stopp an dem großzügigen Parkplatz des **Mirador de Mal Pas** und der Spaziergang zum Endpunkt oder für Bewegungsfreudigere an den höher gelegenen ehemaligen Wachturm **Atalaya d'Albercutx** lohnt sich auf alle Fälle, denn nur selten geben die mallorquinischen Küstenstraßen solch spektakuläre Blicke auf die bizarre Karstküste preis.

Nur wenige Kilometer weiter, an der **Cala Pi**, liegt Hotel Formentor, eine der berühmtesten Herbergen der Insel, in der schon viel Prominenz abgestiegen ist – wie Winston Churchill, die Windsors, Charlie Chaplin, Peter

Ustinov, Audrey Hepburn, natürlich der fast schon omnipräsente Michael Douglas und viele andere.

Am **Cap de Formentor** selbst wurden zwar trittsichere Treppen und Steige angelegt, doch der Blick auf das 300 Meter tiefer gelegene, tosende Meer lässt so manchem die Knie weich werden. Hinzu kommt, dass sich hier die berühmten Winde der Insel treffen: *Tramuntana*, *Ponent*, *Migjorn* und *Llevant* sowie ihre kleinen Brüder *Gregal*, *Mestral*, *Llebetx* und *Xaloc*.

Service & Tipps:

ⓘ **O.I.T.**
– Passeig Saralegui, s/n
07470 Port de Pollença
✆ 971 86 54 67
– C/Temporal, 17, 07469 Pollença
✆ 971 53 50 77, Mai–Okt.
www.pollensa.com

✗ **La Llonja**
Moll Vell s/n
07470 Port de Pollença
✆ 971 86 84 30
www.restaurantlallonja.com
Direkt an der alten Mole gelegen, bietet das Restaurant nicht nur einen schönen Blick auf Bucht und Hafen, sondern auch vorzügliche Fischgerichte und Inselspezialitäten. €€

✗ **Stay**
C/Muelle Nuevo s/n
07470 Port de Pollença
✆ 971 86 40 13, 971 86 80 20
www.stayrestaurant.com
Der moderne Flachbau an der Hafenmole vermittelt Leichtigkeit, ebenso die innovative Küche. €€

✗ **Corb Mari**
Paseo Anglada Camarassa, 91
07470 Port de Pollença
✆ 971 86 70 40
www.restaurantcorbmari.info
Traditionelle Küche von sehr guter Qualität direkt am Strand. €€

🏃 **Sail & Surf Pollensa**
Paseo Saralegui, 134
07470 Port de Pollença
✆ 971 86 53 46
Deutsche Segel- und Surfschule, die auch Kurse für Kinder und Jugendliche anbietet. Außerdem Balearentörns und Bootsvermietung. Die erste Adresse im Nordosten rund ums Segeln und Surfen. ✺

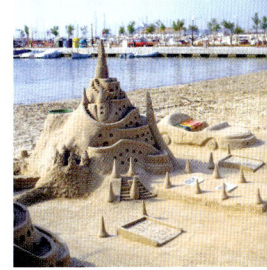

Sandskulptur in Port de Pollença

Cap de Formentor in der Abendsonne

Der Süden

Familienparadiese zwischen S'Arenal und Porto Cristo

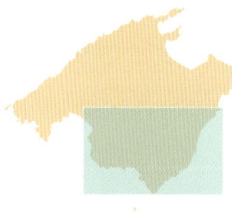

Wer den Rummel um S'Arenal scheut, auf feinsandige Strände und familienfreundliche Einrichtungen aber nicht verzichten will, wird sein Urlaubsdomizil an Mallorcas Südküste wählen. Im Landesinneren prägen die typischen Windmühlen die Landschaft, die heute noch für die Bewässerung des Feldbaus sorgen. An der Küste wechseln Sandbuchten mit in den Fels geschnittenen Fjorden; in den meisten Urlaubsorten ist das Angebot groß, aber nicht ganz so lärmend wie an den Stränden Palmas.

❶ Llucmajor

Der Ort hat eine geschichtsträchtige Vergangenheit: Hier endete am 25. Oktober 1349 Mallorcas Unabhängigkeit im Kampf Pedros von Aragón gegen den unterlegenen Jaume III. Eine Skulptur, die den sterbenden Jaume am Ende des Passeig Jaume III. zeigt, ruft die Begebenheit ins Gedächtnis. Früher widmete man sich hier der Schuhmacherei. Noch heute erinnert das der Zunft gewidmete Denkmal an der **Plaça de los Zapateros** an das Gewerbe, auch produzieren noch einige Fabriken die berühmten Lederwaren.

Der Paseo Jaume III. führt auf die hübsche **Plaça de Espanya** mit dem Standbild, das an die berühmteste Tochter der Stadt, die Dichterin Maria Antonia Salva (1865–1958), erinnert, und der dem heiligen Michael geweihten Barockkirche. Im Innern sollte man die

Llucmajor: Markt auf der Plaça Major

93

Retabel des Hauptaltars beachten. Vor seiner Umbettung in die Kathedrale Palmas war Llucmajors Kirche die letzte Ruhestätte Jaumes III.

Am Carrer de Convent liegt der **Convent de Sant Bonaventura**. Die Barockkirche des Franziskanerklosters stammt aus dem 17. Jahrhundert und birgt in der Capilla de la Mare de Déu Majolikafresken aus dem 18. Jahrhundert und eine aufwendig gestaltete Weihnachtskrippe, die das ganze Jahr über zu sehen ist. Außerdem sehenswert sind die **Casa Consistoral**, das Rathaus aus dem Jahr 1882, und das historische **Café Colon**, ein Jugendstilcafé von 1928. In der Nähe des Platzes stößt man auf die modernisierte **Fischhalle** aus dem Jahr 1915 mit einigen hübschen Eisenverzierungen im Jugendstil.

In den Jahren 2006 und 2007 wurde das Kloster **Sant Bonaventura** komplett restauriert. Seit man die ursprüngliche Bausubstanz von den Zusätzen späterer Jahrhunderte befreit hat, erstrahlt die Klosteranlage in neuem Glanz. Eine Ausstellung in den Innenräumen zeigt den Vorher-Nachher-Zustand: Die zugemauerten oder zu Türen umfunktionierten Säulen des zweistöckigen Kreuzgangs wurden wieder ihrer ursprünglichen Bestimmung zugeführt, die Heiligen-Gemälde in den Gewölbebögen von mehreren Schichten Kalk befreit. Den mit Buchstaben bemalten Dachpfannen des Klosters ist ebenfalls eine kleine Ausstellung gewidmet. Wahrscheinlich ergaben die dekorativen Schindeln einst einen biblischen oder poetischen Text. Auf Mallorca gab es einst zahlreiche Vordächer mit bemalten Dachpfannen. Die Figuren oder Sprüche sollten die Häuser und ihre Bewohner vor bösem Zauber schützen.

Die Klosteranlage aus dem 17. Jahrhundert beherbergt heute auch Verwaltungsteile der Gemeinde und die Bibliothek. Im Eingangsbereich steht der Nachbau eines Flugapparates von Pere Sastre Obrador, genannt Pere de Son Gall. Angeblich soll dieser mit dem Anfang der 1920er-Jahre konstruierten Original einen kurzen Moment geflogen sein. Immerhin, der Motor des guten Stücks ist noch ein Originalteil.

 Sant Bonaventura
C/Fra Joan Garau, 2
07620 Llucmajor
✆ 971 66 97 58, Mo–Fr 9–14 und 16–20, Sa 9–14 Uhr, Eintritt frei Sehenswerte und erst in den letzten Jahren restaurierte Klosteranlage aus dem 17. Jh.

 Café Colon
Pl. Espanya, 17
07620 Llucmajor, ✆ 971 66 00 02
Das inzwischen aufwendig renovierte Jugendstilcafé gehört zu den schönsten Kaffeehäusern der Insel.

 Tot Remei
C/Font, 70, 07620 Llucmajor
✆ 971 12 01 31
In dem unscheinbaren Lädchen in einer Nebenstraße gibt es Bioprodukte und Naturkosmetik. Vor allem der dort erhältliche Honig Mel de Ca Nostra ist inzwischen schon weit über die Insel hinaus bekannt. Der in Deutschland seltene Orangenblütenhonig ist ebenfalls empfehlenswert.

 Ca'n Ordinas
C/Vall, 128, 07620 Llucmajor
✆ 971 66 05 80
Hier treffen sich Fischer, Jäger, Outdoorfreaks, Köche, Bauern und Metzger, um sich mit dem richtigen Werkzeug zu versorgen. Ob man Netze flicken, Karnickeln das Fell über die Ohren ziehen, Rebstöcke für die neue Wachstumsperiode schneiden oder eine andere Tätigkeit verrichten möchte, das richtige Messer findet man bestimmt im Ca'n Ordinas.

 Pasteleria Ramis
C/Antoni Maura, 15
07620 Llucmajor
✆ 971 66 03 17
Mit ihren Schokoladen, Petits Fours und Backwaren hat sich die Konditorei weit über die Ortsgrenzen hinaus einen Namen gemacht.

Immer freitags belebt ein großer **Gemüse- und Obstmarkt** rund um die Plaça de Espanya das Städtchen.

❷ Cala Pi und Vallgornera

Die meisten Einwohner Llucmajors, der flächenmäßig größten Gemeinde Mallorcas, leben inzwischen vom Tourismus, denn verwaltungstechnisch gehört auch S'Arenal (s. S. 35) noch zu der Gemeinde. Weniger überlaufen als S'Arenal ist die felsgerahmte Cala Pi, sicherlich eine der schönsten Buchten der Südküste. Zwischen der Mündung des Torrent de Cala Pi und der Küste bewahrt auf einem kahlen Plateau ein kreisrunder Talayotturm die Landzunge vor Überraschungen von der Meerseite. Von hier schließen sich bis Vallgornera Feriensiedlungen an, deren Apartments meist mit Swimmingpool ausgerüstet sind, die den beschwerlichen Zugang an den Felsstrand kompensieren.

Fjord am Mittelmeer: Cala Pi

❸ Campos

Der wichtigste Teil der Gemeinde Campos liegt an der Küste, denn hier findet man die größten unbebauten Strandabschnitte der Insel: S'Arenal de Sa Ràpita und Es Trenc. Dennoch lohnt sich auch ein Besuch des einladenden Städtchens. Die meisten Gebäude wurden aus dem für Mallorca typischen Maré-Gestein erbaut. Um sich gegen die zahlreichen Piratenüberfälle zu wehren, errichtete man rund um das Dorf eine Stadtmauer mit mehreren mächtigen Wehrtürmen, die heute noch zu sehen sind. Meist wurden die steinernen Zylinder in neuere Bauwerke integriert.

Ebenso auffällig sind die Mühlen, die in und um Campos früher für Bewässerung sorgten. Im Gegensatz zu anderen Gemeinden des Pla litt Campos so gut wie nie unter Dürre, denn eine frische Meeresbrise sorgt immer für ausreichend Feuchtigkeit. Deshalb haben wohl auch die Kapern aus Campos eine besondere Berühmtheit errungen; sie gelten als die besten der Insel. Die Fruchtbarkeit der Gegend sorgte schon seit Frühzeiten für ihre Besiedlung wie zahlreiche, leider nur spärlich erhaltene talayotische Reste auf dem Gemeindegebiet zeigen.

Sehenswert ist die Pfarrkirche **Sant Juliá** mit ihrem Murillo zugeschriebenen Gemälde »El Santo Cristo de la Paciencia« und dem Museu d'Esglesia.

Service & Tipps:

Ca'n Calent
Ronda Estació, 44
07630 Campos
☎ 971 65 14 45
www.cancalent.com
Die beiden Brüder Juan y Miquel Vicens bekochen seit 2004 Einheimische und Gäste mit viel Fantasie und Liebe. Die Küche ist unprätentiös, doch innovativ mit Zutaten frisch vom Markt, die auf unkonventionelle Weise kombiniert werden. Auch das preiswerte Sommer- oder Wintermenü und für Feinschmecker das Gourmet-Menü sind zu empfehlen. €–€€

Patisserie Pomar
C/Plaça, 20–22, 07630 Campos
Auf der ganzen Insel berühmt sind die Süßwaren der Konditorei Pomar in Campos.

95

Pikierte Gesellen – die Flora Mallorcas ist nicht nur im Kakteengarten »Botanicactus« bei Ses Salines äußerst vielfältig

❹ Ses Salines

Rund 10 000 Tonnen Salz jährlich gewinnt man in den **Salines de Llevant** auf dem Weg von Campos ans Meer. In einfachen Becken trocknet das Wasser ein und lässt normales Tafelsalz entstehen. Aus den Salinen, die nicht zu besichtigen sind, haben schon die Phönizier Salz gewonnen. Seit einigen Jahren machen sich die Deutschen Katja Wöhr und Robert Chaves in der Feinschmeckerwelt einen Namen. Zusammen mit dem Sternekoch Marc Fosh aus dem Restaurant Read's in Santa María del Camí kreierten sie ein *Fleur de Sal*, das sie um verschiedene Geschmacksrichtungen verfeinern.

Da hier das Licht von dem blendenden Weiß der Salzberge reflektiert wird, sind die Salines de Llevant das ganze Jahr über ein beliebter Drehort für Werbespots und Fotoshootings.

Die Salinen sind Teil der Lagunen **Es Salobrar**, eines Brutgebiets für zahlreiche Vogelarten und nicht nur für (Hobby-)Ornithologen ein Paradies. Während der Brutzeit zwischen Anfang März und Ende Juli ist das Terrain für Besucher gesperrt.

Service & Tipps:

Botanicactus
An der Ma 6100, zwischen Ses Salines und Es Llombards
☎ 971 64 94 94
www.botanicactus.com
Tägl. 9–18.30, Nov.–Feb. 10.30–16.30 Uhr
Eintritt € 7,50/4,20
Über eine Fläche von 125 000 m² erstreckt sich der größte botanische Garten Europas. Mallorquinische Pflanzen finden hier ebenso Platz wie ein Wüstenareal mit Kakteen und ein Tropengarten.

Banys de Sant Joan
C/Campos–Colònia Sant Jordí, km 8,2, 07630 Campos
☎ 971 65 50 16

Salzgewinnung bei Ses Salines – der vermeintliche Berg ist jedoch nur zwei Meter hoch

Fax 971 65 52 57
www.fontsantahotel.com
Westlich von Ses Salines liegen die einzigen Thermalquellen der Insel. Deren Wasser verfügt über einen hohen Mineralienanteil an Chlor, Soda und anderen Elementen, die sich positiv auf Haut und Kreislauf auswirken. Das einstige Badehaus von 1854 wurde jüngst renoviert und 2012 als 5-Sterne-Hotel wiedereröffnet. Seitdem müssen Besuche und Anwendungen für Nicht-Hotelgäste vorher angemeldet werden. Die Preise sind relativ hoch.

Archäologische Funde belegen, dass bereits die Römer hierherkamen, um sich in den wohligen Dämpfen der 38 °C warmen Quellen zu erholen, und im 15. Jh. galt die Quelle als eine der besten Europas.

❺ Sa Ràpita, Es Trenc und Colònia de Sant Jordi

An der zu Campos gehörigen Küste zieht sich zwischen Sa Ràpita und Colònia de Sant Jordi ein ca. sechs Kilometer langer Dünenstrand – wohl einer
der schönsten der ganzen Insel. Die dicht bewachsenen Dünen schirmen die
zahlreichen Badegäste am inoffiziellen FKK-Strand vor neugierigen Blicken
ab.

    Bis jetzt konnten Naturschützer erfolgreich die Bebauung der Zone ver-
hindern, sodass nur im Norden, an der **Platja de la Ràpita**, und im Süden,
an der **Platja Es Trenc**, je ein Kiosk mit Schirm- und Liegenverleih anzu-
treffen ist. Dennoch registrieren die dörflichen Behörden an manchen Som-
merwochenenden bis zu 30 000 Besuchern an den Stränden der Gemeinde.
Ein einsames Badevergnügen findet man an den bis weit in die 1980er-Jahre
als Naturparadies bekannten Stränden schon lange nicht mehr. Beide Strände
sind für Kinder gut geeignet.

    Um den ehemals kleinen Fischerhafen **Sant Jordi** hat sich inzwischen
eine stattliche Feriensiedlung gruppiert, die zwar keine architektonische
Augenweide ist, dafür aber selbst im Sommer relativ familiär bleibt.

    Auch im Südosten der Siedlung schließen sich einige Dünenstrände an,
bevor bis zur Landzunge **Cap de Salines** wieder Felsen die Küste säumen
und die Buchten unzugänglicher und einsamer machen.

    Von Colònia de Sant Jordi kann man einen Ausflug zum ersten Natur-
schutzgebiet Mallorcas, der Insel **Cabrera**, unternehmen – mit Inselumrun-
dung, Badestopp und bei gutem Wetter Besuch der Blauen Grotte, **Sa Cova
Blava**. Die sogenannte Ziegeninsel steht heute unter strengem Naturschutz,
sodass die Besucherzahlen limitiert sind. Auch die Ziegen, die einst die Insel
kahl fraßen, hat man längst entfernt. Wegen Umweltschutzmaßnahmen nur
eingeschränkt möglich ist ein Besuch des Leuchtturms auf der Punta de An-
ciola und des Denkmals in der Inselmitte.

*Ausblick auf die Platja
Es Trenc*

Während des Spanischen Unabhängigkeitskriegs 1807–1814 wurden etwa 12 000 französische Kriegsgefangene bei nur unzureichender Verpflegung und medizinischer Versorgung auf der Insel interniert. Tausende starben, woran heute ein Gedenkstein erinnert. Ein kleines Museum unweit des Kastells aus dem 16. Jahrhundert am Hafen informiert über die Geschichte der Insel.

Mallorcas Windmühlen

3000 Windmühlen prägten einst das charakteristische Landschaftsbild der Insel. Sie mahlten Getreide und Oliven, vor allen aber pumpten sie Wasser über Mallorcas Felder und sorgten für die Fruchtbarkeit der Insel, insbesondere von *Es Pla*, der fruchtbaren Ebene südöstlich von Palma. Dann kamen die Elektropumpen und das Mühlensterben. Die Mühlen verfielen und es blieben oft nur die Ruinen ihrer nicht allzu hohen Türme.

Die meisten der für Mallorca so typischen Windmühlen mit den charakteristischen pfeilförmigen Windfahnen, die man schon während des Landeanflugs auf Palma sehen kann, stehen bei den Ortschaften Campos und Ses Salines wie auch im Zentrum der Insel, in der Umgebung von Sa Pobla und Muro. Mit den Mühlen pumpte man einst das Wasser in einen Wasserspeicher, den *safareig*. Die älteste und häufigste Art der mallorquinischen Wassermühle ist die sogenannte *Molí de Ramell*, mit Holzflügeln, die von Hand geöffnet werden müssen, sodass sie auf flache, besteigbare Turmdächer montiert wurden. Doch Holzflügel und Dächer müssen ständig gewartet werden. Sie verfielen, als man das Wasser elektrisch herbeipumpte.

Später rüstete man die Mühlen mit leichter zu bedienenden, dauerhafteren Metallflügeln aus. Doch auch an diesen nagte der Zahn der Zeit. So hat 2004 die Regierung Mallorcas ein Projekt für die Restaurierung und Instandhaltung der Mühlen aufgelegt, denn kaum etwas ist typischer für das Landschaftsbild der Insel.

Die Windmühlenbesitzer können in regierungseigenen Werkstätten ihre alten Mühlenteile abliefern. In liebevoller Handarbeit werden die Mühlen restauriert. Man hat für diese Aufgabe eigens Handwerker ausgebildet. Die Eigner der Mühlen müssen lediglich für das Material aufkommen, die Inselregierung bezahlt die Arbeitskräfte. Fast zwei Monate werden für die Restaurierung einer Mühle benötigt, sodass man inzwischen dazu übergegangen ist, ein Handwerker-Netzwerk zu schaffen, um der immensen Aufgabe Herr zu werden. Bisweilen helfen die Zeichnungen von Erzherzog Ludwig Salvator bei der Rekonstruktion der alten Mühlentypen, denn längst überträgt sich das Wissen nicht mehr von der einen auf die andere Generation.

Service & Tipps:

ⓘ **O.I.T.**
C/Esplanada del Puerto
07638 Colònia de Sant Jordi
✆ 971 65 60 73
www.ajsessalines.net

**Centre d'Interpretació
Ses Salines**
C/Gabriel Roca, s/n
07638 Colònia de Sant Jordi
✆ 971 65 62 82, tägl. 10–14.30 und
15.30–18 Uhr, Eintritt € 8/4,50
Das Zentrum informiert über die
Natur der Inselwelt, multimedial und
unmittelbar – in Aquarien.

Formatges Burguera
Ctra. Campos–Colònia de Sant
Jordi, km 7, 07630 Campos
✆ 971 65 54 35

www.formatgesburguera.com
Vor allem Feinschmecker sollten es
nicht versäumen, den Käse der Region zu probieren, eine mallorquinische Spezialität. Formatges Burguera
ist der einzige Agrarbetrieb der Insel,
der die Weiterverarbeitung der Milch
selbst unternimmt. Besichtigung und
Verköstigung nach Vereinbarung, der
Hofladen öffnet 14.30–18 Uhr.

Ausflugsziel:

Insel Cabrera
www.marcabrera.com
Zur Insel Cabrera werden ab
April tägl. verschiedene Ausflüge angeboten. Die Erlaubnis zum
Anlegen mit dem eigenen Boot ist bei
der Parkverwaltung von Sant Jordi
(✆ 622 57 48 06, http://reddeparques
nacionales.mma.es) abzuholen.

❻ Santanyi und Cala Figuera

In den bereits von den Römern rechtwinklig angelegten Straßenzügen San-
tanyis dominiert der Marés, jener helle, widerstandsfähige Sandstein, ohne
den kaum ein Haus der Insel auskommt und der heute ausschließlich im Gebiet zwischen Santanyi und Campos abgebaut wird.

Inzwischen erinnert nur noch die **Porta Murada**, das befestigte Tor, an
das früher die Stadt umgebende Bollwerk zum Schutz vor den zahllosen
Piratenüberfällen. Die Bewohner des Städtchens verdienen heute ihren
Lebensunterhalt mit dem Tourismus in den benachbarten Küstenorten, doch

*Der beschauliche Hafen
von Cala Figuera*

Santanyi selbst ist genauso beschaulich geblieben wie der ehemalige Hafen des Städtchens Cala Figuera, der zu den schönsten der Insel zählt. Die tief ins Küstengestein geschnittene zweigeteilte Bucht ist komplett mit einer Holzmole umrahmt. Die malerischen Bootsgaragen wurden ebenso erhalten wie die ehemaligen Fischerhäuser und nur das ein bisschen groß geratene Hotel am Eingang der Bucht stört den pittoresken Charme des Örtchens.

Die an Cala Figuera anschließende Bucht **Cala Santanyí** wird von Familien geschätzt. Das sich an die Bucht schmiegende Dorf besteht fast aus-

Idylle an der Ostküste:
Cala d'Or

schließlich aus Ferienhäusern. Die Zufahrt ist außer übers Meer ein wenig umständlich, denn lediglich Stichstraßen zweigen von der Verbindung zwischen Ses Salines und Santanyi ab. Der Vorteil ist, dass man hier abgesehen von den Bootstouristen meist unter sich (und seinen Nachbarn) bleibt. Die benachbarte Bucht **Cala Llombards** mit dem Pinienwäldchen im Rücken ist sehr malerisch. Ebenfalls nahe ist die **Cala s'Almunia**, ein 30 m langer Kieselstrand, der vor allem Taucher und Schnorchler lockt. Man liegt nicht so weich wie an den benachbarten Sandstränden, doch dafür ist der Einsamkeitsfaktor höher.

Service & Tipps:

Cala I und **Cala II**
Virgen del Carmen, 56
07659 Santanyi/Cala Figuera

✆ 971 64 50 18
Die beiden Restaurants desselben Besitzers liegen über dem Hafen und bieten einen herrlichen Blick sowie eine angenehme Atmosphäre. €€

---

❼ Cala d'Or

Ein Hauch von Ibiza, so sagt man, wehe in Cala d'Or, einer in weißen Kuben gehaltenen Feriensiedlung. Benannt nach einem Fischerdorf der Nachbarinsel wurde der Stil konsequent beibehalten, wenn die seit den 1930er-Jahren entstandene Siedlung den Retortencharakter auch nicht ganz verleugnen kann. Im Sommer herrscht hier Hochbetrieb, obwohl am Ort selbst nur ein kleiner Sandstrand vor dem Hotel Cala d'Or zu finden ist. Andere Strände sind allerdings nicht weit, viele davon fußläufig erreichbar. Das touristische Angebot ist hervorragend, aber die Schönheit der romantischen Buchten kann dann doch besser in der Nebensaison genossen werden. Der mondäne Jachthafen von Cala d'Or lädt besonders abends zum Bummel oder einem Glas Rotwein beim sanften Licht der untergehenden Sonne ein. Seit Juni 2012 verkehrt eine solarbetriebene Touristenbahn am Strand von Cala d'Or.

Service & Tipps:

O.I.T.
C/Perico Pomar, 10
07660 Cala d'Or
✆ 971 65 74 63, www.ajsantanyi.net

Botavara
Av. Calallonga, 17
Puerto Marina, 07660 Cala d'Or
✆ 971 65 80 35
www.restaurantebotavara.es
Das im Hafen gelegene Restaurant hat sich auf Fisch und Meeresfrüchte spezialisiert. €€€

Sound House
C/Felanitx, s/n, 07660 Cala d'Or
✆ 971 58 03 35
Die Disco in der Fußgängerzone spielt die Musik der 1960er- bis 1990er-Jahre und auf der Tanzfläche findet man auch junggebliebene ältere Semester.

Cala Gran
Felsiger Strand direkt bei Cala d'Or. Die Sandzunge reicht 100 m tief ins Landesinnere. Selbst in der Hochsaison ist genug Platz.

Parc Natural und Cala Mondrago
Schroffe Felsen umspült das türkisblaue Meer in der Cala Mondrago, die weiträumig durch einen Naturpark geschützt wird. Die südwestlich von Cala d'Or gelegene Bucht wird von Touristen und Einheimischen gleichermaßen geschätzt.

Platja S'Amarador
Im Parc Natural de Mondrago liegt dieser Strand, der 2008 unter 3000 Rivalen zum besten Strand Europas gewählt wurde.

Cala Sa Nau
Welle um Welle wird das türkis-

farbene Meer durch einen aus gelbem Fels geformten Kanal bis an den feinen Sandstrand der Bucht herangetrieben. Lange Zeit galt die ca. 50 m breite, über S'Horta erreichbare Bucht als Geheimtipp, heute gibt es Sonnenschirme, Liegestühle und Zitronensorbet.

Santuari de Sant Salvador

❽ Felanitx

Das Städtchen besitzt wenig Spektakuläres, strahlt aber den Zauber eines Platzes aus, an dem man mit sich im Reinen ist. Der berühmteste Sohn der Stadt ist Miquel Barceló, weltweit gefeierter Maler und Bildhauer, obwohl einige behaupten, auch Christoph Kolumbus stamme aus der Stadt im Südwesten der Insel.

Felanitx ist umgeben von einer Reihe von Hügeln, deren exponierte Lage schon immer Siedler und Besucher anlockte. Der beschwerliche Aufstieg zum Kalvarienberg südöstlich des Zentrums wird mit einer hübschen Aussicht über die Stadt belohnt. Über die Ma 14 Richtung Süden fahrend, erreicht man nach ca. zwei Kilometern die Abzweigung zum **Castell de Santuari**, dessen Ruine fest mit dem sie tragenden Felsen verwachsen scheint. Spektakulär ist der Blick auf die hügelige Gartenlandschaft der Serranía. Ein Pilgerweg von Felanitx Richtung Südosten führt zum **Santuari de Sant Salvador**, einem Kloster, das von Wallfahrern und Touristen gleichermaßen wegen seiner Kunstschätze und der schönen Aussicht geschätzt wird.

Service & Tipps:

🎭 In der Karwoche wird Felanitx zum Schauplatz der bekanntesten **Passionsspiele** der Insel. Das ergreifende Schauspiel der Kreuzigung Christi und seiner zwei Mitgefangenen findet alljährlich auf der Freitreppe zur Pfarrkirche des Ortes statt.

❾ Portocolom

Das Hafenstädtchen konnte seinen ursprünglichen Zauber bewahren, denn der Ort besitzt nur einen schmalen Strand in einer fast geschlossenen Bucht. Beliebt sind die Restaurants an der Uferpromenade, die im Anschluss an die Mahlzeit zu einem Spaziergang einlädt.

Service & Tipps:

✕ **Sa Llotja**
C/Pescadores, s/n
Portocolom

✆ 971 82 51 65
www.restaurantsallotjaportocolom.com
Restaurant im Hafengebäude mit
schöner Terrasse und Blick über den
Hafen. €€–€€€

⑩ Cales de Mallorca

Etwa 20 kleine Buchten bilden die Cales de Mallorca. Ein paar ältere und
jede Menge neue Hotelbauten prägen das Bild der Ortschaften **Cala Murada**, **Platja Tropicana**, **Cales de Mallorca** und **Cala Romàntica**, die für
den Tourismus gewachsen sind. Dennoch findet sich zwischen Cales de Mallorca und Cala Romantica auch im Sommer noch die ein oder andere einsame, kleine Bucht, die nur zu Fuß oder per Boot erreicht werden kann. Für
die touristische Infrastruktur der Gegend sorgen ein großes Einkaufszentrum
und die inmitten üppiger Vegetation gelegene Bananenplantage **Jumaica la
Bananera** mit Tropic-Bar und Restaurant. Der ein Stück nordwestlich gelegene Exotic Park hat inzwischen geschlossen. Möglicherweise wird für die
nächsten Jahre eine Wiedereröffnung geplant.

Service & Tipps:

🏃 👁 Zwischen den Siedlungen **Cales
de Mallorca** und **Cala Romantica** liegt ein ca. 10 km langer
Fußweg zu teilweise einsamen
Buchten und Stränden. Auf dem Weg

kommt man an der Höhle **Sa Cova
del Pilar** und weiter nördlich, an der
Cala Falcó, an der Piratenhöhle **Cova
del Pirata** vorbei. Letztere ist eine
der größten Höhlen der Gegend und
beherbergt einen unterirdischen Salz-
see.

*Der Hafen von Porto-
colom*

⑪ Porto Cristo und Sa Coma

Der Name des Fischerdorfs Porto Cristo ist jünger als der Ort selbst. 1260 tauchten ein rätselhaftes Kruzifix, eine Madonna mit Kind und eine Glocke im Hafen auf, zum Dank für die glückliche Einfahrt eines Schiffes in die s-förmige Bucht. Man wollte die Schätze nach Palma bringen, doch die Tragetiere verweigerten in Manacor ihren Dienst, sodass die kostbare Fracht noch heute in der Pfarrkirche **dels Dolor** zu besichtigen ist. Das wunderbare Kreuz verlieh dem ehemaligen Porto de Manacor einen neuen Namen. Heute prägt zwar auch hier der Tourismus das Ortsbild, doch hat sich der Charme der touristischen Gründerjahre erhalten. An der Hafenmole erinnert ein Denkmal an die blutigste Auseinandersetzung auf der Insel während des Spanischen Bürgerkriegs.

Etwas nördlich von Porto Cristo liegt Sa Coma. Zahlreiche kleine Wege führen durch ein ca. 200 Hektar großes **Naturschutzgebiet**, das sich am nördlichen Ende der Strandpromenade von Sa Coma anschließt. Die flache Halbinsel, auf der sich Strauch- und Felsheide mit Dünen abwechseln, ist das einzige unbebaute Uferstück der Gemeinde Sant Llorenç de Cardassar.

Am äußeren Ende der kleinen Landzunge steht das **Castell de n'Amer**, das 1696 zum Schutz vor Piraten errichtet wurde. Während des spanischen Bürgerkriegs galt die Halbinsel als wichtiger Stützpunkt. Am 16. August 1936 gelang den republikanischen Streitkräften bei der sogenannten Schlacht um Mallorca die Anlandung an der Punta de n'Amer und bei Porto Cristo und die Besetzung von Teilen der Ostküste. Allerdings mussten die Republikaner nach dem Verlust der Luftüberlegenheit die auf Mallorca eingenommenen Gebiete am 12. September 1936 wieder räumen. An der Südküste von Punta de n'Amer wurden noch während des Krieges Bunkeranlagen zur Abwehr von Angriffen von der Meerseite errichtet. Heute befindet sich in dem Castell ein kleines Museum, das der Geschichte des Ortes gewidmet ist (Eintritt frei).

Service & Tipps:

ⓘ **O.I.T.**
Moll s/n, 07680 Porto Cristo
✆ 971 84 91 26
www.visitmanacor.com

👁 **Coves del Drac/Drachenhöhle**
Auf der Ma 4014 von Porto
🚻 Cristo Richtung Süden
✆ 971 82 07 53

www.cuevasdeldrach.com
April–Okt. 10–12 und 14–17, Nov.–März 10.45, 12, 14, 15.30 Uhr
Eintritt € 14/7
Die musikalische Inszenierung auf dem See im Höhleninneren neigt etwas zum Pathos, doch dem Zauber der bizarren Gesteinsformationen der Stalagmiten und Stalaktiten in Mallorcas größter und spektakulärster Höhle kann man sich kaum entziehen.

Segelschiffe vor Porto Cristo

Coves dels Hams

Ctra. Manacor–Porto Cristo, s/n
07680 Porto Cristo, ℂ 971 82
09 88, www.cuevas-hams.com
Tägl. 10–17 Uhr, Eintritt € 19/9,50
(mit Filmvorführung)
Die westlich von Porto Cristo gelegenen Coves dels Hams stehen der
Drachenhöhle in kaum etwas nach.
Das Innere wird in allen Regenbo-
genfarben beleuchtet und stündlich
gibt ein Stehgeiger auf einem über
den See in der Höhle gezogenen
Kahn ein Ständchen.

Poblat Talaiòtic de S'Illot

C/Llebeig, 3 S'Illot
ℂ 971 81 14 75
Im Sommer Di–Sa 10–13 und 17–20
Uhr, Juli/Aug. auch So 10–13 Uhr,
Sa geführte Wanderungen um 11 Uhr
Die Siedlung von S'Illot gehört zu
den wichtigsten archäologischen
Stätten der talayotischen und post-
talayotischen Kultur aus der Zeit
zwischen 850 und 123 v. Chr. Die
monumentale Vielfalt auf dem Gelände erzählt von der langen und
komplexen geschichtlichen Entwicklung der mallorquinischen Frühkul-
tur. Die Siedlung bestand aus verschiedenen Gebäudekomplexen mit
gemeinschaftlich genutzten Bauwer-
ken und einer umlaufenden Verteidi-
gungsmauer, von der ein langes
Stück erhalten geblieben ist. Die
Ausstellung im Besucherzentrum
führt in die prähistorische Welt und
die Talayotkultur ein und bringt Inte-
ressierten die Menschen, die damals
auf Mallorca siedelten, ihre Lebensweise und ihre Bräuche näher.

Talaiot Na Pol

Der konische Talayot befindet
sich in Sa Coma, neben dem Safari-
Park. Das Bauwerk von 12,5 m
Durchmesser, das heute noch 3,5 m
in die Höhe ragt, wurde aus großen
Steinblöcken errichtet. Wabenförmig
angeschlossen sind einige Nebenge-
bäude. Im unteren Bereich befindet
sich eine natürliche Höhle, über
deren Funktion sich die Wissenschaftler im Unklaren sind.

Es Molí den Bou

Career Liles s/n
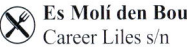
07560 Sa Coma
ℂ 971 56 96 63
www.esmolidenbou.es, Sa/So 13–
15.30, Di–Sa 20–22.30 Uhr
Tomeu Caldentey aus Sant Llorenç
des Cardassar errang als erster Mallorquiner einen Michelinstern. Sein
Restaurant Es Moli den Bou liegt inzwischen im Hotel Protur Sa Coma
Playa und nur noch der Name erinnert an die alte Mühle, wo er seine
Karriere begann. Immer noch stim-
mig sind das Ambiente und die aus-
gezeichnete Küche. €€€

Safari Zoo

Ctra. Porto Cristo–Son Servera,
km 5, 07560 Sa Coma
www.safari-zoo.com
Im Sommer 9–18.30, im Winter 9–16
Uhr, Eintritt € 19/12
Mit dem Zoozug oder dem eigenen
Auto geht's durch den Park, der Lebensraum zahlreicher afrikanischer
Steppentiere ist. Freche Affen nehmen das Fahrzeug in Besitz, Giraffen
kauen müde am oberen Blattwerk
und vor den Elefanten heißt es schon
mal sich in Acht nehmen.

Festwoche

Die Gemeinden Cala Millor, Sa
Coma und S'Illot veranstalten Ende
September eine touristische Fest-
woche mit Open-Air-Konzerten,
Tanz und sportlichen Events. Zum
Abschluss gibt es ein Feuerwerk.

Cala Estany

Südlich von Porto Cristo Novo
formen Felsen eine lang gezogene
Bucht und mildern die Kraft der
Wellen, bis diese, am Strand ange-
langt, nur noch ein sanftes Wogen
sind. Im Sommer stark frequentierter
Strand, dennoch von zauberhaftem
Reiz. ✺

*Weihevolle Inszenierung
in den Coves del Drac*

Der Osten

Ursprüngliche Fischerdörfer und weite Sandstrände

Gegensätzliches bietet der Osten der Insel: Die Halbinsel um Artà hält im Landesinneren viele kaum bekannte Überraschungen bereit, denn seit Jahrtausenden haben die Menschen ihr Leben hier eingerichtet. Von der frühzeitlichen Besiedlung zeugen Steinbauten, die wie von Giganten errichtet erscheinen, und auch dieses Stück Küste musste von kreisrunden Turmbauten aus bewacht und verteidigt werden. Die Römer nutzten den »Caput Petrae«, den Felsenkopf auf einer Anhöhe im äußersten Osten der Insel, ebenso als eine natürliche Verteidigungsanlage wie die frühen Christen und natürlich die Araber, die den Städten

Namen und Struktur gaben. Die christlichen Eroberer wiederum hinterließen ihre wundertätigen Madonnen, trutzige Kirchenfestungen und Heldenlegenden über ihre Abenteuer im Kampf gegen Ungläubige und Piraten.

An der Küste der Península de Llevant findet man noch ursprünglich erhaltene Fischerdörfer, in denen tagtäglich das Leben seinen ruhigen Gang geht, bestimmt vom Meer und der Sonne. Der Naturpark im nördlichen Teil der Halbinsel schützt die für die Balearen so typische *garriga*, das mediterrane Buschland, das borstig und voller Gestrüpp, doch seit Menschengedenken für Ziegen und Schafe Weideland ist.

Daran schließt sich die weitgestreckte Bucht von Alcúdia an, voll geschäftigem Treiben im Sommer und melancholischer Ruhe im Winter. Für viele Familien hat sich das sichelförmige Halbrund mit den großzügigen feinen Sandstränden zu einem mehr als adäquaten Ersatz für die oft lauten und überfüllten Strände Palmas entwickelt.

Die einsame Schönheit des Parc natural de la Península de Llevant

❶ Sant Llorenç des Cardassar

Ein besonderes Kleinod bewahrt dieses stille Dörfchen an der Schwelle zur **Península de Llevant**, der östlichen Halbinsel Mallorcas mit ihrem steinigen Gebirgszug, der oft nur Disteln und Gestrüpp Nahrung gibt. Gut 300 Jahre soll sich die *Mare de Deu dels Cards* während der arabischen Herrschaft über Mallorca versteckt haben.

Schon zu talayotischer Zeit war die Gegend besiedelt und der Name des Dorfes stammt von den frühen Christen, die ihren Ort dem heiligen Lorenz weihten. Freilich damals noch ohne den geheimnisvollen Zusatz, der auf die Disteln verweist. Just als Jaume I. mallorquinischen Boden betrat mit dem

festen Ziel, die Insel für seinen Ruhm und für die Christenheit zurückzugewinnen, zeigte sich die wundertätige Madonna im Distelgestrüpp und verhieß allen, die es glauben wollten, das gute Ende der christlichen Eroberung. Für die kleine Madonnenfigur erbaute man sogleich eine Kirche.

Den ursprünglichen Bau **María del Bellver**, der 1236 bereits erstmals erwähnt wurde, gibt es nicht mehr. Stattdessen wird heute die Figur in dem Nachfolgebau aus dem Jahr 1654 aufbewahrt. In der linken Seitenkapelle der Rosenkranzmadonna wirkt die kleine romanische *Mare de Déu Trobada* (gefundene Muttergottes) ein bisschen wie aus der Zeit gefallen. Ein bäuerlich anmutendes Mädchen, das beinahe erschreckt in die Welt blickt. Auf dem einen Arm trägt sie ihren Sohn, den Weltenherrscher, ein Kind, das doch Reichsapfel und Krone trägt. In der anderen Hand, die viel zu groß geraten ist, zeigt sie eine Frucht.

Die einfache Holzschnitzerei, deren Ausdruck den Betrachter eigentümlich anrührt, ist in klaren Farben bemalt. Ein Mantel in Blau – in der christlichen Symbolik die Farbe der Muttergottes –, das Kleid in herrscherlichem Rot und der Weltenretter in wertvollem Gold, der Farbe besseren Lebens und besserer Zeiten.

Auch Esel trifft man auf der Insel

Service & Tipps:

 Infos unter:
www.visitsantllorenc.com

Alljährlich am 8. August findet in Sant Llorenç des Cardassar das **Fest zu Ehren der Mare de Déu Trobada** statt, das mit Musik und traditionellen Tänzen gefeiert wird. Dabei ist es üblich, dass jeder, der der Madonna huldigen möchte, ein frisches Basilikum-Sträußchen mitbringt.

❷ Son Servera

Das Überraschendste in der 8000-Seelen-Gemeinde ist wohl die Bauruine der 1906 begonnenen neugotischen Kathedrale – schon für die Seitenschiffe reichte das Geld nicht mehr. Nichtsdestotrotz finden hier heute Gottesdienste und Veranstaltungen statt. Die Bewohner der im ländlichen Idyll zwischen Feigen- und Mandelbäumen gelegenen Ortschaft leben heute fast ausschließlich vom Tourismus in den nahe gelegenen Badezentren **Sa Coma** (s. S. 104 f.), **Cala Millor** und **Cala Bona**. In mehreren Reihen wurden hier Hotelkomplexe hochgezogen, denn der feinsandige Strand und die hervorragende Wasserqualität locken das ganze Jahr über vor allem Skandinavier, Deutsche und Engländer an.

Vergleichsweise ruhig ist es an der **Costa des Pins** im Norden der Bucht von Artà geblieben, einem mit Kiefern bewaldeten Strandstück, ebenso wie an der sich daran anschließenden **Platja de Canyamel** (nur über die Hauptstraße erreichbar).

Service & Tipps:

 **O.I.T.**
– Pl. Eureka

07560 Cala Millor
✆ 971 58 58 64
– Av. des Moll, 07559 Cala Bona
✆ 971 81 39 12, www.sonservera.es

❸ Artà

Artà gilt als das schönste Städtchen an der Ostküste und findet besonders unter den deutschen Besuchern der Insel glühende Verehrer. In Tagesausflügen kommen sie von den nahe gelegenen Küsten. Nicht wenige haben sich in die Gegend verliebt und eine der umliegenden Fincas für ihre jährliche Sommerfrische erstanden. Und so mancher hat gleich seinen dauerhaften Wohnsitz hierher verlegt. Was die Deutschen anzieht, ist der mittelalterliche Charme des Städtchens und seine Lage in einer herrlichen Landschaft, in der Pinien, Steineichen und Oliven aufs Beste gedeihen.

Artà liegt fast exakt in der geografischen Mitte der Península de Llevant. Von drei Küsten ist es jeweils kaum weiter als zehn Kilometer entfernt, sodass man jeden Tag aufs Neue entscheiden kann, ob man die windigen Strände der östlichen Bucht von Alcúdia mit Seglern und Surfern teilen möchte, die einsamen und zum Teil nur zu Fuß erreichbaren Cales der Nordflanke der Halbinsel bevorzugt oder lieber ein bequemes Sonnenbad an den sanft abfallenden Stränden vor Capdepera nimmt. Wenn man nicht doch lieber den Tag in einem der zahlreichen Straßencafés des Städtchens verträumt und wie in einem Theater Einheimische und Touristen an sich vorbeiziehen lässt.

Schon von Weitem macht Artà eine gute Figur. Majestätisch wachen die Burg auf einem Hochplateau und die trutzige Pfarrkirche am Fuße des Burghügels über dem mittelalterlichen Dächergewirr. Wie so oft in den in Küstennähe gelegenen Städten der Insel zieht sich das Motiv der Wehrhaftigkeit durch Architektur und Geschichte. Den strategischen Wert der Lage erkannten schon die frühesten Siedler Mallorcas und errichteten ihre kreisrunden Talayots. In maurischer Zeit wurde das Städtchen zum Mittelpunkt des Verwaltungsbezirkes Yartân und die Einwohner leisteten erbitterten Widerstand gegen die christliche Eroberung. Sie gaben erst auf, als die Christen sie in den Höhlen der Serra de Artà ausräucherten. Nach der Eroberung durch Jaume I. erbauten die Bewohner mächtige gotische Wehrtürme wie den **Torre de Albarca**, um sich vor Piraten und Rückeroberungsversuchen zu schützen.

Das Wappen von Artà

Die Wallfahrtskirche Sant Salvador

Oberhalb der zentralen Plaça erhebt sich die auf acht wuchtigen Stützpfeilern ruhende Pfarrkirche **Transfiguració del Senyor**. Die Pfeiler wurden außen mit Rundbögen verkleidet und bilden so die sogenannten Terrassen, die an italienische Loggias erinnern. Schon im 13. Jahrhundert begann man mit dem Bau der Vorgängerkirche, doch die heutige Kirche stammt aus dem 16. bis 19. Jahrhundert. Sie besitzt zwei Portale, die den gestrengen Sitten vergangener Zeiten Rechnung tragen. Im 18. Jahrhundert wurde ein Seitenportal nur für die Männer errichtet. An der Außenseite ist es unvollendet geblieben. Das Hauptportal führt zur Aussichtsplattform und war den Frauen vorbehalten. Gemeinsam mit der Fassade bildet es den jüngsten Teil der Kirche aus dem späten 19. Jahrhundert. Die nach Plänen von B. Ferra gestaltete Fassade weist modernistische Elemente auf, ihre Mitte ziert eine große Rosette.

Von den 14 Seitenkapellen im Kircheninneren ist besonders die Rosenkranzkapelle hervorzuheben. Die größte aller Kapellen schmückt ein wertvoller barocker Altaraufsatz aus dem 17. Jahrhundert. Sie beherbergt außerdem vier kleinere Kapellen mit platteresken Altaraufsätzen. Das Kircheninnere wird erhellt durch große, bunte Glasfenster, die zu Beginn des 20. Jahrhunderts, als man das Gebäude vollständig renovierte, eingebaut wurden. Bezahlt wurden sie von reichen Familien aus Artà, ehemalige Auswanderer, die in Amerika zu einigem Wohlstand gekommen waren.

Die Zinnen der alten Burg von Artà

Gleich hinter der Festungskirche führt ein steiler Kreuzweg in 180 Stufen hinauf zum Burghügel mit der Wallfahrtskirche **Sant Salvador**, deren erhöhte Lage ein einmaliges Panorama auf die Stadt Artà und den gesamten Gemeindebezirk bereithält. Die Wallfahrtskirche und einige dazugehörige Gebäude sind von einer Festungsmauer in Form einer Ellipse umgeben, die 93 mal 24 Meter misst. An der einen Meter dicken Mauer stehen der quadratische Hauptturm Sant Miquel und weitere acht Türme von halbrundem Grundriss. Beherrscht wird die Anlage von der Wallfahrtskirche aus dem 19. Jahrhundert. Die alte Kirche hatte während der Beulenpest 1820 als Lazarett gedient und wurde in der Folge abgerissen.

Wahrscheinlich entstammen die Ursprünge der alten Festung bereits vorislamischer Zeit. Während und nach der arabischen Epoche war die Festung unter dem Namen Almudaina bekannt (Burg/Festung) und diente der Verteidigung des Ortes. Als im 16. Jahrhundert Piraten- und Korsareneinfälle die Inselküste bedrohten, wurde die Festungsmauer entscheidend erneuert und verstärkt.

Die Verehrung des heiligen Salvador geht auf die Zeit der katalanischen Eroberung zurück. Im 15. Jahrhundert wurde von der Kirche Bellpuig eine Jungfrau zur Wallfahrtskirche gebracht. Seit damals wird von der Bevölkerung Artàs der Heilige gemeinsam mit der Gottesmutter verehrt. Der heutige

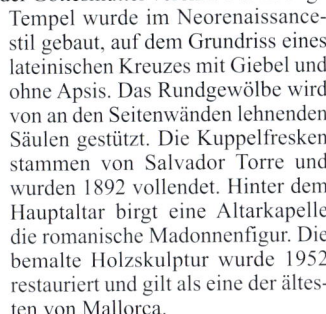

Tempel wurde im Neorenaissancestil gebaut, auf dem Grundriss eines lateinischen Kreuzes mit Giebel und ohne Apsis. Das Rundgewölbe wird von an den Seitenwänden lehnenden Säulen gestützt. Die Kuppelfresken stammen von Salvador Torre und wurden 1892 vollendet. Hinter dem Hauptaltar birgt eine Altarkapelle die romanische Madonnenfigur. Die bemalte Holzskulptur wurde 1952 restauriert und gilt als eine der ältesten von Mallorca.

Vom Stadtkern ca. 800 Meter Richtung Südosten liegt **Poblat Talaiot de ses Paisses**, eine der wichtigsten archäologischen Ausgrabungen des östlichen Mallorca. Bereits 1946 wurde die Siedlung zum Denkmal erklärt, zwischen 1959 und 1963 legte der italienische Archäologe Giovanni Lilliu in insgesamt vier Grabungen einen großen Teil der Konstruktionen, die heute noch zu besichtigen sind, frei und gewann dadurch wertvolle Erkenntnisse über die Talayotkultur Mallorcas. Zum letzten Mal wurden 1999 Grabungen unternommen, wobei man auf neue Funde in unmittelbarer Nähe des Hauptportals stieß.

Die Anlage von elliptischem Grundriss stammt aus der Zeit zwischen 1300 und 100 v. Chr. und erstreckt sich auf 13,5 Quadratkilometern. Um die Grundmauern des zentralen Talayotturms stießen die Archäologen auf eine zyklopische

Die Altstadt von Artà

Umfassungsmauer und im Innern konnten sie zwei Gebäudekomplexe ausmachen. Der erste besteht aus einer Reihe von Kammern und einer Säulenhalle von beträchtlichem Ausmaß und wird von dem Talayotturm aus der Frühphase der Talayotkultur (ca. 1300–1000 v. Chr.) beherrscht. Der zweite bildet zwei große Kammern mit rundlichem Grundriss. Die Mauer dagegen ist jüngeren Datums (1000–800 v. Chr.), als die meisten von Mauern umgebenen Anlagen entstanden. Sie erreicht an einigen Punkten eine Höhe von mehr als 3,5 Metern, wobei die nach außen gesetzten, vertikal aufgestellten Steine sehr groß sind – einige wiegen über acht Tonnen –, während im Innern kleinere Steine verwendet wurden. Zwei vertikale Pfosten, die einen enormen monolithischen Türsturz tragen, bilden das Hauptportal der Siedlung, die noch drei weitere Eingangsportale aufweist.

Daneben existieren noch andere Gebäude aus den unterschiedlichen Phasen der Talayotkultur. Dazu gehören zwei Räume mit rundlichem Grundriss im Westen der Anlage, die mit dem Talayotturm verbundene Säulenhalle, zwei rechteckigen Räume in der Zentralanlage und die an den Turm angebaute hufeisenförmige Kammer. In den obersten Schichten stieß man auf einige Fundstücke aus den letzten Jahrhunderten der talayotischen Epoche (3.–2. Jh. v. Chr.). Die importierten Keramiken oder Eisengegenstände zeigen bereits den Einfluss der mediterranen Zivilisationen. Sie wurden von den balearischen Steinschleuderern mitgebracht, die in den punisch-römischen Kriegen kämpften.

Die Ausgrabungsstätte Poblat Talaiot de ses Paisses bei Artà

Service & Tipps:

ⓘ **O.I.T. Cales de Mallorca – Artà**
C/Costa i Llobera, 7, 07570 Artà
☎ 971 83 69 81
www.artamallorca.travel
Mo–Fr 10–14 Uhr
Für € 3 ist im Museum, im Theater oder bei der Talayot Siedlung die Artà Card erhältlich, die Preisnachlässe auf Eintritte, in Geschäften, Kneipen und Restaurants gewährt.

👁 **Transfiguració del Senyor**
Oberhalb der zentralen Plaça
07570 Artà
Pfarrkirche aus dem 16.–19. Jh.

👁 **Sant Salvador**
Auf dem Burghügel, 07570 Artà
Wallfahrtskirche mit einmaligem Panorama: Blick auf die Stadt Artà und den gesamten Gemeindebezirk.

👁 **Ermita de Betlem**
9 km nordwestlich von Artà

Bis heute wird die Einsiedelei von Mönchen bewohnt. Auch wenn das Gebäude aus dem Jahr 1805 selbst deshalb nicht zu besichtigen ist, die Kapelle ist frei zugänglich. Der Weg führt über eine kurvenreiche Strecke an einen Ort von grandioser Einsamkeit hoch über dem Meer. Alternativ kann man die Eremitage von der Ortschaft Betlem an der Nordwestküste der Península de Llevant oder vom Parkplatz S'Alqueria Vella aus erwandern (von der Ma 3333 biegt eine schmale Straße zum Puig de Sa Tudossa ab, der Parkplatz liegt gleich hinter der Abzweigung). Hier gibt es nur noch eine überwältigende Aussicht und das Rauschen des tief liegenden Meeres. Am 1. Mai pilgern die Einwohner Artàs zu der kleinen Ermita.

Poblat Talaiot de ses Paisses
Ctra. Artà–Cala Rajada, km 1 (hinter dem ehemaligen Bahnhof rechts), 07570 Artà, www.tourism-mallorca.com/sespaisses, Mo–Fr 10–17, Sa 10–14 Uhr, Eintritt € 2/1
Eine der wichtigsten archäologischen Ausgrabungen des östlichen Mallorca.

Priorat Bellpuig
Etwa 3 km südwestlich der Stadt liegt der Landsitz Bellpuig. Die Ursprünge der Priorats Santa Maria de Bellpuig gehen ins 13. Jh. zurück, als während der Eroberung Mallorcas Jaume I. 1230 den prämonsteraner Stiftsherren der katalanischen Abtei von Bellpuig de les Avellanes 8 Häfen im Nordosten von Mallorca überließ. Die ersten Prämonstraner, die nach Mallorca kamen, gründeten die Abtei Bellpuig. Auf der Südseite des quadratischen Klosterhofs liegt die frühgotische Klosterkirche. Im kargen architektonischen Stil der Bettelorden gebaut, ist das einzige rechteckige Kirchenschiff durch Gurtbögen in 4 Abschnitte geteilt.

1425 kehrten die Prämonstraner in das Fürstentum Katalonien zurück und das Kloster wurde als Sitz des Landguts Bellpuig weiter genutzt. Die Kirche wurde zum Wohnraum, in den anderen Gebäuden brachte man das Vieh unter. Die einst dort verehrte Madonnenfigur brachte man zur Wallfahrtskirche Sant Salvador in Artà. Im Jahre 1999 begannen die Restaurationsarbeiten an der Anlage. Die Kirche ist vollständig erhalten.

Torre de Canyamel
An der Ma 4042, etwa 3 km vor Canyamel, www.torredecanyamel.com Di–Sa 10–15, 17–20, So 10–15 Uhr Eintritt € 3/Kinder bis 12 Jahre gratis
Dieser Wehrturm maurischen Ursprungs ist einer der ältesten und eindrucksvollsten Mallorcas.

Es Claper des Gegants
Zwischen den Höhlen von Artà und der Stadt Artà liegt die talayotische Siedlung Es Claper des Gegants. *Claper* bezeichnet die Ruinenfelder der megalithischen Zyklopenbauten und der Zusatz *des Gegants* verweist auf die beeindruckende Größe der zurückgebliebenen Felsbrocken. Auf dem ca. 4,8 km^2 großen Gelände wurden 1998 einige Behausungen der ersten Siedler Mallorcas ausgegraben. Außerdem wurden 3 Zisternen in den Fels gegraben, um das Regenwasser zu sammeln.

Ermita de Betlem nordwestlich von Artà

Treppe am Rathaus von Artà

Im Café Parisien in Artà gibt's Leckereien für große und für kleine Gäste

👁 Coves de S'Ermità (Coves d'Artà)

Über der Platja de Canyamel
www.cuevasdearta.com, tägl. 10–18,
Nov.–April bis 17 Uhr, Eintritt € 13,
Kinder unter 7 Jahren frei
Die eindrucksvollen Höhlen von Artà
befinden sich in exponierter Lage.
Ein Besuch führt nicht nur durch
einen *Infierno* – Hölle – genannten
Saal mit eindrucksvollem Farb- und
Tonspiel, sondern macht auch mit
den sogenannten Glocken-Stalaktiten
bekannt, die nach Anschlag sogar
den Boden vibrieren lassen. Von Font
de sa Cala und Cala Ratjada kann
man für € 10 bzw. € 12 einen Schiffs-
ausflug zu den Höhlen buchen.

👁 Las Cuevas y S'Heretat

Folgt man der Straße durch die
Siedlung Canyamel bis zum Strand,
stößt man neben dem Hotel Coves auf
einen kleinen Pfad. Er führt in einem
kurzen, aber schönen Spaziergang auf
150 m Höhe zu den **Coves de S'Er-
mità** am äußeren Ende des Cap Vermell. Nimmt man denselben Weg zurück, kann man nach etwa 1 km einen
kleinen Umweg machen zu den beiden
Wehrtürmen, **Torre Vella des Cap
Vermell** und **Talaia Nova des Cap
Vermell**. Weiter in Richtung Capdepera stößt man auf der rechten Seite
auf einen Pfad, der zu den Häusern
von **S'Heretat** führt, eine der ältesten
Besitzungen der Gemeinde, der im
16. Jh. ein Wehrturm angefügt wurde.

🏛 Centre Cultural na Batlessa

C/de Ciutat, s/n, 07570 Artà
✆ 971 82 91 99
Mo–Fr 11–14 und 18–20 Uhr
Das Kulturzentrum mit wechselnden
Ausstellungen befindet sich in einem
Herrenhaus der vorletzten Jahrhun-
dertwende. Außerdem beherbergt das
Zentrum das Archiv des Künstlers
Miquel Barceló. Mit dem Bau des
modernen Stadttheaters nebenan ist
ein gelungenes Ensemble aus alter
und neuer Architektur entstanden.

✗ Restaurant Finca Es Serral

Afores, s/n, 07570 Artà
✆ 971 83 53 36
Im rustikalen Ambiente fühlt man
sich schnell heimisch. Im Winter
wärmt das Kaminfeuer, im Sommer
kann man luftig auf der Terrasse di-
nieren. Mallorquinische Küche, Spezialität sind gegrilltes Zicklein und
eingelegter Rochen. €–€€

☕ Café Parisien

C/Ciutat, 18, 07570 Artà
✆ 971 83 54 40
Das gegenüber dem Kulturzentrum
liegende Café empfiehlt sich vor
allem durch seinen ruhigen Patio, in
dem man im Schatten von Zitronenbäumen einen Kaffee oder ein kleines Mittagsgericht genießen kann. €

✗ Porxada de Sa Torre

Fca. Torre Canyamel, km 5
07580 Capdepera, ✆ 971 84 13 10
www.porxadadesatorre.es, Mo geschl.
Neben dem Torre de Canyamel befindet sich in einer alten Ölmühle ein
freundliches Familienrestaurant mit
mallorquinischer Küche. €

Ca'n Balaguer
Gran Vía, 55, 07570 Artà
© 971 83 62 94
Mallorquinische Wurstspezialitäten

mit inselweitem Bekanntheitsgrad.
Vor allem die *sobrasada* gibt es hier
in verschiedenen Variationen und
Geschmacksrichtungen.

*Die Einwohner von
Capdera pflegen bis
heute die Tradition der
maurischen Korb-
flechter. Auch werden
die Zweige der Zwerg-
palmen für die zahlrei-
chen Osterprozessio-
nen der Insel in
diesem Ort gebleicht.*

❹ Capdepera

Das hübsche Städtchen liegt zu Füßen der größten noch ursprünglich erhaltenen Burganlage Mallorcas. Ihr Überdauern verdankt sie angeblich der Rettung durch eine wundertätige Madonna, die, bei einem besonders schweren
Piratenangriff im 14. Jahrhundert auf eine der Burgzinnen gesetzt, dichten
weißen Nebel auf die plündernde Meute gesenkt haben soll, sodass diese er-
schrocken kehrtmachte.

Die kleine **Plaçita de Sa Creu** ist ein guter Ausgangspunkt für einen
Rundgang durch den historischen Stadtkern. Von hier aus führt der Carre
Major zur **Plaça des Sitjar** mit dem Rathaus aus dem 19. Jahrhundert. Ge-
radeaus, weiter aufwärts stößt man auf zwei Sackgassen, deren Straßenführung noch ganz an die mittelalterliche Anlage des Städtchens erinnert. Einem
Häuserbogen nach rechts folgend erreicht man die **Plaça Vella** mit dem Haus
des *Mestre de son Not*. An der Abzweigung des Carrer Alt befinden sich die
Reste zweier Befestigungstürme, die der Verteidigung des Stadtkerns dienten. Von hier aus ist es nicht mehr weit zum **Castell de Capdepera**, einer der
ältesten und größten Burganlagen der Insel.

Castell de Capdepera

Wahrscheinlich nutzten bereits die Römer den
Caput Petrae (Felsgipfel) als eine natürliche Festung.
Das heute noch erhaltene Bauwerk geht auf Pläne aus
dem Jahr 1300 zurück, 1386 konnten die Arbeiten beendet werden. Damals lebten die Dörfler noch innerhalb des Burgfrieds. Die Reste ihrer Häuser liegen
links und rechts des Weges, der innerhalb der Anlage
um das Kastell herumführt. In den Befestigungs-
mauern gab es zwei Eingangstore, doch nur das kleinere, unter dem Namen *Portalet* bekannt, wurde
benutzt. Ein Rundweg auf der zinnenbewehrten
Mauer ermöglicht einen Blick von oben auf die Ge-
samtanlage. Außerdem hat man von hier eine herrliche Sicht über die Inselmitte und die nördöstlichen
Küsten.

Die **Burgmauer** weist einen beinah perfekten drei-
eckigen Grundriss auf. Die vier Türme *Des Coste-
rans*, *Sa Boira*, *Ses Dames* und *D'en Banya* sind An-
bauten aus dem 15. Jahrhundert, als man sich
verstärkt gegen die endemischen Piratenangriffe
schützen musste. Etwas höher liegt fast mittig das
Haus des Gouverneurs, der im 18. Jahrhundert von
Capdepera aus Mallorca verwaltete. Noch etwas
höher, am höchsten Punkt des Kastells, steht der muslimische Turm *D'en Miquel Nunis*, der bereits von
den Mauren wohl ebenfalls zu Verteidigungszwecken
errichtet wurde. Hier soll Jaume I. seinen Botschaf-
ter aus Menorca erwartet haben, der dort die Über-
gabe der kleineren Baleareninsel aushandelte. Am
17. Juni 1231 wurde der sogenannte Pakt von Cap de
Pera unterzeichnet, der die muslimische Bevölkerung
auf Menorca beließ, die Insel aber dem Königreich

Aragón einverleibte. Eine kleine Gedenkplakette an der nahe stehenden Kapelle erinnert an die Ereignisse. Sein heutiges Aussehen verdankt der Turm der Einrichtung einer Getreidemühle in seinem Innern im 19. Jahrhundert.

Unweit steht eine kleine Kapelle, die 1316 erstmals erwähnt wurde. Über dem Altar hängt ein gotisches Kruzifix aus Orangenholz aus dem 14. Jahrhundert. Außerdem beherbergt die Kirche eine Kopie der Madonnenfigur *Nostra Senyora del Esperança*, jener Figur, die auf die Zinnen gestellt Küste und Hafen in Nebel hüllte und so die Anlandung der Korsaren verhinderte.

✆ 971 81 87 46, www.castellcapdepera.com, tägl. 10–17, im Sommer bis 20 Uhr, Eintritt € 2
Eine der ältesten und größten Burganlagen der Insel. Am 3. Maiwochenende findet ein Mittelaltermarkt mit kostümierten Marktweibern, Gauklern und Kunsthandwerk statt.

Kapelle am Castell de Capdepera

Service & Tipps:

ⓘ **O.I.T.**
Es Pla d'en Cosset, 2
07580 Capdepera, ✆ 971 55 64 79

👁 **Castell de Capdepera**
07580 Capdepera

☕ **Café l'Orient**
Pl. de Orient, 4, 07580 Capdepera
✆ 971 56 30 98, www.cafelorient.com
Im bekanntesten Café der Stadt bekommt man auch einige gute mallorquinische Gerichte.

❺ Cala Ratjada

Das Dorf, das seinen Namen dem Rochen (kat. *ratjada*) verdankt, ist noch heute einer der wichtigsten Fischereihäfen Mallorcas. Wie überall spielt natürlich auch hier der Tourismus eine große Rolle im Wirtschaftsleben des Dorfes, doch hat man trotz des großen Andrangs die ursprüngliche Bebauung weitgehend erhalten. Beliebt sind die Strände rund um Cala Ratjada: **Cala Son Moll**, die kleine, aber feine **Cala Gat**, **Cala Agulla**, die wegen des meterlangen flachen Zugangs zum Wasser bei Familien mit Kindern sehr beliebt ist, und natürlich der schönste Dünenstrand Mallorcas, die sieben Kilometer nördlich gelegene **Cala Mesquida**. Allerdings weht hier beständig eine frische Brise, sodass im Frühjahr und Herbst oft die weiter südlich gelegenen Strände bevorzugt werden.

Die **Punta de Capdepera** markiert den östlichsten Punkt Mallorcas. Bei Wind brechen sich die tosenden Wellen in den felsigen Buchten unterhalb des **Leuchtturms**. Wie in brodelnden Kesseln spritzen Gischt und Wellen in einem atemberaubenden Schauspiel zum Teil bis zum Parkplatz. Eine kleine Landstraße führt nach der Durchquerung von Cala Ratjada bis zu den Füßen des Far de Capdepera. Hier kann es in der Hauptsaison schon mal eng werden, denn nur an wenigen Stellen kommen zwei Fahrzeuge aneinander vorbei.

Service & Tipps:

ⓘ O.I.T.
Via Mallorca, 36
07590 Cala Ratjada
✆ 971 81 94 67

🏛 Sa Torre Cega
C/Juan March, 2
07590 Capdepera/Cala Ratjada
✆ 679 91 55 97
www.fundacionbmarch.es
Öffnungszeiten und Tarife bei der örtlichen Touristeninformation erfragen
Von den Gartenanlagen der ehemaligen Villa der Familie March erschließt sich nicht nur ein wunderschöner Blick auf den Hafen, der Garten wurde auch mit 40 exquisiten Stücken der Skulpturensammlung der Familie bestückt.

✖ Es Llaüt
Ingeniero Gabriel Roca, 2
07590 Cala Ratjada
✆ 971 56 35 61
Hier serviert man garantiert fangfrischen Fisch direkt an der Hafenmole.
€–€€

✖ Ses Rotges
C/Rafael Blanes, 21
 07590 Cala Ratjada
✆ 971 56 31 08

www.sesrotges.com
Geboten wird gehobene französische Küche in einem familiären Ambiente. Die Kreationen der Küche sind nicht nur für den Magen, sondern auch für die Augen ein Gedicht. €€–€€€
Im angeschlossenen Laden »Meson de Son Jaume II« kann man u. a. ausgefallene Marmeladen und handgefertigte Kosmetikprodukte für sich oder die Lieben zu Hause erstehen.

🚢 Fähre nach Menorca
Cala Ratjada
Die Fährverbindung nach Menorca (Cala Ratjada liegt geografisch der kleinen Balearenschwester am nächsten) ist im Augenblick eingestellt und ihre Zukunft ungewiss.

🏃 Mallorca Balloons
Ctra. Palma–Manacor
07590 Cala Ratjada
✆ 971 59 69 69 (oder in Hamburg:
✆ 040 306 98 80 18)
www.mallorcaballoons.com
Tägl. 9.30–12.30 und 16.30–19.30 Uhr
Fast lautlos gleiten die Ballons über die Insel. Selten kann man Mallorca so genießen. Ein einmaliges Erlebnis, das natürlich vom Wetter abhängig ist. Angeboten werden Fahrten ab € 160/90.

Der Hafen von Cala Ratjada

*Über ca. 40 Kilometer
erstreckt sich die
Bucht von Alcúdia
zwischen dem schwer
zugänglichen Cap de
Ferrutx und dem pul-
sierenden Ferienzen-
trum Port d'Alcúdia.
Dabei besticht der
kaum unterbrochene
Strand vor allem
durch seinen Ab-
wechslungsreichtum.
Vom Naturpark Penín-
sula de Llevant im
Osten erstreckt er sich
über wenig belebte
Strandabschnitte bis
zur Touristenhochburg
Ca'n Picafort. Daran
schließt sich der ur-
sprünglich-schön er-
haltene Naturpark des
Feuchtgebietes S'Al-
bufera an, bevor man
zu den stark frequen-
tierten Strandabschnit-
ten von Port d'Alcúdia
kommt.*

*Colònia de Sant Pere vor
schroffer Gebirgskette*

❻ Colònia de Sant Pere

Colònia de Sant Pere wird optisch beherrscht von dem großzügig angelegten Jachthafen am Ortseingang. Dahinter findet sich ein beschaulicher
Ferienort mit einigen Restaurants und Bars an der Uferpromenade, vielen
Ferienhäusern und einem kleinen Sandstrand. Eindrucksvoll ist die Lage,
denn direkt hinter dem Ort erhebt sich eine schroffe Gebirgskette, die sich
bis ans **Cap de Ferrutx** zieht. Obwohl die höchsten Gipfel nicht höher als
560 Meter aufragen, wirken sie sehr schroff, denn das unbarmherzige Meer
verhindert hier fast jeden Bewuchs. Sant Pere ist ein guter Startpunkt
für zahlreiche Wanderungen ans Cap oder auch zur Ermita de Betlem
(s. S. 112 f.). Folgt man der Straße in Richtung der am Meer gelegenen Vil-
lensiedlung **Betlem**, kann man noch auf die ein oder andere fast völlig einsame Bucht stoßen. Beliebt ist Sant Pere auch bei Radfahrern, denn auf der
gesamten Península de Llevant sind Routen für Radfahrer ausgeschildert.
   Westlich schließt sich die relativ neue Siedlung **Son Serra de Marina** an,
die vorwiegend aus Ferienhäusern besteht. Ihre Mieter nutzen meist die
Platja de Sa Canova, wo es ruhiger ist als in Ca'n Picafort, denn große
Hotelbauten sucht man hier (noch) vergeblich.

Service & Tipps:

✖ **Sa Xarxa**
Paseo del Mar, s/n
07579 Colònia de Sant Pere
☎ 971 58 92 51
www.sa-xarxa.com

Wenn hinter dem Cap de Formentor
die Sonne ins Meer hinabsinkt, gibt
es kaum einen besseren Platz als die
Terrasse des Sa Xarxa – bei frischen
Tapas, in der Salzkruste gebackenem
Fisch oder argentinischen Steaks und
einer guten Flasche Rotwein!

❼ Ca'n Picafort

Die Siedlung verdankt ihre Existenz dem lang gezogenen Sandstrand. Spöt-
tern gilt Ca'n Picafort als nordöstliches Pendant zur Platja de Palma: Große
Hotelkomplexe reihen sich am Strand entlang und in der dahinter liegenden
großzügig bebauten Urbanisierung spricht man hauptsächlich Deutsch. Wiener Schnitzel und Filterkaffee gehören hier ebenso zur kulinarischen Grund-
ausstattung wie große Biergläser und Würstl mit Kraut. Lediglich ein paar

Straßenzüge südöstlich des kleinen Sporthafens werden von Mallorquinern oder Festlandspaniern bewohnt. Im Sommer besticht Ca'n Picafort durch sein reichhaltiges Angebot für Feriengäste. Hier gibt es Discos, Restaurants, Cafés und Souvenirläden. Die Pinienwälder, die einstmals den Sandstrand säumten, wurden im Ortsgebiet weitgehend an die Ränder zurückgedrängt, doch außerhalb liegen reizvolle Naturparadiese. Nordwestlich schließen sich die pflanzenreichen Sanddünen von S'Albufera an, im Südosten der Kiefernwald von Son Real, der ebenfalls unter Naturschutz steht.

Strandvergnügen pur: Ca'n Picafort

In regelmäßigen Abständen von exakt 1240 Metern stehen gemauerte Obelisken entlang des Küstenabschnitts. Sie korrespondieren mit jeweils einem 200 Meter weiter landeinwärts stehenden Turm und dienten während des Spanischen Bürgerkriegs den U-Boot-Kapitänen zur Orientierung. Heute haben sie sich zu einer Art Wahrzeichen für Ca'n Picafort entwickelt.

Die südöstlich von Ca'n Picafort liegende Totenstadt **Necròpolis de Son Real**, die größte ihrer Art auf Mallorca, gehört verwaltungstechnisch zur Gemeinde Santa Margalida. Ca. 800 Quadratmeter umfasst das Areal, das auf der **Punta Fenicios**, der sogenannten Landspitze der Phönizier, zwischen dem 7. und 4. Jahrhundert v. Chr. (und zum Teil auch noch später) als Bestattungsort genutzt wurde. Die archäologischen Ausgrabungen begannen schon bald nach der Entdeckung im Jahr 1957 und konnten bis 1970 abgeschlossen werden. 109 Grabstätten sind erhalten gebliebenen. Teilweise ähneln sie verkleinerten schiffs- oder hufeisenförmigen Navetas, andere wiederum den runden und quadratischen Türmen der späten Talayotkultur. Je runder die Grabanlagen, desto älter, denn die runden Grabbauten ordnen die Wissenschaftler dem Ende des 7. Jahrhunderts v. Chr., die hufeisenförmigen dem 5. und die rechteckigen dem 4. Jahrhundert v. Chr. zu. Die meisten der Bauten waren nach Südosten ausgerichtet, oft weisen sie zwei Nischen auf, in die die Leichname in Fötusstellung hineingelegt wurden.

Ein Besuch der Necròpolis de Son Real lohnt sich nicht nur für Archäologiebegeisterte, kann man doch immer am Strand entlang von Ca'n Picafort bis zu den alten Gemäuern wandern.

Über 300 Tote wurden auf dem Gelände beerdigt und allen wurden Waffen, Schmuck und Alltagsgegenstände beigegeben. Außerdem stieß man in den Gräbern auf Tierknochen und Muscheln. Ab dem 4. Jahrhundert v. Chr. wurde auch Brandbestattung praktiziert. Auf der kleinen, der Küste vorgelagerten Insel **S'Illot des Porros** fanden sich weitere Grabstellen.

Da bis heute keine zugehörige Siedlung gefunden wurde, ist die Herkunft der hier Bestatteten noch immer ein wenig rätselhaft. Die Grabbeigaben lassen aber auf Adlige schließen und die Tierknochen und Muscheln auf einen die Beerdigungszeremonie begleitenden Leichenschmaus und Opfergaben. Fundstücke aus den Gräbern der Necròpolis können im Museu Monogràfic de Pollentia in Alcúdia besichtigt werden.

Service & Tipps:

 O.I.T.
Pl. Gabriel Roca, 6
07458 Ca'n Picafort
✆ 971 85 03 10
www.canpicafort.es

Delfin Negro
Cruzeros Ca'n Picafort S.L.
Aptdo. de Correos n° 72
07680 Porto Cristo
✆ 664 67 15 82
www.excursiones-maritimas.com
Mit dem Delfin Negro geht's auf Erkundungsfahrt die Bucht von Alcúdia entlang oder bis ans Cap de Formentor. Vorab Kontaktaufnahme mit dem Büro der Firma in Portocristo, ansonsten im Hafen von Ca'n Picafort. Preise je nach Strecke zwischen € 38/22 und € 19,50/8.

 Es Mollet
C/Feliciano Fuster, 38
07458 Ca'n Picafort
✆ 971 85 05 66
Das Restaurant am Sporthafen ist vor allem bei den Einheimischen beliebt mit seiner Küche rund ums Mittelmeer. €

 Mandilego
Isabel Garau, 49
07458 Ca'n Picafort
✆ 971 85 00 89
www.restaurantesencanpicafort.com
Freunden mallorquinischer Küche gilt das Mandilego als bestes Haus des Ortes. Das Restaurant pflegt ein gediegenes Ambiente. Eine Spezialität sind die Fischgerichte. €€

 Rancho Ca'n Picafort
Ctra. Alcúdia–Artà, km 13,7
07458 Santa Margalida
✆ 971 85 41 21
www.ranchograndemallorca.com
Begleitete Ausritte am Strand und durch die Dünen. Man spricht Deutsch.

 Karting Ca'n Picafort
Ctra. Alcudia–Artá s/n, 07458
Ca'n Picafort (Santa Margarita)
✆ 971 85 07 48
www.kartingcanpicafort.com
Eine der größten Kart-Bahnen der Insel, die nicht nur Fahrzeuge an Amateure verleiht, sondern auch größere Profirennen veranstaltet.

Die Diskothekendichte zwischen Ca'n Picafort und Port d'Alcúdia ist eine der größten der Insel. In Alcúdia selbst herrschen eher britisch geprägte Clubs vor, doch für jeden Geschmack ist etwas dabei und der Entdeckerlust sind kaum Grenzen gesetzt. Erwähnt seien hier nur das **Bells** (im Sommer bei Teenagern beliebt), das **Skau** (eine Kombination aus Bar, Restaurant und Club) und das **Charlys** (www.charlyscanpicafort.com), das sich neben der Diskothek mit Saloon und Pub einen Namen im Nachtleben der Insel gemacht hat.

Ausflugsziel:

Necròpolis de Son Real
Südöstlich von Ca'n Picafort liegende Totenstadt mit archäologischen Ausgrabungen.

❽ Alcúdia

Alcúdia trägt mit einigem Recht den Titel »Weltkulturerbe der UNESCO«. Eine fast intakte mittelalterliche Stadtmauer umgibt das Städtchen, das von den Mauren nahe den Ruinen der römischen Siedlung Pollentia gegründet wurde. Ein Rundgang durch die Stadt sollte auf jeden Fall die beiden gut erhaltenen Stadttore **Porta Xara** im Norden und **Porta San Sebastiá** im Süden – gleichzeitig Wahrzeichen der Stadt – einschließen.
   Die wehrhaft gebaute Pfarrkirche **Sant Jaume** bildete ursprünglich einen Eckpfeiler der Stadtmauer und ist berühmt wegen ihrer reich gegliederten Rosette und vor allem aufgrund der ungewöhnlichen Ausrichtung des Chors gen Westen. Sehenswert ist auch das Holzkreuz *El Santo Christo d'Alcúdia* aus dem 15. Jahrhundert in einer barocken Kapelle hinter dem Hauptaltar.

Wappen von Alcúdia

120

Im Zentrum der Stadt findet sich das Rathaus in der **Casa Consistorial** von 1523. Zahlreiche Stadtpaläste wurden in den letzten Jahren kunstfertig renoviert, sodass Alcúdia inzwischen zu den schönsten Ortschaften der Insel gezählt wird. Knapp 500 Meter außerhalb der Stadtmauern befindet sich die Kapelle **Oratorio de Santa Ana**, eines der ältesten christlichen Gotteshäuser der Insel, zur Zeit der spanischen Eroberung im 13. Jahrhundert erbaut.

Unbedingt einen Ausflug wert ist der **Parque Natural de S'Albufera.** Der Eingang befindet sich an der Ma 12, ca. sechs Kilometer südlich von Alcúdia an der Pont dels Anglesos (Brücke der Engländer) über dem Canal Gran.

Al-buhayra, Lagune, nannten die Araber das Gebiet und lange vor ihrer Zeit lag hier ein Süßwassersee, der durch Dünen vom Meer der Bucht von Alcúdia getrennt war. Heute ist der See verlandet und geblieben ist ein riesiges Sumpfgebiet, ein einmaliger Lebensraum für Pflanzen und Tiere. In Zeiten hoher Wasserstände reichte S'Albufera im Norden bis in die Nähe des antiken Theaters von Pollentia und im Süden bis Santa Margalida. Aus römischen Aufzeichnungen

weiß man, dass zu der Zeit der Wasserspiegel ca. zwei bis drei Meter höher lag und auf dem Gebiet des heutigen Sumpflandes mehrere durch Kanäle miteinander verbundene Seen bestanden. Schon im 17. Jahrhundert begannen die Mallorquiner mit der Trockenlegung zur Ackerlandgewinnung und schufen einzelne Parzellen *(marjals)*, die von Kanälen umgeben waren. 1863 sagte man dann der Malaria den Kampf an und eine britische Firma versuchte, den Sumpf trockenzulegen. Bei der Entwässerung des Kerngebietes scheiterten die Briten jedoch immer wieder am eindringenden Meerwasser und die Firma musste Bankrott anmelden. Anfang des 20. Jahrhunderts wurde hier Reis angebaut und bei Sa Roca entstand eine Papierfabrik auf der Basis von Schilfzellstoff, bis in den 1960er-Jahren der einsetzende Tourismus und der ihn begleitende Bau von Hotelsiedlungen im gesamten nördlichen Teil von S'Albufera und entlang der östlichen Küste auch diesen Wirtschaftszweig wieder verdrängte.

Das verbliebene Marschland von etwa 1650 Hektar Größe wurde im Jahr 1988 zum Naturschutzgebiet erklärt. Verwaltungstechnisch zählt das Gebiet zu den Gemeinden Muro und Sa Pobla.

Die mittelalterliche Stadtmauer von Alcúdia

Eines der vielen beeindruckenden Tore der Stadtmauer von Alcúdia

Reste der römischen Siedlung Ciutat Romana in Alcúdia

Die spitzen Türme, die in der <u>Bucht von Alcúdia</u> im Abstand von 1200 Metern hervorstechen, dienten im spanischen Bürgerkrieg den U-Booten als Orientierung

Service & Tipps:

 O.I.T. Alcúdia
C/Major, 17
07400 Alcúdia, ✆ 971 89 71 13
www.alcudiamallorca.com

 O.I.T. Port d'Alcúdia
– Passeig Marítim, s/n
07410 Port d'Alcúdia
✆ 971 54 72 57
– Ctra. d'Artà, 68
07410 Port d'Alcúdia
✆ 971 89 26 15

Ciutat Romana/Museu Monogràfic de Pollentia
Ciutat: Avenida Príncips
d'Espanya, s/n
✆ 971 89 71 02
Museu: C/Sant Jaume, 30
07400 Alcúdia
✆ 971 54 70 04
Juli–Okt. tägl. außer Mo 10–15, Mitte Okt.–Juni Di–Fr 10–16, ganzjährig Sa/So 10–13.30 Uhr, Eintritt € 2
Das Museum im Herzen der Stadt zeigt Fundstücke von den Ausgrabungen der Reste der römischen Siedlung *Ciutat Romana* auf dem Weg nach Port d'Alcúdia. Besonders sehenswert an der Ausgrabungsstätte selbst ist das römische Theater, das 2000 Menschen Platz bot. Außerdem befinden sich im Museum die Fundstücke der Necròpolis de Son Real bei Ca'n Picafort (s. S. 119).

La Bodega d'es Port
C/Teodoro Canet, 8

07410 Port d'Alcúdia, ✆ 971 54 96 33
www.bodegadesport.com
Hier hat man sich auf den Tourismus eingestellt, doch die Goldbrasse oder der meterlange Fleischspieß *Pincho de la casa* sind einen Besuch durchaus wert. €€€

Mirador de la Victoria
Camí Vell de la Victoria, s/n
(auf halber Strecke ans Cap des Pinar), 07400 Alcúdia
✆ 971 54 71 73, www.miradordela victoria.com, Mo geschl.
Preislich eher gehoben, doch mit wunderschönem Blick über die Bucht von Pollença. Ein guter Ort für ein romantisches Abendessen bei feiner mallorquinischer Küche. €€

Mesón Los Patos
Camí de Ca'n Blau, 42
Parque Natural de S'Albufera
✆ 971 89 02 65, 971 89 09 51
www.mesonlospatos.com
Tägl. 13–15.30 und 19–23.30 Uhr, Jan., Feb. geschl.
Den Besuch des Naturparks kann man gut im Los Patos am südlichen Ende von S'Albufera (außerhalb) ausklingen lassen. Das Restaurant ist in einem ehemaligen Reisspeicher untergebracht und verfügt über eine luftige Terrasse und einen authentischen Weinkeller. Ohne Übertreibung wird hier gute mallorquinische Küche mit Kreativität kombiniert. Die Rezepte zum Nachkochen gibt es auf der Webseite. Mittelmeerfisch kommt täglich frisch von der Küste, atlantische Arten werden immer donnerstags aus Kantabrien gebracht. €–€€

 Bootsfahrten ab Port d'Alcúdia
✆ 971 54 58 11, www.tmbrisa.com
Je nach Länge der Strecke € 19/9–€ 56/28
Segelkatamaran und Visió Submarina, ein Unterwasser-Beobachtungsboot, fahren bei gutem Wetter vom Strand in Port d'Alcúdia die Bucht entlang oder ans Cap de Formentor.

Ausflugsziele:

Parque Natural de S'Albufera
Tägl. im Sommer 9–18, im

Winter 9–17 Uhr, Besucherzentrum Sa Roca 9–16 Uhr
Der Eingang befindet sich an der Ma 12, ca. 6 km südlich von Alcúdia an der Pont dels Anglesos (Brücke der Engländer) über dem Canal Gran. Motorisierte Fahrzeuge müssen dort abgestellt werden. Ein etwa 2 km langer Weg führt zum Centre de Recepció Sa Roca in der Mitte des Parks, das im Gebäude einer ehemaligen Papiermühle untergebracht ist. Dort erhält man alle nötigen Informationen. Gegenüber widmet sich ein kleines Museum der Vogelwelt von S'Albufera. 5 ausgeschilderte Routen führen durch den Naturpark, vorbei an 4 Stationen zur Vogelbeobachtung. Picknicken ist nur an dem dafür vorgesehenen Platz erlaubt, das Verlassen der Wege und das Mitführen von Hunden ist verboten.

Zahlreiche gut ausgeschilderte Wanderwege ermöglichen die Erkundung der Halbinsel **La Victòria** zu Fuß. Ein guter Startpunkt ist die **Ermita de Nostra Senyora de la Victòria**, seit dem 13. Jh. eine Einsiedelei. Von hier führen Wege ans **Cap de Menorca**, an den Aussichtspunkt **Penya Rotja** und ans **Cap des Pinar**.

Ein paar Jahre fressen sich Mallorcas Aale in S'Albufera ein Fettpolster an, damit sie ihre lange Reise bis in die Sargassosee bei den Bahamas überstehen. Dort laichen sie und ihre Nachkommen machen sich wieder auf den Weg nach Europa.

Der Parque Natural de S'Albufera

Der Park gilt als Naturgebiet von besonderem Interesse *(Àrea natural d'especial interès, ANEI)* und als besondere Vogelschutzzone *(Zona de Especial Interés para la Avifauna, ZEPA)*. Außerdem besitzt er den Status eines Naturgebietes von internationaler Bedeutung. Der Torrent de Muro von Südwesten und der Torrent de Sant Miquel versorgen das Sumpfland mit Süßwasser, das über die von Menschenhand angelegten Kanäle verteilt wird. In den niederschlagsarmen Sommermonaten kommt der Süßwasserzustrom zum Erliegen und von Osten dringt Meerwasser in die S'Albufera. Das sorgt für unterschiedliche Salzge-

Grünschenkel im Naturpark

halte im Boden und dadurch für den großen Pflanzenreichtum des Gebiets. Die Gräser Schilfrohr, Ravennagras und Rohrkolben bevorzugen die wenig salzhaltigen Böden. An den Kanälen stehen Alleen von Ulmen und Pappeln, die wiederum niederem Buschgewächs wie dem Weißdorn und Brombeerhecken Schatten spenden. In den Kanälen gedeihen Laichkraut, Hornblatt und Armleuchteralgen, die stillen Gewässer werden zum Teil von Wasserlinsen und -kresse bedeckt.

Die weiter im Osten liegenden Feuchtgebiete in der Nähe des Meeres ernähren Binsen, Queller und Strohblumen. Erdhügel werden von Kugelsimsen, Wegerichen und verschiedenen wilden Orchideenarten überwuchert. Auch hier gibt es Bäume und Sträucher wie verschiedene Tamarisken und Weißpappeln. Der Dünenstreifen, der das Gebiet vom Mittelmeer trennt, hat wieder einen anderen Bewuchs. Strandseitig stehen Trichternarzissen, Strandhafer und Zedern-Wacholder, während auf der dem Land zugewandten Seite ein Aleppo-Kiefern-Wäldchen wächst, in dessen Schatten sich Rosmarin und Heidekraut wohlfühlen.

Solcher Pflanzenreichtum zieht natürlich verschiedene Vogelarten an und so war ein wichtiger Grund für die Einrichtung des Naturparks der Schutz der dort lebenden Vogelpopulationen. 271 verschiedene Arten, mehr als zwei Drittel aller auf den Balearischen Inseln vorkommenden Vogelarten, können in S'Albufera beobachtet werden – die auf den Balearen heimischen Vögel, die in dem Gebiet nisten, ebenso wie Zugvögel auf der Suche nach reichen Nahrungsquellen oder Schwärme, die zwar nicht direkt dort nisten, aber S'Albufera gerne als Futterplatz aufsuchen. Stockente, Blässhuhn, Teichralle, Zwergtaucher, Blaumeise, Zwergdommel, Stelzenläufer und Schilfrohrsänger nutzen S'Albufera als Nistplatz. Weißkopfruderenten konnten hier erfolgreich eingesetzt werden, um die stark gefährdete Art zu erhalten. In den Monaten November bis März überwintern Kormorane, Graureiher, verschiedene Entenarten und Grünschenkel. Im Frühjahr und Herbst tanken Flamingos, Nachtreiher, Störche und Wattvögel Nahrung und Kraft für ihre lange Reise nach Nordeuropa oder Afrika. Greifvögel wie verschiedene Falkenarten und Fischadler hoffen auf reiche Beute und auch Seidenreiher und Lachmöwen nutzen das Gebiet gern als Futterplatz. Sumpfschildkröten fühlen sich hier heimisch, ebenso wie Nattern Eidechsen und Frösche.

Die Inselmitte
Farbenfrohe Fruchtbarkeit

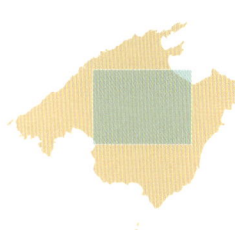

Raiguer und Pla nennen sich die Landschaften im Innern Mallorcas. Dort, wo die südlichen Abhänge der Tramuntana langsam in sanftes Hügelland übergehen, um endlich fruchtbaren Ebenen zu weichen, liegen die Kornkammer und das industrielle Zentrum der Insel. Die verschiedenen Jahreszeiten tauchen die Landschaft in ein immer wieder berauschendes Farbenspiel: das Weiß und Zartrosa der Mandelblüte, das satte Grün der Wiesen und Haine, die Braun- und Gelbtöne reifer und abgeernteter Kornfelder und dazwischen immer wieder das tiefe Rot der fruchtbaren Böden.

Über all dem wacht eine eindrucksvolle Zahl an Heiligtümern. Fast jeder Hügel im Viereck zwischen Algaida, Muro, Manacor und Campos besitzt eine kleine Einsiedelei, eine wundertätige Jungfrau oder ein spirituelles Kraftzentrum. Fernab vom Trubel der Küsten hat hier das Leben seinen eigenen, ruhigen Rhythmus und blieb lange verschont von Hektik und Fortschritt. Bis vor wenigen Jahrzehnten lebte man in einigen Dörfern noch so abgeschieden, dass sich jahrhundertealte Traditionen erhalten haben.

Haben wir uns bis jetzt nach geografischen Gesichtspunkten an der Küste Mallorcas entlangbewegt, so werden nun die Orte des Inselinneren in alphabetischer Abfolge vorgestellt.

Der am dünnsten besiedelte Teil der Insel ist vielleicht auch ihr ehrlichster und heißt bei den Einheimischen nicht ohne Stolz *nostra Mallorca de sempre* – unser immerwährendes Mallorca.

❶ Alaró

In dem Dorf wurden die gewundenen Gassen dem Saum der Tramuntana angepasst, die rundum terrassierten Hänge erinnern an die Ackerbaumethoden der Araber und trotz der Ansiedlung einiger deutscher Dauergäste besitzt der Ort den Charme eines typischen Dorfs im mallorquinischen Hinterland. Nicht immer zeigte er diesen verschlafenen Charakter. Eine Zeitlang war man in dem Dorf rege darum bemüht, Anschluss an die Segnungen der Moderne zu finden.

Im Jahr 1880 ließen sich zwei findige Bürger Alarós den Anschluss des Dorfes an die Eisenbahnlinie Palma–Inca genehmigen.

Landpartie à la mallorquina

Über Schienen glitten ihre Waggons nur von der Schwerkraft angetrieben ins ca. vier Kilometer entfernte Consell, den Rückweg hinauf wurden sie von Mulis gezogen. Gut 40 Jahre betrieben die Bewohner so ihre Eisenbahn, bis sie 1922 zwei Dieselloks anschafften, die sie liebevoll *Sant Cabrit* und *Sant Bassa* tauften, nach den beiden Helden, die im 13. Jahrhundert so aufopferungsvoll das **Castell d'Alaró** gegen die Truppen Alfons III. verteidigt hatten. Bis 1951, als der Schienenverkehr nach Alaró endgültig eingestellt wurde, benutzte man die Eisenbahn vor allem noch, um die Kohlen zwischen den um die Ortschaft liegenden Minen und dem Bahnhof in Consell zu transportieren. Hier befand sich einst das Zentrum des Kohlebergbaus der Insel.

Am 15. August 1901, dem ersten Fest Mariä Himmelfahrt im 20. Jahrhundert, polierten die Einwohner sich und ihr Dorf auf Hochglanz. Von der ganzen Insel strömten die Besucher herbei und wollten das Wunder bestaunen. Als erstes Dorf Mallorcas erhielt Alaró Elektrizität. Später wurden die Anlagen dem mallorquinischen Stromnetz einverleibt, doch zur letzten Jahrhundertwende erinnerte man sich der ruhmreichen Vergangenheit. Der Inselrat eklärte im Jahr 2000 den Turm des alten E-Werks zum Kulturmonument und im Jahr darauf beging die Gemeinde das 100-jährige Jubiläum mit mehrere Monate andauernden Feierlichkeiten.

Von den 30 Schuhfabriken, die einst in Alaró für die ganze Welt produzierten – von hier aus exportierte man erstmals Schuhe nach Amerika –, ist nur noch eine geblieben und heute ist Alaró eines der typischen Schlafstädtchen für Pendler, die in Palma arbeiten und auf dem Land wohnen.

Die Pfarrkirche **Sant Bartomeu** stammt aus dem 13. Jahrhundert, wurde aber 500 Jahre später vollkommen neu gestaltet. Im Innern ist der Taufstein von 1655 sehenswert, ebenso wie die Kanzel, von der der berühmte Heilige Vincenç Ferrer im 15. Jahrhundert predigte. Die Kirche beherrscht einen hübschen Dorfplatz mit Platanen. Rundherum finden sich zahlreiche Cafés und Bars. Besonders beliebt ist Alaró bei Radfahrern, die von hier aus meist die kurvige Bergstraße durch eine Traumlandschaft nach Orient und Bunyola nehmen.

*Im Frühjahr ist Mallorca
ein Blütenmeer*

Für Fußgänger hingegen empfiehlt sich der etwa 40-minütige Wanderweg ab dem Parkplatz der Finca Es Verger zu den Ruinen des **Castell d'Alaro**. Dies ist einer der beliebtesten Wanderwege der Insel und natürlich kann man auch von Alaró aus losgehen (Wegstrecke etwa 2 Std., nach etwa 500 m entlang der Ma 2100 in Richtung Norden zweigt der Wanderpfad ab). Vom Castell bietet sich ein gigantischer Ausblick bis in die Bucht von Palma, zum Puig de Galatzó und dem Plateau von Randa. Kein Wunder, dass der Platz auf dem fast symmetrisch aus der Landschaft ragenden Bergkegel seit den Römern immer wieder zur Überwachung der Täler diente. Ursprünglich war die Burg Alaró eine Festung der ersten Christen gegen die immer wieder anstürmenden Piraten und Überfallkommandos. Schon damals leistete die Festung gute Dienste. Immerhin belagerten die Mauren das Castell angeblich acht Jahre, bevor sie die Burg stürmen und ihre letzten christlichen Verteidiger überwinden konnten.

Die baulichen Reste, die man heute noch sieht, stammen von den Verteidigungsanlagen der Araber. Auch sie verschanzten sich nach der Invasion des christlichen Heeres unter Jaume I. auf der schier uneinnehmbaren Festung. Diesmal dauerte die Belagerung zwei Jahre, bis sich die Mauren halb verhungert und verdurstet kampflos ergaben. Und noch einmal fand sich die Burg im Zentrum mallorquinischer Geschichte wieder. Ende des 13. Jh. verteidigten die beiden Getreuen des Königs von Mallorca, Guillem Cabrit und Guillem Bassa, die Festung in einem heroischen Kampf gegen die Okkupation durch Alfons III. von Aragón und wurden auf der Burg verbrannt. Seit-

dem verehren die Bürger Alarós die beiden Helden wie Heilige. Deren Gebeine sind im **Santuario de la Mare de Deu del Refugi** beigesetzt, einer kleinen Eremitage, die sich auf dem höchsten Punkt des Felsens befindet.

Service & Tipps:

Finca Es Verger
Auf dem Weg zum Castell d'Alaró
✆ 971 18 21 26
Kein Geheimtipp mehr ist das rustikale Restaurant, das nur über einen Feldweg erreichbar ist (nichts für schwache Nerven). Trotzdem suchen Einheimische und Besucher das Restaurant im Stil einer Wanderhütte gern auf, denn der Lammbraten hier ist seit über 30 Jahren legendär. Nach dem Essen sollte man, zumindest wenn man nicht der Fahrer ist, unbedingt den Rum-Sahne-Kaffee probieren. Am besten vorher reservieren!
€€

Bodegas Castell Miquel
Ctra. Alaró–Lloseta, km 8,7
07340 Alaró, ✆ 971 51 06 98
www.castellmiquel.com
April–Okt. Mo–Fr 12–14, Sa 10–14, Nov.–März Mo–Fr 11–17 Uhr, 22. Dez.–15. Jan. geschl.
Der Pharmazeut und Leiter der Firma Bionorica, deutscher Marktführer für pflanzliche Arzneimittel, Prof. Dr. Michael Popp, hat 1999 das Weingut auf Mallorca gegründet und widmet sich seitdem der Erforschung und Verbesserung der gesundheitsfördernden Aspekte des Weins. Die Weine des Guts konnten schon zahlreiche Preise einheimsen. Die Lokalitäten des Weinguts sind auch für Events buchbar.

❷ Algaida

Die meisten passieren den Ort heute für einen Besuch der nahe gelegenen ältesten **Glasfabrik** der Insel. Von der venezianischen Insel Murano aus, so heißt es, flohen einst einige Handwerker und brachten ihre Kunst mit nach Mallorca. Noch heute gilt mallorquinisches Glas als eines der schönsten der Welt.

Algaida wurde bereits in prätalayotischer Zeit besiedelt. Zur Zeit der Maurenherrschaft befanden sich hier zwei Agrargüter und auch heute noch spielt die Landwirtschaft eine wichtige Rolle im Leben des Städtchens. Um 1900 wurden die Postkutschenstationen zu Gasthäusern und Herbergen ausgebaut und verhalfen dem Städtchen zu einem ersten Tourismus-Boom.

Im und um den Ort selbst locken einige bekannte Restaurants Einheimische und Touristen zur Mittagspause und vor allem sonntags trifft man auf zahlreiche spanische Großfamilien, die ein ausgiebiges Mittagessen genießen. Vor oder nach dem Essen empfiehlt sich ein kurzer Spaziergang durch die noch weitgehend ursprüngliche Stadt, freilich ohne große touristische Glanzpunkte. Das Zentrum beherrscht die wehrhafte gotische Pfarrkirche mit eindrucksvollen Wasserspeiern und einer einfachen, aber anmutigen Madonna am Hauptportal. Im Innern sollte man die intarsiengeschmückten Kirchenbänke aus Nussbaum in Augenschein nehmen und die wertvoll ausgestattete Orgel von Jordi Bosch. Bekannt ist Algaida auch wegen der 17 restaurierten Windmühlen. Der 1738 errichtete **Moli den Xina** am C/Ribera beherbergt heute ein Kulturzentrum und eine Galerie.

Gut besucht wird der Ort auch in der Woche nach Ostern, denn jeden Osterdienstag pilgern die Einheimischen in der *Romería de Pancaritat* in

Restaurierte Windmühle in Algaida

Der Tanz der Cossiers

Die Männer tanzen wieder. Nicht mehr nur in Algaida zu Ehren Sant Honorats und Sant Jaumes, sondern auch in Montuïri, Porreres, Manacor, Alaró, Pollença und Palma, wo man den Tanz wieder zum Leben erweckt hat.

Mit Schellenlärm, Tanzsprüngen und durch die Luft geschwenkten Tüchern umkreisen drei männliche Paare eine Dame. Der Teufel *(el dimoni)* mit gehörnter Maske belagert die Tänzer, bewegt sich auf die Dame zu, weicht zurück, verführt und versucht ihr zuzusetzen. Zum guten Ende, wie soll es anders sein, liegt der Teufel am Boden, überwunden und geschlagen. Die Dame triumphiert.

Alle Tänze – die bekanntesten Gruppen beherrschen bis zu elf verschiedene Darbietungen – zeigen den Kampf zwischen Gut und Böse, Licht und Finsternis. Die Dame und ihre Beschützer, weiß gekleidet in der Farbe der Reinheit, symbolisieren das Gute. In jeder Hand tragen sie ein Taschentuch und ein Sträußchen Basilikum. Die Männer haben sich farbige Schürzen umgebunden, bunte Schärpen flattern von ihren Gürteln. Kleine Schellen an ihren Beinen begleiten mit hellem Klang ihren Einsatz. Der Teufel, der mit allen Mitteln versucht, die Kreise des Guten zu zerstören, schafft den Kontrapunkt. Er trägt nicht nur eine dunkle, gehörnte Maske, er hat sich auch in ein finsteres Lumpengewand gehüllt.

Der mallorquinische Dudelsack

Getragen wird der Tanz von traditionellen mallorquinischen Musikinstrumenten: den *flabiols* (Flöte), dem *xeremies*, dem mallorquinischen Dudelsack, und den in ganz Spanien beliebten *tamburines*.

Der *baile de los Cossiers* wurde 1554 erstmals urkundlich erwähnt, doch die Herkunft ist umstritten. Manche führen die *cossiers* auf keltische Schwert- oder Stabtänze zurück, die schottische Seefahrer einst auf die Insel gebracht haben sollen. *Cossiers* leiten sie von *escoces* für »schottisch« ab. Andere sehen den Ursprung der Tänze in antiken eucharistischen Festspielen, dritte in heidnischen Erntedank- und Fruchtbarkeitsriten.

Wie es auch immer gewesen sein mag, schon früh formte der Katholizismus die Überlieferungen um und wusste sie für sich zu nutzen. Bereits im 15. Jahrhundert berichten die Chroniken von Tänzen um eine in einem Sarg liegende Marienfigur. Nach und nach entstanden jene kirchlichen Tänze, bei denen nur Männer mittun durften, wobei die Geistlichkeit die Tänzer bestimmte. In zahlreichen Inseldörfern gab es solche Tanzgruppen, doch bis auf Algaida und Montuïri verschwanden sie im Laufe der Zeit fast vollständig. Seit einigen Jahrzehnten wird die Tradition auch in anderen Dörfern und Städten wiederbelebt. Dabei zeigen sich die Folkloristen ein Stück weit offener als die katholische Überlieferung: In Manacor dürfen als Damen inzwischen echte Frauen mittanzen.

einem farbenfrohen Zug in die drei Kilometer entfernte Einsiedelei **Ermita de la Pau** in Castellitx. Mit dem Bau des Gotteshauses wurde bereits 1229 begonnen, als die Christen an anderen Orten der Insel noch damit beschäftigt waren, Moscheen, Stadtpaläste und Badehäuser der Mauren zu zerstören. Dem Peter und Paul geweihten Kirchlein fehlt dennoch aller Pomp des christlichen Triumphes. Es besteht aus nur einem dreigeteilten gotischen Kirchenschiff und wird von einem bescheidenen Glockenturm überragt. Eine Legende erzählt, dass man ganz in der Nähe ein Bildnis der Jungfrau gefunden hat. Das bemalte Schnitzwerk von 1430 zeigt die *Virgen de la Paz*, die Jungfrau des Friedens, eine Madonna mit dem Jesuskind, das als Herrscher der Welt eine Erdkugel in der Hand hält. Das sehenswerte Schnitzwerk dient dem Kirchlein seit dem 15. Jahrhundert als Altar. Lediglich am Eingang der Kapelle gaben die Bauherren dem Bedürfnis nach Prunk ein wenig nach. Die Spitzbögen, die das Hauptportal bilden, werden von einer Diamantspitze gekrönt. An der *Romería de Pancaritat*, dem Pilgerzug des Brotes der Barmherzigkeit, werden von allen Teilnehmern gefüllte Pasteten und Plätzchen, *robiols i crespells*, mitgebracht. Gemeinsam verzehren die Nachbarn und Besucher Algaidas die Leckereien, teilen untereinander ihr Brot und treten nebenbei in einen kleinen Wettbewerb um die besten Kochkünste.

Mit dem Auto erreicht man das älteste Kirchlein der Insel, indem man ca. drei Kilometer der Straße nach Llucmajor und kurz vor Randa der Beschilderung nach links folgt. Die kleine Ermita wurde vor ein paar Jahren renoviert, ist aber die meiste Zeit des Jahres verschlossen.

Service & Tipps:

 Vidrios de Arte Gordiola S. L.
Ctra. Palma–Manacor, km 19
07210 Algaida
✆ 971 66 50 46
www.gordiola.com
Besichtigung der Fabrikation: Mo–Sa 9–13.30 und 15–18, So/Fei 9–12 Uhr
Verkauf und Museum: Mo–Sa 9–19, So/Fei 9–13.30 Uhr

Heißer Job: Glasbläser in der Glasmanufaktur Can Gordiola zwischen Palma und Manacor

 Can Mateu
Ctra. de Manacor, km 21,7
07210 Algaida
✆ 971 66 50 36
www.can-mateu.com
Di Ruhetag
Ein traditionsreiches Haus mit mallorquinischer Küche, das vor allem bei Einheimischen beliebt ist. €€

C'al Dimoni
Ctra. de Manacor, km 21
07210 Algaida
✆ 971 66 50 35
Die rustikale Gaststube ist schon lange kein Geheimtipp mehr. Beliebt sind vor allem die auf offenem Feuer

gegrillten mallorquinischen Wurstspezialitäten *sobrasada* und *butifarra*.

 Hostal d'Algaida
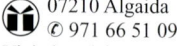 Ctra. Palma–Manacor, km 21
07210 Algaida
✆ 971 66 51 09
Viele bezeichnen die Küche der umgebauten Poststation als die beste der Region. Im angeschlossenen Laden werden regionale Spezialitäten aus eigener Herstellung verkauft.

 Fábrica Alorda
Ctra. Palma–Manacor, km 19
07210 Algaida
✆ 971 66 50 80
Die Ritterburg direkt neben Gordiola erinnert etwas an Disney World. Darin befinden sich Produktions- und Verkaufsräume einer Lederfabrik. Mallorquinische Souvenirs und Textilien runden das Angebot ab.

 Can Majoral
C/del Campanar, s/n
07210 Algaida
✆ 971 66 58 67
www.canmajoral.com
Das kleine Weingut hat sich dem ökologischen Landbau verschrieben und vertreibt seine Produkte direkt. Telefonisch lässt sich eine Besichtigung vereinbaren.

 Algaida gilt als das Zentrum der traditionellen **Cossiers-Tänze** mit drei männlichen Paaren, einer Dame und einem Teufel. Am 16. Januar, dem Namenstag des Schutzpatrons Sant Honorat, werden die Tänze ebenso aufgeführt wie bei den Festlichkeiten zu Ehren Sant Jaumes am 24./25. Juli.

 # ❸ Ariany

Das ruhige Dorf liegt vier Kilometer nördlich von Petra inmitten einer sanft hügeligen, fruchtbaren Landschaft. Erwähnenswert ist vor allem die am Ortsrand gelegene **Pfarrkirche**, die ihr jetziges Aussehen vorwiegend erst im 19. Jahrhundert erhielt. Schon von Weitem kann man die das Dorf beherrschende mächtige Kirche ausmachen. Auch umgekehrt lohnt der Blick: Vom romantischen Pfarrgarten aus genießt man eine herrliche Aussicht auf Petra, die weite Ebene des Pla und zum Gebirge von Randa. Dem Platz **Mirador de Sa Creu** hat das 1970 von einem Dorfbewohner gestiftete neoromanische Kreuz mit Christusrelief und Engelskapitellen seinen Namen gegeben.

❹ Biniali

Sehenswürdigkeiten gibt es so gut wie keine in Biniali, es sei denn, man schätzt die Zurückgezogenheit und Weltferne des ländlichen Mallorca im Innern der Insel. Bekannt ist der Ort wegen seiner Weine und wegen zwei seiner Bewohner, die sich, jeder auf seinem Gebiet, Verdienste um die Sprachvielfalt erworben haben. Bis zu seinem Tod 1995 bewohnte José María Jaquotot Molina am Ortseingang (von Sencelles kommend) ein Haus aus dem 14. Jahrhundert. Molina verschrieb sich ganz der Kunstsprache Esperanto – Mehrsprachigkeit und Verständigungsschwierigkeiten zwischen den verschiedenen Sprachgruppen waren für den Nachfahren französischer Einwanderer zentrale Themen. Als wacher Beobachter seiner Zeit sah er gerade im für den Tourismus entdeckten Mallorca mit Gästen aus der ganzen Welt Chancen für die von dem polnischen Arzt Zamenhof Ende des 19. Jahrhunderts entwickelte Kunstsprache.

Ein paar Häuser weiter arbeitete Don Francesc de Borja Moll i Casanovas fast 43 Jahre an seinem »Diccionari català-valencià-balear«, dem Wörterbuch der drei katalanischen Sprachen und Dialekte. Der 1903 auf Menorca geborene Linguist zog 1921 nach Mallorca, verfasste einige katalanische Texte, vervollständigte seine sprachwissenschaftlichen Studien Anfang der 1930er-Jahre in Deutschland und widmete sich nach seiner Rückkehr sämtlichen Spielarten und Aspekten des Katalanischen. Er wurde mit zahlreichen Preisen geehrt, darunter 1978 der Ossian-Preis für die Verdienste um die Erhaltung und Förderung kleiner europäischer Sprach- und Kulturgemeinschaften der bundesrepublikanischen Alfred-Töpfer-Stiftung F.V.S.

❺ Binissalem

Söhne des Friedens, *banu salam*, heißt wörtlich übersetzt der aus dem Arabischen stammende Name des Dorfes und während der Herrschaft der Mauren befand sich hier ein wichtiger militärischer Stützpunkt. Ob die rebellische Ader der Bewohner des Städtchens ein Relikt aus maurischer Zeit ist, als man sich gegen die Soldaten zur Wehr zu setzen hatte, oder späteren Datums, weiß heute wohl niemand mehr so genau. Jedenfalls gelten die Binissalemer als ausgesprochen aufrührerisch – so stellten sie sich auch an die Spitze der Bauernaufstände Mitte des 15. Jahrhunderts.

Im Norden geschützt durch die hoch aufragende Tramuntana, zu Füßen die fruchtbaren Ebenen des Pla erfreut sich Binissalem eines für den **Weinbau** hervorragenden Mikroklimas. Hier werden die einzigen durch ein D.O.C-Prädikat *(Denominación de Origen Calificada)* geschützten Weine der Insel angebaut. Schon Plinius hielt den Wein Mallorcas für ebenso gut wie italienische Produkte. Zu Zeiten der Araber war der Weinanbau auf der Insel ein wenig zurückgegangen, doch nach der christlichen Eroberung förderten Könige und Stadthalter den Weinanbau, der schon bald wieder einen europaweiten Ruf genoss. Im 19. Jahrhundert zerstörte die Reblaus die Weinkultur Mallorcas fast vollständig und die Bauern stellten auf Mandelbäume um. Die zartrosa Pracht im Frühjahr ist also zum Teil dem kleinen Schädling zu verdanken. Erst im 20. Jahrhundert wurde der Weinbau auf Mallorca wieder forciert und schreibt mit den Erzeugnissen aus Binissalem, dessen Einzugs-gebiet die Gemeinden Consell, Santa María del Camí, Sencelles und Santa Eugenia umfasst, eine Erfolgsgeschichte.

Doch Binissalem birgt noch einen anderen Reichtum der Insel, der sich dem Besucher im Ortskern erschließt. Viele Gebäude sind aus dem hellen, fast weißen Binissalem-Sandstein gebaut, der das Städtchen zum Leuchten bringt. Vor dem Portal der trutzigen Pfarrkirche **La Assuncio** hat man, aus dem hellen Sandstein gearbeitet, den wichtigsten Berufsgruppen der Gemeinde ein Denkmal gesetzt: den Weinbauern und Steinmetzen. Das gotische Portal und der eindrucksvolle Glockenturm der Pfarrkirche stammen noch aus dem 13. Jahrhundert, als die Kirche gegründet wurde, das Kirchenschiff wurde im 18. Jahrhundert gründlich umgebaut und besticht durch ein beein-druckendes Kreuzrippengewölbe mit fein gearbeiteten Schlusssteinen. Be-achten sollte man in der Rosenkranzkapelle die wertvolle *Virgen muerta*, die tote Madonna, das Retabel mit Szenen aus dem Leben und der Passion Christi in der ersten Kapelle links vom Eingang und die Orgel von Jordí Bosch auf derselben Seite. Auf dem Weg durch das Städtchen lohnt ein Blick in den In-nenhof des **Palacio Can Gelabert**. Aufwendige Fresken schmücken den Patio und der Brunnen spielt auf die griechische Neptun-Mythologie an.

Service & Tipps:

Can Gelabert
C/Sant Sebastià, s/n, Ecke C/Portella, 07350 Binissalem
Mo–Sa 16–21 Uhr, Eintritt frei
Das heutige Kulturzentrum war einst Wohnhaus des berühmten Sohnes der Stadt, Llorenç Moyà, der als einer der wichtigsten Dichter in katalani-scher Sprache des 20. Jh. gilt. Beach-tenswert sind die Wandmalereien im Innenhof im pompejanischen Stil und der Neptunbrunnen.

Weinkeller der Bodega José L. Ferrer in Binis-salem

Can Sabater
C/Bonnaire, 25, 07350 Binissa-lem, Mo–Sa 10–14, Di, Do auch 16–20 Uhr, Eintritt frei
Im ehemaligen Wohnhaus von Llo-renç Villalonga wurde ein kleines Museum eingerichtet, das Werk und Leben des Schriftstellers dokumen-tiert. Villalonga wurde zwar in Palma geboren, heiratete aber eine entfernte Verwandte aus Binissalem, wohin er später auch zog. Auch er zählt zu den bedeutenden katalanischen Dichtern des 20. Jh. Sein bekanntester Roman »Bearn o la sala de les nines« wurde 1983 u. a. auf dem Landgut la Raixa verfilmt. Binissalem erhielt wegen der beiden Berühmtheiten auch den Namen Stadt der Dichter.

Can Arabí
C/Bellveure, s/n
07350 Binissalem, ✆ 971 51 22 11
www.restaurantecanarabi.com
Probierangebot € 35 pro Person, Mit-tagessen 13.30–16, Abendessen 20–23.30 Uhr, Anmeldung drei Tage im Voraus
Liebevoll zusammengestellte Menüs und Probierabende, an denen bei Livemusik die besten Weine und Ge-richte verkostet werden. €€

Bar Restaurante Robines Americano
Pl. de l'Església, 25, 07350 Binissa-lem, www.barrestauranterobines americano.com

Vor der Kirche gelegen mit schöner Außenterrasse. Moderate Preise. €

Weingut Son Ferrer
C/Conquistador, 103, Ctra.

Palma–Alcúdia, 07350 Binissalem
✆ 971 51 10 50
www.vinosferrer.com
Besichtigungen Mo–Fr 11 und 16.30 Uhr, Eintritt € 6

❻ Costitx

Bis Mitte der 1980er-Jahre lag der kleine Ort im Pla so weit abseits vom Leben auf der Insel und von der Moderne, dass selbst die meisten Inselbewohner achtlos an Costitx vorbeifuhren. Im 19. Jahrhundert hatten sich Franziskanernonnen darum bemüht mit Volkstanzgruppen und Sonntagsschulen ein wenig Bildung und Leben ins Dorf zu bringen, Anfang des 20. Jahrhunderts stellten die Kirchenoberen die Aktivitäten unter Aufsicht: Die wenigen Cafés und das einzige Kino des Ortes schlossen wieder.

Dabei war man bereits 1894 auf spektakuläre Funde gestoßen. Auf dem Landgut **Son Corró** im Gemeindegebiet waren bronzene Adler, Keramiken und punische Halsketten sowie drei *Caps de Bou*, bronzene Stierköpfe, aus dem 6.–5. Jahrhundert v. Chr. ausgegraben worden. Alle Köpfe sind aus einem Stück gegossen und zeichnen sich durch bemerkenswerte Naturtreue und Detailreichtum aus. Ein Kopf ist in Originalgröße, die zwei anderen sind etwas kleiner. Eine große Ähnlichkeit mit Funden aus Sardinien und Malta, Persien, Portugal und Griechenland zeugt von dem regen Kontakt, den die talayotische Kultur mit anderen Kulturen im Mittelmeerraum und darüber hinaus pflegte. Der Stierkult war seit ca. 1500 v. Chr. im Mittelmeer weitverbreitet. Bis dahin hatte man geglaubt, die talayotische Kultur, von der selbst schriftliche Zeugnisse fehlen, sei vor allem primitiv und isoliert gewesen, ganz so, wie es die griechischen und römischen Schreiber behauptet hatten.

Eine archäologische Kommission vom Festland bat den Grundstückseigentümer 1895 um Erlaubnis für weitere Ausgrabungen und die Sperrung des Areals für Unbefugte. Das Gesetz sprach dem Eigentümer des Fundortes jedoch eine Zahlung für die entdeckten Objekte zu und der verlangte prompt 700 Duros, d. h. 3500 Peseten, eine unvorstellbar hohe Summe bei einem durchschnittlichen Lohn von einer Pesete pro Tag.

Die mittellose archäologische Gesellschaft Mallorcas *(Societat Arqueològica Lulliana)* schaltete die spanische Presse ein und die so losgetretene Kampagne sorgte dafür, dass die Funde ins Nationalmuseum nach Madrid überführt wurden. Bis Mitte der 1980er kümmerte sich kaum jemand in Costitx um den verloren gegangenen Fund. Erst María Antònia Munar, die 1987 zur Bürgermeisterin gewählt wurde, nahm sich vor, ihr verschlafenes Örtchen wieder zum Leben zu erwecken. Zuerst wurden in Costitx ein Kulturzentrum und das Museum für ibero-balearische Fauna, also für die Tierwelt der Iberischen Halbinsel und der Balearen, eröffnet. Dann folgte eine Stern-

Ländliche Idylle: Schafe auf Mallorca

133

warte. Unter drei Kuppeln beobachten Wissenschaftler in der klaren Luft des Pla vor allem neugeborene Sterne: *Supernovae.* Und schließlich machte man sich daran, von der Zentralregierung in Madrid die wertvollen Zeugnisse mallorquinischer Kultur zurückzufordern. Mitte der 1990er wurden Kopien für das Kulturzentrum angefertigt. 2008 endlich beschied die Zentralregierung in Madrid das Anliegen der Mallorquiner positiv. Die Originalstücke sollen an ihren Fundort zurückkehren.

Service & Tipps:

 Observatori Astronòmic de Mallorca/ Planetarium
Camí de l'Observatori, s/n, 07144 Costitx, ℰ 689 68 65 57, 649 99 77 52 (9.30–13.30 Uhr), www.oam.es, www.mallorcaplanetarium.com
2003 wurde die Sternwarte um ein Planetarium ergänzt. Jeden Freitag und Samstag um 20 Uhr gibt es Filmvorführungen, in der restlichen Zeit können Sternwarte und Planetarium nach Vereinbarung besichtigt werden.

🏛 **Casal de Cultura/ Museu de Ciéncies naturals de Costitx**
C/Rafel Horrach, 2, 07144 Costitx
ℰ 971 87 60 70, 971 51 32 28
www.museuciencies.com
Di und Do jeden 2. und 4. Sa/So im Monat 10–13 Uhr
Ein Blick auf die Caps de Bou im Kulturzentrum lässt sich gut mit einem Besuch des Naturkundemuseums verbinden, wo sich innerhalb und außerhalb der Schaukästen jedwede Art ausgestopftes Getier bestaunen lässt.

Die Pfarrkirche Santa Maria la Major in Inca

Inca

Die Stadt lockt trotz ihrer eher funktionalen Architektur, die den Ansprüchen eines Industriestandortes entspricht, zahlreiche Besucher an, da sich viele Outlet-Stores und Fabrikverkäufe angesiedelt haben. Von heimischen Schuh- und Lederwaren bis zum Tchibo-Billigangebot für deutsche Touristen, die auf vertraute Produkte nicht verzichten wollen, gibt es hier alles zu wahrhaft paradiesischen Preisen. An der Ausfallstraße Richtung Palma finden sich Camper, Farrutx, Tchibo, Ballco …

Die Altstadt gruppiert sich um die Pfarrkirche **Santa Maria la Major**, die bereits 1085 mit Duldung der arabischen Herrscher als christliches Gotteshaus errichtet wurde. Ihre heutige Gestalt erhielt sie allerdings an der Wende vom 18. zum 19. Jahrhundert. Zum Markttag (jeden Donnerstag) öffnet auch das kleine Sakralmuseum im ersten Stock der Kirche (9–13 Uhr) seine Pforten. Im Innern der Kirche hat sich links vom Haupteingang, in der früheren Taufkapelle, eine mallorquinische Kuriosität erhalten. Dort steht noch die hölzerne Winde *(Torno)*, mit der die Täuflinge früher über das Taufbecken gehoben wurden. Gegenüber befindet sich die Kapelle mit dem Kruzifix von Inca, das sich auf Mallorca einer besonderen Verehrung erfreut und so oft geküsst wurde, dass man den Fuß des Kreuzes inzwischen durch eine Silberkappe schützt.

An sakraler Kunst und Architektur Interessierte sollten dem Kloster **Sant Bartomeu** mit seinem einschiffigen Kirchenbau, dem Hauptaltar von Joan Deià Balle und einem ebenso klein angegliederten Museum einen Besuch abstatten wie dem Kloster **Santo Domingo** mit dem streng quadratischen Kreuzgang und der 1993 wieder eingeweihten Rosenkranzkapelle.

Service & Tipps:

 Santa Maria la Major
Im Zentrum der Altstadt
 Museum: Do 9–13 Uhr
Pfarrkirche mit kleinem Sakralmuseum.

 Ermita Santa Magdalena
6 km östlich von Inca, auf einer weithin sichtbaren Anhöhe
Die kleine Kapelle ist vor allem bei Einheimischen als sonntägliches Picknickziel beliebt. Die kurvenreiche Fahrt dorthin lohnt wegen der schönen Rundumblicke. Empfehlenswert ist ein Besuch unter der Woche, denn am Wochenende kommt es schon mal zu Staus.

Celler Sa Travessa
C/Pau, 16, 07300 Inca
☎ 971 50 00 49
www.restaurantecellersatravessa.com
Wohl einer der berühmtesten ehemaligen Weinkeller Incas, der bei schönem Wetter auch ein paar Tische im Freien stehen hat. Empfehlenswert ist die Hammelkeule. €€

Celler Ca'n Ripoll
C/Jaume Armengol, 4
07300 Inca
☎ 971 50 00 24, 971 50 76 39
Ca'n Ripoll ist eine Institution in Inca. Untergebracht in einem historischen Gebäude stehen im Sommer auch ein paar Tische auf der Terrasse. Für Fahrradfahrer gibt es einen sicheren Platz hinter dem Haus, wo die Räder weggesperrt werden können. Mallorquinische Küche. €

Celler Ca'n Amer
C/Pau, 39, 07300 Inca
☎ 971 50 12 61
www.celler-canamer.com

Wunderschönes Ambiente gepaart mit feiner und experimentierfreudiger mallorquinischer Küche. €€

Patisseria Ca'n Delante
C/Major, 27, 07300 Inca
☎ 971 50 00 98
Die Konditorei in der Fußgängerzone ist nicht nur wegen ihrer stilechten Inneneinrichtung beliebt, sondern auch wegen der hervorragenden *ensaimadas* und natürlich den *galletas de Inca*.

Ausflugsziel:

 Tafona Oli Caimari
Ctra. Inca–Lluc, km 6
03214 Caimari (Selva)
☎ 971 87 35 77
www.aceites-olicaimari.com
Zwischen November und Januar, wenn die Zeit der Olivenverarbeitung gekommen ist, dürfen Besucher die Pressung und Verfeinerung mallorquinischen Olivenöls, das für sein feines und samtiges Aroma berühmt ist, beobachten. In den übrigen Monaten zeigt man ein Video. Neben der Ölmühle in Sóller ist das die einzige Olivenölfabrik der Insel. Der Fabrik angeschlossen ist ein Verkaufsraum, wo es neben den Ölen auch Weine und andere mallorquinische Spezialitäten zu kaufen gibt. Am dritten Sonntag im November feiert man das Olivenölfest in Caimari.

Bis heute ist Inca für seine »galletas« bekannt, runde, haltbare Kekse, die früher zahlreiche Seeleute vor dem Verhungern bewahrten, und natürlich für seinen Wein. Die nicht mehr benötigten Weinkeller der Stadt wurden zu Kneipen umgebaut, wo deftige und schmackhafte mallorquinische Küche serviert wird.

Pa amb oli: Röstbrot mit Knoblauch und Oliven

❽ Lloseta

Der kleine Ort mit seinen 5500 Einwohnern gilt als Hort der Modernität in Mallorca. Ende des 19. Jahrhunderts begann die Industrialisierung mit Schuhfabriken. Anfang des 20. Jahrhunderts förderte man hier Braunkohle und in den 1930er-Jahren machte die erste Frau Mallorcas angeblich in Lloseta ihren Führerschein. Mit dem Tourismus hat man sich in dem Dorf der Bauwirtschaft verschrieben, was durch die große Zementfabrik am Ortseingang deutlich wird. Auffallend im Ortsbild ist das große moderne Theater, ein Kubus aus weißem Marmor mit mächtigem Glasvorbau.

Das historische Stadtzentrum ist zwar klein, aber durchaus sehenswert. Von der neoklassizistischen Pfarrkirche **Església de la Virgen** aus dem 19. Jahrhundert genießt man einen schönen Blick über die Ebenen des Pla. Gleich nebenan verbindet der Renaissance-Palast **d'Aiamans** traditionelle mallorquinische Architektur mit der Raffinesse der italienischen Renaissance. Leider kann normalerweise nur der zauberhafte Garten besichtigt werden. Der Palast selbst befindet sich in Privatbesitz und wird nur zu kulturellen Veranstaltungen geöffnet.

Die meisten Besucher kommen allerdings für einen Besuch des **Oratorí de Cocó** am westlichen Ortsrand. Hier fand eines Tages, geführt durch einen hellen Lichtschein, ein moslemischer Hirte die Madonnenfigur mit dem grüßenden Jesuskind auf dem Arm. Man brachte sie nach Robines, weil es in Lloseta keine Kapelle gab, und wie so häufig in solchen Fällen, war die Figur am nächsten Tag verschwunden. Man fand sie wieder in Cocó. Nach mehrmaliger Wiederholung des Hin und Her ergab man sich schließlich dem göttlichen Willen und baute der Jungfrau ein Heiligtum am Ort. Am Mittwoch nach Ostern pilgern zahlreiche Mallorquiner zu der Madonnenstatue aus dem 11. oder 12. Jahrhundert, einem der ältesten christlichen Kunstwerke der Insel. Auf der Fiesta del Cocó kann man sich auch von zahlreichen Leiden heilen lassen. In einer Zeremonie namens *didalet* muss man einen Finger nach dem anderen in ein kleines Loch unter den Felsbrocken beim Oratorium stecken und wird dadurch von gewissen Übeln geheilt.

Service & Tipps:

 Celler Ca'n Carrossa
Nou, 28
07360 Lloseta
✆ 971 51 40 23
Frische mallorquinische Marktküche mit dem ein oder anderen raffinierten Dreh. €€

 Santi Taura
C/Joan Carles I, 48
07360 Lloseta
✆ 971 51 46 22
www.restaurantsantitaura.com
So Abend, Mo Mittag, Di geschl.
Der noch verhältnismäßig junge Koch hat in Palma gelernt und dann die Eigenheiten der mallorquinischen Küche auf der ganzen Insel geschnuppert. Seit 2003 verzaubert er mit eigenen Kreationen, die viel Wert auf lokale Verwurzelung legen. Wöchentlich wechselndes Menü. Eine Reservierung ist ratsam. €€€

Celler Santi Taura
C/Guillem Santandreu, 38
07360 Lloseta
✆ 971 51 46 22
Fr–So ab 13.30, Di, Do und Fr–So ab 20.30 Uhr
Menü € 26 ohne Getränke
Für den kleineren Geldbeutel bietet Santi Taura in seinem Keller ein preiswertes Menu in stilvollem Ambiente. €€

 Sa Muntanya
C/Antoni Oliver, 7
07360 Lloseta
✆ 971 51 43 50
www.samuntanya.com
Seit 1983 werden in der Firma Wander- und Jagdstiefel gefertigt. Die Bandbreite zwischen leichten und festeren Schuhen ist groß, die Preise sind vernünftig. Eine gute Option nicht nur für die, die ihre Wanderschuhe zu Hause vergessen haben.

❾ Llubí

Inmitten eines grünnen Sträucherteppichs liegt der Ort Llubí. Nirgends sonst auf der Insel werden so viele Kapern geerntet wie rund um das Dorf im östlichen Pla. Wahrscheinlich gelangten die kleinen dunkelgrünen Pflanzen mit den zartrosa Blüten bereits mit den Karthagern nach Mallorca. Die Araber brachten wie überall auf der Insel ihre ausgeklügelten Bewässerungssysteme, doch erst 1789 wurde erstmals erwähnt, dass die grüne Frucht zu einem wichtigen Wirtschaftsfaktor Llubís herangereift war. 1977 gründete Joan Rosselló eine Konservenfabrik, die zunächst hauptsächlich Oliven verarbeitete, doch schon bald auf Kapern umstieg. Die Kapernwurzeln reichen metertief in die Erde, sodass der Strauch noch grünt, wenn die meisten anderen Pflanzen den Kampf gegen die unbarmherzige Sonne bereits aufgegeben haben.

In den schmalen Gassen zwischen den niedrigen Steinhäusern Llubís wird man nicht auf viele Touristen stoßen, dafür kann man hier gut Gemüse, Obst, Kräuter oder eben Kapern einkaufen. Jeden Dienstag ist Wochenmarkt. Die nördlich von Llubí gelegene **Ermita de Sant Crist** ist für viele Mallorquiner ein beliebtes Ausflugsziel.

Service & Tipps:

✗ **Sa Taperera**
C/Doctor Fleming, 5, 07430

Llubí, ✆ 971 52 21 95
www.restaurantesataperera.es
Das Restaurant hat sich auf Fisch und Grillfleisch spezialisiert. €€

REGION 6
Die Inselmitte

Pfarrkirche von Manacor: Nuestra Senyora dels Dolors

❿ Manacor

Das Zentrum der Herstellung von Kunstperlen kündigt sich schon von Weitem an. Auf allen Zufahrtsstraßen laden große Banner und Plakate der Fabriken zur Besichtigung – freilich ohne dabei ihr Geheimrezept des Perlenmachens preiszugeben. Manacor selbst lockt als zweitgrößte Stadt der Insel mit einer hübsch gestalteten Fußgängerzone im historischen Zentrum der Stadt, in der neben den Perlen weiteres Kunsthandwerk als Souvenir oder Mitbringsel angeboten wird.

Bei einem Bummel durch die Stadt sollte man auch die zwei Türme Manacors besuchen: den restaurierten Wehrturm **Torre de ses Puntes** aus dem 14. Jahrhundert, der heute als Kulturzentrum genutzt wird, und den **Torre dels Enagistes**, dessen zur Verteidigung erbaute dicke Mauern inzwischen ein Museum beherbergen. Ebenfalls sehenswert ist die auf dem Fundament einer Moschee errichtete Pfarrkirche der Stadt, die **Nuestra Senyora dels Dolors** mit ihren spektakulären Glasfenstern.

Wappen von Manacor

Bis heute wird das Geheimnis der _Perlenherstellung_ streng gehütet.

Das barocke Kloster **Sant Vincenç Ferrer** wird heute von der Stadtverwaltung genutzt. Beachtenswert ist der harmonisch gestaltete Kreuzgang mit oktogonalen Säulen und zweistöckiger Galerie. In der bekanntesten Perlenfabrik der Stadt, **Perlas Majórica**, kann der Herstellungsprozess beobachtet werden.

Service & Tipps:

ⓘ **O.I.T.**
Pl. del Convent, 3
07500 Manacor, ✆ 971 84 91 26
www.visitmanacor.com
Mo–Fr 9–14.15 Uhr

👁 **Kloster Sant Vincenç Ferrer**
Pl. del Convent, 1
07500 Manacor
Mo–Fr 8.30–12.30 und 17.30–20
Uhr, Eintritt frei (Kreuzgang)
Trotz der Bauzeit während des Barocks ist die einschiffige Kirche bescheiden geblieben. Lediglich in der Rosenkranzkapelle, vom Hauptaltar links, die als eigenständiges Gebetshaus gelten kann, wurde die ganze verspielte Pracht des mallorquinischen Barocks ausgelebt. Beachtenswert ist außerdem die wertvolle Orgel, die wahrscheinlich aus den letzten Jahren des 17. Jh. stammt. Herzstück der Anlage ist der ebenmäßige Kreuzgang: eine Oase der Ruhe, die einst nur den Klosterbrüdern offenstand.

👁 **Nuestra Senyora dels Dolors**
Pl. Rector Rubi, s/n
07500 Manacor
Mo–Sa 10–12 Uhr
Die Glasfenster der Pfarrkirche sind beeindruckend, ihr Turm ist mit 80 Metern Höhe der höchste der Insel.

👁 **Perlas Majórica**
Ctra. Palma–Artà, km 47
07500 Manacor
✆ 932 70 36 60, www.majorica.com
Tour: Mo–Fr 9–19, Sa/So 9–13 Uhr,
im Winter kürzer, der Shop ist
abends länger und auch Sa/So ganztägig geöffnet, vgl. auch Webseite
Die Firma Majórica ist eine Gründung des deutschen Unternehmers Eduard Friedrich Hugo Heusch aus dem Jahr 1902 und neben der später gegründeten Orquidea wohl die berühmteste Perlenfabrik der Insel. Hier kann man den Produktionsprozess verfolgen und natürlich Schmuck und Perlen erwerben.

👁 **Torre de ses Puntes**
Place Gabriel Guster, s/n
07500 Manacor
Wehrturm, der als Kulturzentrum genutzt wird.

🏛 **Torre dels Enagistes/Museu d'Historia de Manacor**
Ctra. Manacor–Cales de Mallorca, km 1,5, 07500 Manacor
✆ 971 84 30 65, im Sommer Mo, Mi–Sa 9.30–14 und 18–20.30, im Winter Mo, Mi–Sa 10–14 und 17–19.30, So 10.30–13 Uhr, Eintritt frei
In der Verteidigungsanlage aus dem 14. Jh. erzählen archäologische und ethnografische Funde von der wechselvollen Inselgeschichte.

Mallorquinischer Exporthit: Kunstperlen aus Manacor

⑪ Maria de la Salut

Über Mandelhainen und Weingärten thront das kleine Dorf mit seinen ca. 2000 Einwohnern. Einst war der Ort einer der typischen mallorquinischen Hinterlandsiedlungen, deren Leben vom Landadel dirigiert wurde. Noch heute erinnern viele prachtvoll ausgestattete Landsitze an die Zeit. Die meisten sind allerdings nicht öffentlich zugänglich. In der **Pfarrkirche** mit ihrem fast fremd anmutenden Glockenturm wird das schöne Bildnis der Maria de la Salut aufbewahrt – wahrscheinlich noch aus maurischer Zeit stammend –, das auf dem Landsitz der Markgrafen von Roqueta gefunden worden war. Der Landsitz im Norden des Dorfes ist heute nur noch eine Ruine.

⑫ Montuïri

Die meisten Tagesausflügler kommen der Kunstperlenfabrik **La Orquidea** wegen, die ihren Firmensitz von Manacor hierher verlegt hat. Doch auch das auf einer Anhöhe gelegene Städtchen lohnt durchaus einen Besuch. Der Stadtkern wird von einem Ensemble aus bis zu 400 Jahre alten Häusern gebildet mit leuchtend hellen Sandsteinfassaden. Grob gepflasterte Altstadtgassen führen zur Pfarrkirche **Sant Bartomeu** an der Plaça Major. Auffällig sind nicht nur die fünf Stockwerke des Turms, sondern auch der Balkon, der den Blick in die Ebene freigibt und von dem aus potenzielle Angreifer schon von Weitem sichtbar waren. Das achteckige Türmchen mit der Kuppel wird bekrönt von einer ebenfalls achteckigen Laterne, um die ein weiterer Balkon führt. Mit dem Bau der Kirche wurde bereits im 14. Jahrhundert begonnen, doch die Jahrhunderte sahen häufige An- und Umbauten.

Typisch mallorquinisches Straßenschild, gesehen in Montuïri

Im Innern stammt das Gemälde in der Apsis von Josep Sastre y Tamorer aus der zweiten Hälfte des 18. Jahrhunderts. Ebenso sehenswert sind die Gemälde und Schnitzereien in den Seitenkapellen Puríssima San José, Sant Antoni und Nom de Jesús. Die Hauptkapelle aus dem Jahr 1698 mit kreuzförmigem Grundriss und achteckigem Kuppelgewölbe wurde 1953 von Llorenç Bonnin mit Fresken ausgeschmückt. Auf dem Chor, dessen Aufgang durch zwei Rundbögen geteilt wird, befindet sich eine wertvolle Orgel aus dem 17. und 18. Jahrhundert.

In der Sakristei werden vier kleine Tafeln und sechs Leinenfragmente der Gemälde von Mateu López aufbewahrt sowie die Bilder des Hauptaltars vom selben Maler.

Wenn man von dem Vorplatz in Richtung Carrer de Colina absteigt, stößt man auf das ehemalige **Pfarramt**, eines der schönsten und besterhaltenen Gebäude des Dorfes. An der Ecke, die auf den Platz geht, kann man noch den Bogen eines romanischen Portals erkennen und gleich daneben, auf Emailfliesen, die Darstellung des Leidens Christi. Im Innern teilt ein gotischer Bogen aus dem 14. Jahrhundert das untere Stockwerk. Das Dach ruht auf dem Originalgebälk aus dem 17. und 18. Jahrhundert. Gleich beim Eingang sammelt eine Zisterne das Wasser, das die berühmten Cossiers-Tänzer der Stadt vor ihren Aufführungen zu trinken pflegten.

»Tot el món ès món, menos Montuïri« – *Die ganze Welt ist Welt bis auf Montuïri. Das alte Sprichwort spielt auf die einstige Abgelegenheit der Dörfer in Mallorcas Hinterland an.*

Service & Tipps:

👁 **Talayots Son Fornés**
Auf der Straße Richtung Lloret nach ca. 2 km, ab Montuïri ausgeschildert
Besichtigung immer möglich
Zwar gilt Son Fornés als die besterhaltene Talayotsiedlung Mallorcas, doch ein bisschen Fantasie benötigt man schon, um aus den wenigen meterdicken Mauern, den Häusergrundrissen, den 2 verbliebenen Talayots und einer 3,5 m hohen Säule das Leben der mallorquinischen Ureinwohner zu rekonstruieren. Für historisch Interessierte allemal von Interesse.

Museu Arqueologic Son Fornés
C/Emili Pou, s/n
07230 Montuïri
© 971 64 41 69
www.sonfornes.mallorca.museum
Nov.–Feb. Mo–Fr 10–14, nachmittags nur nach Vereinbarung, März–Okt. 10–14 und 16–20 Uhr
Eintritt € 3,50/2
Das kleine Museum, das in Richtung Sant Joan liegt, ist in der restaurierten Getreidemühle El Moli d'en Faret untergebracht und zeigt Alltagsgegenstände der Talayotkultur.

 Ermita/Puig de Sant Miquel
Ctra. de Manacor (Ma 15),
km 31
© 971 64 63 41
Ca. 1 km östlich der Perlenfabrik Orquidea zweigt der Weg zu der kleinen Eremitage inmitten eines Naturschutzgebietes ab. Gipfel und Kapelle sind ein beliebtes Wanderziel mit schöner Aussicht.

Perlas Orquidea
Ctra. Palma–Manacor, km 30
07230 Montuïri
www.perlasorquidea.com
April–Okt. Mo–Sa 9–19, So 9–13,
Nov.–März Mo–Fr 9–18, Sa/So 9–13 Uhr
Eine gute Adresse für Liebhaber der hochwertigen mallorquinischen

Kunstperlen. Sie bestehen aus einem Kern von unter Hochdruck gehärtetem Sand, der auf eine spezielle Halterung gesteckt von ca. 30 Schichten einer perlmutthaltigen Masse ummantelt wird. U. a. enthält die Masse zermahlene Fischschuppen, doch die genaue Zusammensetzung ist natürlich Betriebsgeheimnis. In Gold oder Silber gefasst werden sie zu Schmuck verarbeitet und in dem Fabrikshop verkauft. Außerdem kann man bei der Produktion der Perlen zusehen.

Granja Son Bascos
Ctra. Palma–Artà (Ma 15), km 30
© 971 64 61 70
Di Ruhetag, außer Sa/So nur abends geöffnet
Spezialität des Hauses sind gegrillte Wachtel und Rebhühner aus der hauseigenen Zucht.
€€

Es Molí d'en Perons
C/Es Molinar, 51
07230 Montuïri
© 971 64 65 08
Mi Ruhetag
Beliebtes Dorfwirtshaus am Mühlenhügel mit den 8 Windmühlen, die den Ort beherrschen. Natürlich ist auch das Gasthaus in einer alten Mühle untergebracht.
€

 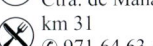

Bearbeitung mallorquinischer Kunstperlen

⓭ **Muro**

In der fruchtbarsten Gegend Mallorcas liegt die Gemeinde Muro. Gleichmäßig erbaut aus dem typischen dunklen Maréstein erstreckt sich der Ort über einen 73 m hohen Hügelrücken. Trutzig überragt die mächtige Pfarrkirche **Sant Joan Baptista** aus dem 16. Jahrhundert das Städtchen. Der auf den Resten einer Kapelle von 1240 erbauten Kirche sieht man die Doppelfunktion als Gotteshaus und Bollwerk gegen feindliche Angriffe vom Meer her durchaus an. Gemildert wird ihr strenges Auftreten tagsüber durch das Schattenspiel der Palmen auf der uneinnehmbaren Fassade und nachts durch die stimmungsvolle farbige Beleuchtung. Bemerkenswert ist in Muro vor allem das in einem ehemaligen Herrenhaus eingerichtete **ethnologische Museum**, eine Abteilung des Museu de Mallorca. Das Museum widmet sich ganz dem Alltagsleben der Mallorquiner und der Musik und Kunst des Volkes.
Spanienweit berühmt ist die **Stierkampfarena** von Muro. In der Gegend der Gemeinde lagen einst die Steinbrüche des für Mallorca so typischen Marégesteins, mit dem zahlreiche historische Bauten auf Mallorca realisiert wurden. Die aufgelassenen Steinbrüche wurden früher meist als Viehunter-

◁ *Pfarrkirche Sant Bartomeu in Montuïri*

stände oder als natürliches Gewächshaus mit einem besonderen Mikroklima genutzt. Schließlich kamen die Bewohner Muros auf die Idee, in einem solchen Steinbruch Stierkämpfe abzuhalten.

Anfang des 20. Jahrhunderts begann man damit, einen neuen Steinbruch auszuheben mit dem Ziel, nach dessen Erschöpfung das Rund für die Corrida zu nutzen. Allerdings ging es bald schon mehr um den Bau einer Stierkampfarena und weniger um den Abbau von Marégestein. Die Zuschauerränge mussten mit den ausgehobenen Steinen aufgebaut werden. Da der abgebaute Stein nicht die beste Qualität hatte, mussten höherwertige Steine zugekauft werden. Immerhin konnte man die Stallungen für die Pferde und Stiere direkt in den Fels schlagen, auch wurden einige Steine verkauft, um Arbeiter und Materialien zu bezahlen.

Muros Stierkampfarena gilt als eine der schönsten Spaniens.

Die Lage und Schönheit der Arena von Muro mit ihren in das warme Gelb des Marégesteins getauchten Besucherrängen machte unter Spaniens Matadoren schnell die Runde. Antonio Ordoñez und Manuel Benítez Pérez, genannt el Cordobés, Juan Antonio Ruiz Román, genannt Espartaco, und der zeitgenössische Star Enrique Ponce – sie alle waren da, um sich in der kreisrunden, in den Boden eingelassenen Arena dem Kampf mit dem Stier zu stellen.

Service & Tipps:

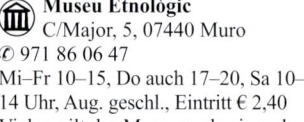 **Museu Etnològic**
C/Major, 5, 07440 Muro
✆ 971 86 06 47
Mi–Fr 10–15, Do auch 17–20, Sa 10–14 Uhr, Aug. geschl., Eintritt € 2,40
Vielen gilt das Museum als eines der besten der Insel. Detailverliebt wurden die Wohn- und Arbeitsräume eines alten Herrenhauses rekonstruiert. Ähnlich wie auf La Granja bei Esporles und auf dem Gutshof Els Calderers kann man Arbeits- und Lebensweise der auf den Gutshöfen meist autark lebenden Herren und ihrer Untergebenen erkunden. Allerdings ist dieses Museum weniger effektheischend und wesentlich günstiger als die oben genannten.

⑭ Orient

Nur sechs Einwohner leben noch dauerhaft in Orient. Im Sommer residieren hier Palmeser und ausländische Feriengäste.

Obwohl das Dorf sehr klein ist und wenig Spektakuläres zu bieten hat, kann es im Sommer schon mal voll werden. Orient liegt nämlich auf einer der schönsten Strecken Mallorcas, ungefähr auf halbem Weg zwischen Alaró und Bunyola, und ist deshalb als Zwischenstation bei Radfahrern ebenso beliebt wie bei Gästen mit motorisiertem Untersatz. Das Dorf besteht aus rund 25 Häusern, die meisten davon werden als Sommersitze oder Ferienwohnungen genutzt.

Die Pfarrkirche **Sant Jordi** liegt im oberen Teil des Dorfes, 450 Meter über dem Meeresspiegel, und ist damit die höchstgelegene der Insel, noch vor der Kirche in Lluc. Sie wurde im 18. Jahrhundert auf 500 Jahre alten Ruinen erbaut und ist leider meist verschlossen. Wer dennoch einen Blick ins Innere erhaschen kann, vielleicht weil gerade eine Messe zelebriert wird, sollte sich den kleinen Hostienschrein im barocken Hochaltar aus dem Jahr 1686 ansehen. Der aus purem Gold gefasste Schrein ist ein Geschenk der Frauen von Orient, die dafür ihren Schmuck einschmelzen ließen – ein Zeugnis für die Frömmigkeit und den Reichtum in einem der fruchtbarsten Täler der Insel, das sich früher gerade mal vier Landgüter teilten. In der Josefskapelle wird ein Hausaltar aufbewahrt, der früher von Familie zu Familie weitervererbt wurde. Das Kästchen schmücken Darstellungen der Heiligen Familie. Außerdem beherbergt das Kirchlein ein Retabel mit dem Bildnis der heiligen Catalina, das 1835 im Zuge der Säkularisierung von Palma hierher gebracht wurde.

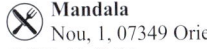

Der kleine Ort Orient

Steigt man die gepflasterten Treppen durch schmale pitoreske Gassen hinab in den unteren Teil des Dorfes, stößt man auf den noch gut erhaltenen öffentlichen Waschplatz.

Service & Tipps:

Orient
Ctra. de Orient, s/n
07349 Orient
☎ 971 61 51 53
Mallorquinische Küche in einem Restaurant an der Durchgangsstraße, das von einer der wenigen verbliebenen alteingesessenen Familien betrieben wird. €

Mandala
Nou, 1, 07349 Orient
☎ 971 61 52 85
Eine »Symbiose zwischen Okzident und Orient« verspricht die Speisekarte und dieser Anspruch wird nicht nur in der Dekoration der Gaststube mit Buddhafiguren sinnfällig, sondern auch durch das Speisenangebot, das westliche und orientalische Genüsse kombiniert, dabei aber immer auf den eigenen Geschmack der einzelnen Lebensmittel achtet. Eigentlich wollte das Schweizer Ehepaar in Nepal ein Restaurant aufmachen, blieb aber Ende der 1980er-Jahre auf Mallorca hängen und hat seitdem entscheidend zur Erschließung Orients für den Tourismus beigetragen. €€

S'Avenc de Son Pou
Von Orient aus gelangt man auf einer schönen Wanderung zu den Höhlen von S'Avenc de Son Pou. Der Weg führt durch die üppig bewachsene Schlucht des **Torrent de Coanegra**, vorbei an steilen Felswänden und den Wasserfällen **Salt des Freu**, die besonders nach Regenfällen viel Wasser führen. Der Torrent wird auch gerne von Kajaks befahren. Weiter führt der Pfad durch einen uralten Steineichenwald, vorbei an historischen Kalköfen bis zur Höhle. Die Gehzeit hin und zurück beträgt ca. 4 Std. Trittsicherheit und festes Schuhwerk sind erforderlich, doch die Tour ist auch für Kinder geeignet. Verpflegung muss mitgenommen werden. Von Orient aus der Landstraße nach Westen folgend befindet sich der Einstieg kurz vor der Finca Son Perot.

143

Das Städtchen pflegt enge Bande zu <u>San Francisco</u>, denn der größte Sohn der Stadt missionierte den nordamerikanischen Südwesten.

⑮ Petra

Das aus braunem Bruchstein gebaute Städtchen wirkt ein wenig verschlafen, doch tut das dem mittelalterlichen Charme der verwinkelten Gässchen keinen Abbruch. Das historische Gedächtnis der Stadt ist ganz ihrem berühmtesten Sohn geweiht. Fray Juníper Serra brach 1749 in die neue Welt auf und gründete unter anderem sechs Missionsstationen im Gebiet des heutigen San Francisco, die als der Ursprung der amerikanischen Stadt am Pazifik gelten. Neben seinem Geburtshaus und dem Denkmal auf der Plaça Padre Serra erinnert ein kleines Museum an den frommen Franziskanerbruder.

Sehenswert ist außerdem das **Convent Sant Bernat**, ein Kloster, von dem nur noch Kirche und Sakristei erhalten sind. Juníper Serra ging hier von seinem sechsten Lebensjahr an zur Schule. 1607 gegründet, wurden in dem Convent von jeher Missionare ausgebildet. Besonders auf den Grammatikunterricht legte man Wert, denn schon immer musste für eine erfolgreiche Mission dem Schwert das Wort folgen.

Die Pfarrkirche **Sant Pere** wurde bereits 1246 erstmals erwähnt, doch erhielt sie ihr heutiges Aussehen erst zwischen 1600 und 1800. Trotzdem dominiert die Gotik. Etwas außerhalb am Ortsrand gelegen, so als ob die Baumeister sie für das kleine Dorf als zu mächtig empfanden, beherbergt sie das Taufbecken, in dem Juníper Josep Miquel auf den Namen Josep Miquel Serras auf den Namen Josep Miquel getauft wurde. Der kunstvoll gestaltete Renaissancealtar ist dem heiligen Petrus geweiht und die berühmte Orgel aus dem Jahr 1608 ist ein Werk der Gebrüder Caimari.

Bekannt sind darüber hinaus die drei Wegkreuze Petras aus verschiedenen Jahrhunderten (am Friedhof, Plaça de Sa Creu und Kreuzung C/Ciutat und C/de Sa Creu) und natürlich die Windmühlen, die das Ortsbild prägen.

Südwestlich von Petra findet man **Nostra Senyora de Bonany**. Eine kindlich anmutende Madonnenfigur mit Kind wurde der Sage nach während der maurischen Herrschaft auf dem 317 Meter hohen Puig in einer Höhle versteckt. Anfang des 17. Jahrhunderts herrschte große Trockenheit und die Bevölkerung litt Hunger. Auf Fürsprache der Madonna fiel ausreichend Regen und 1609 wurde ein gutes Jahr, ein *Bon any*, für die Landwirtschaft. Natürlich musste der Madonna ein Heiligtum errichtet werden. Nostra Senyora de Bonany liegt heute in einem Landschaftsschutzgebiet, Lebensraum für Kleinwild und zahlreiche seltene Vogelarten. Die neoklassizistische Wallfahrtskirche stammt vom Anfang des 20. Jahrhunderts. Sehenswert ist die Betlehem-Grotte in einem Guckkasten. Die bukolische Szenerie en miniature kann nur durch die am Kasten angebrachte Lupe betrachtet werden.

Der Berg, von dem ein fantastischer Rundblick über die halbe Insel – von der Tramuntana über die Bucht von Alcúdia bis zum Südzipfel der Zentralebene – möglich ist, ist ein beliebter Picknickplatz. Neben einer Quelle laden Tisch und Bänke zu lauschigen Brotzeiten ein.

Pfarrkirche Sant Pere in Petra

Service & Tipps:

Museu Fray Juníper Serra
C/Barrancar, 6–10
07520 Petra
✆ 971 56 11 49, 971 56 10 28
Eintritt frei, Spenden erwünscht
Bitte vorher anmelden oder vor Ort
nach dem Schlüssel fragen
Obwohl das eigentliche Geburtshaus
vor einigen Jahren einem Neubau
weichen musste, kann man das als
Casa natal ausgeschilderte Haus, in
dem der Missionar seine Kindheit
verbrachte, besichtigen. Dieses Haus
wurde 1930 vom Rotary Club gekauft und restauriert und 1932 der
Stadt San Francisco geschenkt. Seit
1958 sorgt die Society of Californian
Pioneers für die Verwaltung und Erhaltung des Hauses. Im benachbarten Museum erinnern die Exponate
an die von Juníper Serra gegründeten Missionsstationen.

Es Celler
C/Hospital, 46
07520 Petra
✆ 971 56 10 56
www.esceller.es
Das urgemütliche Kellerrestaurant ist
bei Einheimischen ebenso beliebt wie
bei Touristen. Gekocht wird traditio-
nell mallorquinisch, gegessen in dem
rustikalen Ambiente eines ehemaligen
Weinkellers. €

Sa Plaça Petra
Pl. Ramon Llull, 4
07520 Petra
✆ 971 56 16 46
Kleines Restaurant mit marktfrischer
mallorquinischer Küche.
€

Ausflugsziel:

Nostra Senyora de Bonany
Die in einem Landschafts-
schutzgebiet liegende Einsiedelei erreicht man von Petra aus über eine
gut ausgebaute Straße oder von Vilafranca de Bonany aus über einen
etwa 3 km langen Pilgerweg.

*Denkmal für den Grün-
der von Los Angeles, Ju-
níper Serra, in Petra*

🔴 Pina

Selten findet man die unterschiedlichen Lebenswelten Mallorcas so nah bei-
einander liegend wie hier im Herzen der Insel. Nur sechs Kilometer nordöstlich von Algaida liegt der kleine Ort Pina. Dieser blieb so lange Zeit abgeschieden, dass noch 1987 die englische Anthropologin Ruth Hoggart das Dorf
als Objekt für ihr Forschungsprojekt über isolierte Gesellschaften wählte.

Jahrhundertealte Traditionen hatten sich hier unangefochten von Moderne
und Tourismus erhalten. In der Bar standen Männer und Frauen getrennt,
die Haustürschlüssel im Dorf steckten von außen, damit jeder überall Zu-

*Bei Radfahrern beliebt:
hügelige Strecken im
Inselinneren*

tritt hätte, und so mancher der 300 Einwohner des Dorfes hatte zeitlebens das Meer nicht gesehen. Natürlich sind die Menschen in Pina inzwischen vorsichtiger geworden, ihre motorisierten Fahrzeuge bringen sie an viele Ecken der Insel und auch die Sozialhierarchien sind nicht mehr ganz so streng. Doch bis heute lässt sich hier dem Mallorca abseits der Strände aufs Gründlichste nachspüren.

⑰ Porreres

Seit die Mauren Anfang des 10. Jahrhunderts die Aprikosenfrucht im großen Stil auf der Insel gepflanzt haben, ist Porreres zum Zentrum der *albarcoc* geworden. Das Steinobst stammt ursprünglich aus Zentral- und Ostasien und war auch den Römern schon bekannt, die es aber verächtlich als unreifen Pfirsich bezeichneten.

Wie zahlreiche Ausgrabungen rund um Porreres zeigen, war die Gegend schon während der Talayotkultur besiedelt. Auf die römische Besiedlung weisen einige Grabsteine hin, die man vorletztes Jahrhundert auf Gemeindegebiet entdeckte. Während der Maurenherrschaft war das Dorf Teil des Distriktes Manqur, zu dem auch Manacor, Felanitx sowie Teile der heutigen Orte Campos und Santanyi zählten. Von der maurischen Herrschaft geblieben sind noch die zahlreichen öffentlichen Brunnen des Dorfes. Der Name Porreres stammt von dem Ritter Guillem de Porrera, der an der Eroberung Mallorcas unter Jaume I. teilnahm.

Bis zu den Richtungskämpfen innerhalb der spanischen Politik im 19. Jahrhundert versank Porreres in einer Art Dornröschenschlaf. Bei den Aufständen nach dem Sturz Königin Isabellas 1868 kam es auch in Porreres zu schweren Auseinandersetzungen und das Gemeindehaus wurde angezündet.

Das Dorf hat einige Sehenswürdigkeiten zu bieten. Inmitten des hübschen Ortskerns liegt die mächtige Pfarrkirche **Mare de Deu de la Consolació**. Das bereits 1277 erstmals erwähnte Gotteshaus wurde im 17. Jahrhundert erneuert und um den seitlich angebauten Glockenturm erweitert. Das Bogengewölbe im Innern der Kirche hat die größte Spannweite seiner Art auf der Insel. Die Kirche birgt neben einer Reihe kostbarer Altäre das silberne Prozessionskreuz aus dem 14. Jahrhundert, das in der Sakristei aufbewahrt wird, und einen der wertvollsten gotischen Schätze der Insel darstellt. Ein Besuch lässt sich dienstags gut mit einem Einkauf auf dem Markt und einem Besuch des **Museums für zeitgenössische Kunst** verbinden.

In und um Porreres liegen die Lieblingsstrecken der zahlreichen Fahrradfahrer, die im Frühling und Herbst auf Mallorca trainieren. Doch nicht nur

Fremde lockt die schöne Umgebung aufs Fahrrad. Der berühmteste Sohn der Stadt ist Joan Llaneras Roselló, einer der bekanntesten spanischen Straßenradrennfahrer, der 1998 Mitglied des US-Postal-Teams war und nach den Olympischen Spielen 2008 in Peking seine Karriere beendete.

Service & Tipps:

 Santuari de Monti-Sion
3,5 km südlich von Porreres auf einem Hügel

Am 14. Januar 1954 fanden sich fast alle Einwohner von Porreres am Klosterhügel ein und bauten in nur einem Tag die Straße, die nach oben zum Santuari de Monte-Sion führt. Links und rechts der Straße stehen bis heute Reste eines Kreuzweges aus dem 15. Jh., der die Pilger damals auf ihren letzten Metern zum Heiligtum hinauf begleitete.

Die im 14. Jh. entstandene kleine Einsiedelei auf dem Berg wurde unter den Schutz der Muttergottes vom Berge Zion gestellt. Nach und nach erweiterte man die Anlage um einige Bauten. Die heutigen Gebäude stammen aus dem ausgehenden 15. Jh. In dem Kloster befand sich seit ungefähr derselben Zeit eine Knabenschule, die bis zur Säkularisierung existierte. In der Schule für lateinische Grammatik bereiteten sich die Schüler auf die Zulassung zum Generalstudium in Palma vor. Heute ist Monti-Sion vor allem eine Herberge, die Mehrbettzimmer an Touristen und Pilger vermietet, die meist während der Karwoche das Heiligtum besuchen. Einen Besuch lohnen besonders der weitreichende Panoramablick über Porreres bis hin nach Manacor, Campos und Felanitx sowie der harmonische Kreuzgang.

 Museu i Fons artístic de Porreres
C/Augusti Font, s/n
07260 Porreres
✆ 971 16 66 17
Mo, Do, Sa 11–13 Uhr und nach Vereinbarung, Eintritt frei
Museum für zeitgenössische Kunst.

 Vinyes i Celler Jaume Mesquida de Mallorca
Carrer Vileta, 7, 07260 Porreres
✆ 971 64 71 06
www.jaumemesquida.com
Das Weingut bietet verschiedene Besichtigungsmöglichkeiten und Weinproben an. Ob mit dem Fahrrad durch die Weinberge, ob eine Weinprobe pur oder mit mehr oder weniger Verköstigung – hier kommt der Weinfreund voll auf seine Kosten. Anmeldung erforderlich. Natürlich kann man auch einfach nur Wein kaufen.

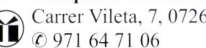

Das Oratorio de Nuestra Senyora de Gràcia, unter überhängender Felswand gebaut

Randa

In dem hübschen, noch ursprünglichen Dorf Randa beginnt der Weg zu dem gleichnamigen Berg mit seinen drei Klöstern. Die kurvenreiche Strecke ist nicht nur bei Radfahrern beliebt, verheißen ihre Kehren und Plateaus doch immer wieder schöne Aussichten auf die Bucht von Palma und die fruchtbare Umgebung.

Die Einfahrt zum **Oratorio de Nuestra Senyora de Gràcia** aus dem 15. Jahrhundert liegt in einer engen Kurve. Die Klosteranlage steht spektakulär im Schatten einer überhängenden Felswand und bietet einen wunderschönem Blick über

das Tal. Vergessen Sie nicht einen Besuch der Kirche mit der verehrten Jungfrau!

Noch einen Kilometer weiter bergauf gelangt man an ein kleines Kirchlein aus dem 14. Jahrhundert, das **Santuari de Sant Honorat**. Die Chornischen rechts und links des Heiligen beherbergen Skulpturen des Rittermönches Armau Desbrull und des mittelalterlichen Gelehrten Ramon Llull. Der Panoramablick von der Terrasse des Heiligtums reicht bis Palma und zur Insel Cabrera.

Höhepunkt der kleinen Klostertour ist ein Besuch des **Santuari Nuestra Senyora de Cura de Randa**, eines beschaulichen ruhigen Orts und nach Lluc zweitwichtigster Wallfahrtsort der Insel. Hier verbrachte Ramon Llull zehn Jahre seines Lebens, zuerst als Einsiedler, später im Kloster. Ein kleines Museum erinnert an die Lehrtätigkeit des Meisters in der angegliederten Schreibschule. Im Kloster kann man auch übernachten und auf der Terrasse der Bar eine Tasse Kaffee genießen.

Service & Tipps:

Beschaulich: das Kloster Santuari Nuestra Senyora de Gràcia

 Santuari Nuestra Senyora de Cura de Randa
Oberhalb von Randa
www.santuaridecura.com
Museum tägl. 10.30–13.30, 14.30–18.30 Uhr, Eintritt gegen Spende
Wallfahrtsort mit kleinem Museum, das Ramon Llull gewidmet ist.

 Es Recò de Randa
C/Fuente, 21, 07629 Randa
971 66 09 97
www.esrecoderanda.com
Das Landhotel und -restaurant ist auch bei Tagesausflüglern als kulinarischer Geheimtipp beliebt. Lassen Sie sich in beschaulichem Ambiente mit mallorquinischen Spezialitäten verwöhnen. €

Raimundus Lullus oder Ramon Llull

Zahlreiche Legenden ranken sich um Ramon Llull, Lebemann, Missionar und Weltenbummler, und lange Zeit war sein Wirken selbst auf Mallorca umstritten. Galt er den einen als mittelalterlicher Universalgelehrter, sahen andere nichts anderes als einen religiösen Eiferer in ihm. Unumstritten sind allerdings seine Verdienste um die katalanische Sprache, die er bereits lange bevor Dante in seiner »Göttlichen Komödie« die Volkssprache salonfähig machte, zur Abfassung seiner Dichtungen nutzte.

Geboren zwischen 1232 und 1235 als Sohn eines katalanischen Ritters in Palma, wurde er zunächst Page am Hof Jaumes II. und errang mehr Ruhm als Frauenheld denn durch seine Gelehrsamkeit. Sein Begehren einer stark vom Aussatz befallenen Dame brachte, so will es die Legende, seine Bekehrung (andere behaupten, das fünfmalige Erscheinen des Gekreuzigten in einer Nacht hätte dies bewirkt) und fortan widmete er sich dem Studium und der Missionierung der Sarazenen. Da Letzteres nur über die Beherrschung der Sprache der Ungläubigen möglich erschien, studierte er neun Jahre lang Arabisch und wurde so zu einem der großen Mittler zwischen der arabischen, jüdischen und christlichen Kultur des Mittelalters.

Zurückgezogen am Berg Randa widmete er sich zunächst als Einsiedler seinen Studien, später gründete er eine lateinische Grammatikschule. Er pilgerte zu den großen mittelalterlichen Wallfahrtsorten Santiago de Compostela und Montserrat. Weil Papst Nikolaus IV. seinen Forderungen nach einem neuen Kreuzzug nicht nachkam, machte er sich allein auf die Reise über Frankreich, Deutschland und Italien ins Heilige Land, Kleinasien und den Maghreb. Dort soll er in den Portalen von Moscheen und Synagogen gepredigt haben, nicht immer zum Gefallen der Einheimischen. 1315 wurde er angeblich in Nordafrika während einer Predigt gesteinigt, kehrte schwer verletzt nach Mallorca zurück und verschied nur ein Jahr darauf. Anderen, eher unwahrscheinlichen Versionen zufolge lebte er noch bis 1333 in England und verfasste alchemistische Texte.

Seine Schriften waren außerordentlich umfangreich und vielfältig – allein 270 Abhandlungen und Romane und mindestens 77 Gedichtbände in lateinischer, arabischer und katalanischer Sprache umfasst sein Œuvre. Als Philosoph wandte er sich gegen Averroes, doch sein wohl bekanntestes Werk, die »Ars magna et ultima«, suchte aus einer freien Kombination der obersten sachlichen und methodischen Begriffe die Möglichkeiten verschiedener Wahrheiten abzuleiten. Seine Konstruktion einer logischen Maschine, die aus sieben um ein Zentrum kreisenden Scheiben bestand, gilt vielen als Vorläufer des Computers und so wurde er 2001 in Spanien Patron der Informatiker. Im selben Jahr wies die Wiederentdeckung verloren gegangener Manuskripte Ramon Llull als Vater der erst im 18. Jahrhundert von Neuem entwickelten Wahlsysteme aus.

Mit Straßenschlachten und Bildersturm wurde zur Zeit der Aufklärung auf Mallorca der Streit zwischen Befürwortern und Gegnern seiner Heiligsprechung ausgetragen. Das ist heute kein Streitpunkt mehr, denn im Zuge des katalanischen und mallorquinischen Nationalismus ist Llull als Begründer des Katalanischen als eigenständige Sprache wieder zu einigem Ruhm gelangt und so begegnet man seinen Spuren und Denkmälern an vielen Plätzen der Insel.

🔴 Sa Pobla

Um Sa Pobla stößt man wie im gesamten Hinterland der Bucht von Alcúdia immer wieder auf die typischen Windmühlen, die einst der Bewässerung dienten. Im Ort selbst erstaunt die Pfarrkirche **Sant Antoni Abat** – erbaut im 14., umgebaut im 17. Jahrhundert – mit ihrer kuriosen Anlage: Gegenüber dem Hauptortal liegt eine große überkuppelte (Neben-)Kapelle, der Hauptaltar selbst befindet sich am Ende des Kirchenschiffes links vom Eingang. Der heilige Antonius gilt als Schutzheiliger der Haustiere. Diese werden am 17. Januar, dem Gedenktag des Heiligen, nach einer Prozession durchs Dorf gesegnet. Am Vorabend bereits wird zu Ehren des Heiligen kräftig auf der schönen Plaça gefeiert.

In Richtung des benachbarten **Campanet** findet sich ein riesiges **Tropfsteinlabyrinth** mit über 3000 m² Fläche. Manche Tropfsteine sind bis zu drei Meter lang und außrordentlich feingliedrig. In der Höhle fand man Spuren der balearischen Ziegenart *Myotragus balearicus*, die bereits seit über 4000 Jahren ausgestorben ist. Für Biologen ist vor allem interessant, dass sich in dem Höhlensystem eine besondere Fauna verbirgt, die nur hier heimisch ist. So leben der seltene fleischfressende Käfer *Henrotius jordai* und das Insekt *Himojaryx espanoli* in den Höhlen.

In der Nähe der Höhlen, die Stichstraße am Oratori de Sant Miquel vorbei und ein paar Hundert Meter weiter, vollzieht sich immer am Jahresende eines der spektakulärsten Naturschauspiele der Insel. Urplötzlich, von unbekannten Gewalten angetrieben, entspringen im Eichenhain einer Finca die **Fonts Ufanes** – eine Quelle, die bis 100 000 Liter Wasser pro Sekunde ins Tal entlässt. Kaum einer möchte sich das Schauspiel entgehen lassen, doch ist Geduld gefragt, denn niemand weiß exakt, wann es passiert.

Service & Tipps:

 Coves de Campanet
Camí de Sa Cova, s/n
07420 Sa Pobla
(Ctra. Palma–Sa Pobla, Ausfahrt 37,
der Beschilderung folgen)
✆ 971 51 61 30
www.covesdecampanet.com
Tägl. 10–18, 15. Juni–15. Sept. bis
19 Uhr, Führung ca. 45 Min.
Eintritt € 11/5
Der Besuch der kunstvoll beleuchteten Unterwelt ist ein beeindruckendes Erlebnis.

 Oratori de Sant Miquel
Von Campanet führt ein 2 km langer Weg durch Mandelbaumpflanzungen und Äcker zum Oratori de Sant Miquel, das wahrscheinlich auf Resten eines arabischen Heiligtums erbaut wurde, das wiederum auf den Mauern einer frühchristlichen Weihestätte stand. Leider ist dieses Kirchlein aus der Zeit der christlichen Eroberung nur sonntags sowie zu bestimmten kirchlichen Festen geöffnet. Beim Wächter im Nebenhaus kann man jedoch nach den Schlüsseln fragen. Sehenswert ist die sogenannte Kreations-Retabel aus dem 16. Jh. Auf kleinen Bildtafeln um eine winzige hölzerne Madonna mit Kind *(La Virgen del Roser)* wurde der ganze Katechismus gruppiert.

Museu d'Art Contemporani/ Museu de la Jugueta
C/Antoni Maura, 6
07420 Sa Pobla
✆ 971 54 23 89
Di–Sa 10–14 und 16–20, So 10–14 Uhr
Im Erdgeschoss des Herrenhauses Can Planes ist eine Sammlung zeitgenössischer Kunst ausgestellt. Sie umfasst etwa 100 Werke mallorquinischer Maler und solcher mit Wohnsitz auf der Insel. Ergänzend werden gemeinsam mit anderen Museen der Insel Wechselausstellungen organisiert. Im ersten Stock ist eine Sammlung von Kinderspielzeug aus dem 19. und 20. Jh. untergebracht, die ein privater Sammler in jahrelanger Arbeit zusammengetragen hat. Angeblich umfasst die Sammlung über 1000 Exponate. Darunter befinden sich auch sehr wertvolle Stücke wie Puppenküchen, Puppenwohnhäuser und Porzellanpüppchen aus dem 19. Jh.

Höhlenzauber mit Barkarole

ⓘ Menestralia
Ctra. Palma–Alcúdia, km 36
07310 Campanet
✆ 971 87 71 04
www.menestralia.es
Mo–Fr 9–19, Sa 10–13 und 15–18
Uhr
Die 1965 gegündete Firma hat sich
ganz dem Erhalt der alten Glas-
bläsertechniken verschrieben. Inzwischen ist Menestralia eine der
bedeutendsten Glasfirmen der
Insel.

*Teuflischer Auftritt bei
der Festa des Botifarró*

⑳ Sant Joan

Das ungefähr auf der Hälfte zwischen Montuïri und Petra gelegene
kleine Bauerndorf besitzt eine fast überdimensionierte trutzige Kirche aus
dem 13. Jahrhundert. Der Bau begann schon bald nach der christlichen Eroberung der Insel.

In Sant Joan wird gern und gut gefeiert: Am vierten Fastensonntag gedenkt
man in der *Festa des Pa i es Peix* der wundersamen Brotvermehrung. Als Auf-
takt zu den zahlreichen Frühlingsfesten auf Mallorca werden hier ungesäuertes
Brot und Fischempanadas gereicht. Am 24. Juni folgt das poetische Fest der
tanzenden Sonne *(Festa del Sol que Baila)* und für die Liebhaber herzhafter
Kost ist die *Festa des Botifarró*, das Blutwurstfest, am ersten Oktobersonntag
fester Bestandteil ihres Kalenders.

Castellers de Mallorca

Auf Mallorca wird gern und viel gefeiert. So manchen Brauch gibt es nur auf der Insel, manch anderen teilt sie mit der reichen Tradition Spaniens oder Kataloniens. Die *castells* genannten Menschen-
pyramiden gibt es in ganz Katalonien. Es heißt, die Tradition gehe auf Volkstänze zurück, die den
Mythos vom Aufstand der Titanen versinnbildlichten. Später wurde die Symbolik von den Zünften verschiedener Berufsgruppen aufgenommen und der Pyramidenbau als Wettkampf ausgetragen, bei dem
der höchste und schmalste Turm gewann. Während der *renaixença* im 19. Jahrhundert erfuhren auch
die Menschentürme als Ausdruck katalanischer Besonderheit weite Verbreitung; in den Nachwehen des
Bürgerkriegs unterdrückt, werden sie seit dem Ende der Franco-Diktatur wiederbelebt.

Man kennt verschiedene Figuren: den einsäuligen *pilar*, die *torres* mit zwei Pfeilern und das
eigentliche *castell*, dessen Aufbau strengen Regeln unterliegt. Die Basis der Pyramide bildet das
pinya genannte Menschenknäuel aus den unteren Männern und ihren menschlichen Stützen. Darum
herum steht die *cassola* (Kasserolle) oder *cordó* (Kordel) genannte Menschenmenge, die wie ein
menschliches Seil das Auseinanderbrechen des Turms verhindern soll. Als begonnen gilt der Turm
erst ab dem dritten Stock und die Spitze bildet der sogenannte *pom de dalt* (Schlussstein) aus den
letzten drei Stockwerken. Auf einem Zweier steht ein Hochheber, der einen Jungen oder ein Mädchen auf seine Schultern hievt. Der oder die zeigt nach Erlangen eines festen Standes mit vier Fin-
gern – Symbol der vier roten Streifen der mallorquinischen Fahne – die Vollendung der Pyramide
an. Dann muss die Pyramide bis zum zweiten Stock herab ohne Umkippen abgetragen werden.

In Mallorca kümmert sich die Vereinigung der *Castellers de Mallorca* um den Nachwuchs und
den Erhalt der Tradition. Zwischen Frühjahr und Herbst kann man an verschiedenen Wochenenden
und zu unterschiedlichen Festen in den meisten mallorquinischen Städten und Dörfern die Turm-
bauer bei ihrer waghalsigen Tradition beobachten.

Service & Tipps:

Els Calderers de Sant Joan
Von der Carretera Ma 15 zwischen Palma und Manacor bei km 37 links ab, ✆ 971 52 60 69
www.elscalderers.com
Eintritt € 8/4,50
Das Gut datiert mindestens zurück auf das Jahr 1285, als es erstmals urkundlich erwähnt wurde im Besitz der Familie Calderers. Das heutige Herrenhaus wurde ab 1750 errichtet. Nach dem Niedergang der Landwirtschaft verwandelten sich viele mallorquinische Landhäuser in Hotels oder wurden an reiche Ausländer verkauft.

Die Herren von Els Calderers versuchen seit ein paar Jahren den drohenden Niedergang durch die Öffnung des Hauses für die Öffentlichkeit aufzuhalten und mit den Eintrittspreisen den Unterhalt der Anlage zu finanzieren.

Eine Besichtigung vermittelt Eindrücke vom Landleben der Adligen in vergangenen Jahrhunderten. Kostbares Porzellan schmückt den Speisesaal, im Keller ruht der Wein in Eichenfässern und irdenes Geschirr steht in der Küche für die Zubereitung der Speisen bereit. Einige im Stil der Zeit gekleidete Schaufensterpuppen sollen der Szenerie Lebendigkeit verleihen. Im Außenbereich kann man die Gärten, Ställe und Weiden besichtigen, auf denen heute noch Nutztiere wie z. B. schwarze Schweine gezüchtet werden.

㉑ Santa Margalida

Das Dorf auf halbem Weg zwischen Ca'n Picafort und Petra verdankt seine Fruchtbarkeit dem Umstand, dass sich das Feuchtgebiet von S'Albufera einst bis hierhin ausdehnte. Zu den Mühlen des Dorfes brachten die Bauern der Gegend ihr Getreide und Holzschnitzer und Schmiede verhalfen dem Ort zu zusätzlichem Wohlstand. Auch wenn die große Zeit der Getreidemühlen sicherlich vorbei ist, konnten die Kunsthandwerker im Zuge der Erschließung der Insel für den Tourismus ihren Absatzradius sogar ausweiten.

Der berühmteste Sohn der Stadt ist Joan March i Ordinas, Schmuggler und Pirat, Bankier und Politiker, Spion und Mäzen. Der Sohn eines Viehhändlers begann mit dem Handel von Schweinen, kaufte aus diesen Gewinnen Land auf seiner Heimatinsel, schmuggelte in großem Stil Waren von der Nordküste Afrikas und gründete mehrere Firmen – inklusive einer, mit der er die Küstenschifffahrt Marokkos kontrollierte. Wegen finanzieller Irregularitäten wanderte er während der spanischen Republik ins Gefängnis. Doch er konnte fliehen, unterstützte angeblich mit 600 Millionen Peseten den Aufstand der Falangisten unter General Franco und wurde von den Briten beauftragt, Francos Generäle durch Bestechungsgelder davon abzuhalten, auf Seiten Deutschlands in den Krieg einzutreten. Er realisierte einige Finanztransaktionen großen Stils, weswegen er den Beinamen »der Bankier Francos« erhielt, und gründete 1955 in Nachahmung der Rockefeller- und Carnegie-Stiftung die Fundació Joan March zur Förderung von Kunst und Wissenschaft. Die Stiftung mit Sitz in Madrid unterhält auch einige der wichtigsten Museen Mallorcas. 1962 schließlich starb Joan March an den Folgen eines Autounfalls in der Nähe von Madrid.

Bei einem Besuch seines Geburtsortes lohnt vor allem die barocke **Esglesia Parroquial** mit ihrer wertvollen Innenausstattung. Die Capilla Santo Cristo de las Animas (Heiliger Christus der Seelen) birgt einen marmornen Altaraufsatz aus der Werkstatt von Tomás Vila aus dem Jahr 1947 sowie einen vergoldeten Schrein. In der Capilla Sant Antoni (hinten rechts) stoßen wir auf ein gotisches Bildnis der Patronin der Kirche und der Ortschaft, der heiligen Margalida, das aus dem Vorgängerbau stammt.

Joan March gilt als eine der umstrittensten Berühmtheiten Mallorcas.

㉒ Santa María del Camí

Einst wechselte man in Santa María die Pferde oder stärkte sich in einer Herberge, denn der Ort lag an der alten Römerstraße, dem *camí*. Heute kommen die meisten Besucher sonntags wegen des Wochenmarktes, um frisches

Santa María del Camí, dahinter das mächtige Tramuntana-Gebirge

Gemüse, Obst oder die eingelegten Leckereien der Insel zu kaufen. Achten sollte man auf die Pinienzweige über den Eingangstoren der Häuser – sie zeigen Weinverkauf an. Der Wein aus Santa María, der auf meist nur sehr kleinen Gütern produziert wird, ist berühmt auf der ganzen Insel. Die besseren Sorten werden in Flaschen verkauft, die billigeren in mitgebrachten Gefäßen. Mallorquinischer Landwein kann durchaus im Kanister gelagert werden!

Ein Einkaufsbesuch lässt sich gut mit einer kurzen Besichtigung verbinden. Der Hauptplatz wird aus historischen Bürgerhäusern aus Maréstein gebildet. In der **Casa de la Vila**, dem Rathaus aus dem 17. Jahrhundert, wird im Plenarsaal ein wertvolles gotisches Retabel von Joan Massana aufbewahrt, das sich ursprünglich in der alten Kirche des Städtchens befand und bei deren Abriss hierher gebracht wurde. Außerdem beherbergt das Rathaus ein schönes Gemälde, das die Unterstützung Bernats von Santa Eugènia bei der Eroberung Mallorcas zeigt.

Die **Pfarrkirche** aus dem 17. und 18. Jahrhundert ist ein gelungenes Beispiel mallorquinischen Barocks. Das Hauptportal von den Steinmetzen Rafel Torres und Francesc Obrador aus dem Jahr 1756 wurde ausschließlich mit Steinen aus Inca, Puigpunyet und Binissalem fein gearbeitet.

An der Plaça dels Hostals, dem modernsten Teil des Städtchens mit zahlreichen Cafés, Geschäften und Restaurants, versteckt sich hinter einer unscheinbaren Holztür das **Monasterio de los Mínimos**. Von diesem Konvent, so will es eine der zahlreichen Legenden Mallorcas, stammt die berühmte Mandelmilch. Die Mönche, denen in der Fastenzeit der Genuss von Fleisch untersagt war, suchten nach wohlschmeckendem und nahrhaftem Ersatz und kreierten aus Wasser und Mandeln die Mandelmilch, mit der sie die Fastenzeit hervorragend überstanden. Sehenswert ist der friedvolle Kreuzgang von Lluc Mesquida aus dem 17. Jahrhundert mit seinem aus Alaró stammenden Wegkreuz. Das Gebäude beherbergt heute ein Privatmuseum mit Möbeln, Bildern und einigen religiösen und historischen Exponaten.

Santa María ist umgeben von Dörfern, die durchaus auch einen kurzen Stopp lohnen. **Marrátxi** und **Sa Cabaneta** werden auch *terra del fang*, Land des Tons, genannt, denn die beiden Dörfer sind berühmt für ihre Keramikwaren. Hier werden von jeher die berühmten *siruells* hergestellt, weiße, mit roten und grünen Strichen bemalte naive Tonfigürchen, deren Ursprünge bis zu den Phöniziern zurückgehen. Manche sehen in den Figuren ein uraltes Werkzeug zum Knüpfen zarter Bande. Schenkte ein Jüngling einst seiner Angebeteten eine der schneeweißen Lehmpuppen, konnte die Auserwählte Zeichen ohne Worte geben. Ließ sie sie fallen, hatte der Verehrer wohl Pfiff sie darauf ein paar Töne, durfte er sich Hoffnung machen. Miró besaß eine ansehnliche Sammlung der Männchen mit der Pfeife im Sockel.

Am Ortsausgang von **Pòrtol** stößt man auf die großen Lagerstätten roter Erde, die den Rohstoff für den Industriezweig der Region liefern.

In **Consell** liegt das bekannte Weingut **Bodegues Ribas**, und auch **Santa Eugenia** ist mit seinem Naturpark einen Stopp wert.

Spanische Tortilla: Komposition aus Kartoffeln und Ei

Die Hersteller selbst haben bisweilen große Schwierigkeiten, den traditionellen _siruells_ Töne zu entlocken.

Service & Tipps:

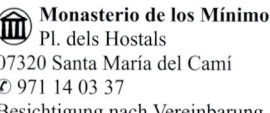

Monasterio de los Mínimos
Pl. dels Hostals
07320 Santa María del Camí
✆ 971 14 03 37
Besichtigung nach Vereinbarung

**Read's Read's Hotel &
Restaurant**
Ctra. Vella Santa María–Alaró,
km 2,5
07320 Santa María del Camí

✆ 971 14 02 61, www.readshotel.com
Keine Kinder unter 12 Jahren
Der britische Koch Marc Fosh hat sich bereits einen Michelin-Stern erkocht. Vielen gilt das Read's als eines der besten Restaurants der Insel. €€€

Moli des Torrent
Ctra. de Bunyola, 75
07320 Santa María del Camí
✆ 971 14 05 03
www.molidestorrent.de
Mi/Do Ruhetag

Ein Bonner Ehepaar bekocht in einer alten Mühle seine Gäste, unter denen sich zahlreiche deutsche Promis befinden, mit exzellenten Feinschmeckergerichten. €€€

 Artesanía Textil Bujosa
C/Bernardo Santa Eugenia, 53
07320 Santa María del Camí
✆ 971 62 00 54
www.bujosatextil.com
Die Weberei, die den typisch mallorquinischen Zungenstoff *Tela de Lenguas* herstellt, kann nach Vereinbarung auch besichtigt werden. Bei der Fertigung werden die Kettfäden eingefärbt, der Schussfaden bleibt weiß. So ergibt sich auf der Vorder- und Rückseite dasselbe Muster.

 Celler Jaume de Puntiró
Pl. Nova, 23
07320 Santa María del Camí
✆ 971 62 00 23
www.vinsjaumedepuntiro.com
Mo–Fr 9–18, Sa/So 9–13.30 Uhr
Eintritt ab € 4
Kleine Weinkellerei mit großem Namen. Neben den Weinen aus ökologischem Anbau werden Essig, Konfitüre und andere Traubenprodukte angeboten.

Bodegues Macià Batle
Camí de Coanegra, s/n
07320 Santa María del Camí
✆ 971 14 00 14,
www.maciabatle.com
15. Juni–14. Okt. Mo–Fr 9–19,
15. Okt.–14. Juni Mo–Fr 9–18.30,
Sa 9.30–13 Uhr
Eines der modernsten und anspruchsvollsten Weingüter Mallorcas, das für die Gestaltung seiner Etiketten mit namhaften zeitgenössischen Künstlern zusammenarbeitet. Die modernen Produktionsanlagen, die in einem neueren Gebäude im traditionellen Fincastil eingerichtet wurden, können nach Vereinbarung besichtigt werden.

Ausflugsziele:

Museu des Fang
C/del Molí, 4
07141 Sa Cabaneta, ✆ 971 79 76 24
Di, Do/Fr 10–13 Uhr

Töpfereimuseum, das Herstellungsarten und Wesen der typisch mallorquinischen Keramikwaren erklärt.

 Fundació Natura Parc
Parque Zoologico Natura Parc
 Crtra. de Sineu, km 15,4
07142 Santa Eugènia
✆ 971 14 45 32
www.fundacionaturaparc.org
Tägl. im Sommer 10–19, im Winter 10–18 Uhr, Eintritt € 7/4,50
Mallorquinische und Gastfamilien schätzen den Naturpark wegen seiner Vielzahl heimischer Tiere und der vielfältigen Pflanzenwelt als Ausflugsziel. Die Stiftung hat sich der Bewahrung der wild lebenden Tierwelt der Insel verschrieben sowie dem Naturkundeunterricht für Schüler. Auf 30 000 m² leben ca. 20 000 Tiere, darunter Hirsche, Mufflons, Strauße, Waschbären und zahlreiche Vogelarten wie Kraniche, Schwarze Schwäne, Papageien, Pelikane, Störche und als besondere Attraktion schwarze Geier, die hier einen natürlichen Lebensraum vorfinden.

Sa Torre de Santa Eugènia
Alqueries, 70
07142 Santa Eugenia
✆ 971 14 40 11, www.sa-torre.com
Beeindruckend ist der 240 m² große Gewölbekeller von 8,80 m Deckenhöhe mit den 10 *botes congrenyades,* wie die großen Weinfässer genannt werden. Doch auch die Küche, die von den Söhnen des Hauses geleitet wird, hat einiges an mallorquinischen Spezialitäten zu bieten. €€€

Sa Roca Llisa
C/Sa Roca Llisa, 24
07141 Pòrtol/Marratxi
✆ 971 60 24 97
Bekannter Handwerksbetrieb mit Verkauf.

Pere Coll
C/Cals Ollers, 23
07141 Pòrtol/Marratxi
✆ 971 60 27 46
Keramikkünstler, der auch auf der Fira des Fang prominent vertreten ist.

 Alljährlich finder zwischen Ende Februar und Anfang März die

Frische Pinienzweige über der Tür künden von jungem Wein, trockene weisen auf den Verkauf gereifter Tropfen hin.

Fira des Fang de Marratxi
(www.firadelfang.com) statt, die Töpfereimesse, auf der sich Künstler, Handwerker und Industriebetriebe präsentieren.

 Bodegues Ribas
Camí de Muntanya, 2
07330 Consell

✆ 971 62 26 73
www.bodeguesribas.com
Seit 1711 wird auf dem Landgut Wein angebaut und natürlich nutzt man die jahrhundertelange Erfahrung für den Anbau besonders guter Tröpfchen, die zahlreich prämiert werden. Besichtigungen zwischen 10 und 18 Uhr müssen vorher vereinbart werden.

23 Selva

Das Dorf wurde auf einem Hügel der imposanten Bergkulisse der Tramuntana vorgesetzt. Im Ortskern gibt es ein schönes Wegkreuz, einige alte Bürgerhäuser und den öffentlichen Brunnen am Ortseingang an der Straße von Inca, der einst den Pilgern unterwegs nach Lluc Labsal spendete. Sehenswert ist vor allem die Pfarrkirche **Sant Llorenç**. Über eine monumentale Treppe führen 40 Stufen bis an das Portal aus dem 14. Jahrhundert. Im Innern gibt es zwei Werke von Vater und Sohn zu bewundern. Rafael Mòger malte 1479 das Retabel *Mare de Dèu de la Mercè* im Hauptaltar, während sein Sohn Gabriel nur wenig später die Kreuzigungsgruppe in der vierten Kapelle links schuf.

Die pittoresken Häuser von Selva gruppieren sich um die wehrhafte Pfarrkirche

Eindrucksvoll ist auch ein Ausflug in die nähere Umgebung. Von dem südwestlich von Selva gelegenen **Oratori de Cristo Rei** vom Anfang des 20. Jahrhunderts sind nur noch Ruinen vorhanden. Dennoch ist die Handschrift des Architekten Rubío i Bellver, der in Sóller Bank und Kirche gestaltete, noch zu erkennen. Die Kirche der **Ermita Santa Lúcia** bei dem Dorf **Mancor de la Vall** am Fuß des Berges Suro wurde 2004 zum Kulturdenkmal erklärt. Die Anlage, die heute von den Ordensschwestern vom Heiligen Herzen Jesu für Exerzitien genutzt wird, geht zurück auf das 14. Jahrhundert. Sehenswert ist die kleine Alabasterfigur der heiligen Lucia.

Service & Tipps:

 Sa Tafoneta
Camí Vell Binibona, 11
07313 Selva
☏ 971 51 57 51

www.can-furios.com
Di–Sa abends, So mittags, Vorbestellung erforderlich
Die Küche des Hotels Can Furiós hat wegen der ausgefallenen Kreationen einen inselweiten Ruf. €€€

㉔ Sencelles

Das geruhsame Dorf, das hauptsächlich vom Weinbau lebt, wird einmal im Jahr zum Zentrum der Insel. Am zweiten Sonntag nach Ostern pilgern seit 1986 die Menschen in einer eindrucksvollen Wallfahrt zum Geburtsort von Schwester Francisca Ana Cirer. 1781 in bescheidenen Verhältnissen in Sencelles geboren, widmete sie ihr Leben der Verbreitung der Frohen Botschaft und der Unterstützung der Armen und Kranken. Zeit ihres Lebens wollte sie in ein Kloster eintreten, doch scheiterte sie immer an den Umständen. Erst verbot es die Mutter, dann galt es den Vater zu pflegen, dann widmete sie sich in ihrem Heimatdorf der Unterrichtung der Armen. Erst kurz vor ihrem Tod 1851 wurde sie Ordensfrau der von ihr gegründeten Barmherzigen Schwestern der Gemeinde Sencelles. Viele ihrer Zeitgenossen sahen sie Wunder wirken und schon bald nach ihrem Tod 1855 begannen die Menschen zu ihrem ehemaligen Konvent zu pilgern – um für eine Genesung oder um einen Gefallen zu bitten oder um Dank zu sagen. 1989 sprach sie Johannes Paul II. selig.

Vor der Pfarrkirche **Sant Pere** aus dem 13. Jahrhundert, die während des Barocks ihr heutiges Aussehen erhielt, steht das Denkmal Francisca Ana Cirers, das 1955 von Jaume Mir geschaffen wurde.

Auch in Sencelles weisen Pinienzweige über den Türen auf den <u>*Verkauf von Wein*</u> *hin.*

Service & Tipps:

 Sa cuina de N'Aina
C/Rafal, 31, 07140 Sencelles
☏ 971 87 29 92
www.sacuinadenaina.com
Der Familienbetrieb hat sich der frischen mallorquinischen Küche verschrieben. Die Küche beherrschen die Frauen des Hauses, die Kochkünstlerin Aina Carbonell und ihre Tochter Virginia González, die bereits zur besten Nachwuchsköchin Spaniens gewählt wurde. Organisation und Weinkeller bleiben Vater und Sohn vorbehalten. Zu empfehlen sind die balearischen Traditionsgerichte aus dem Ofen: Milchlammschulter und Spanferkel (vorbestellt auch als ganzes für 6 Personen). €€

🍷 **Bodega Ca'n Ramis**
Pl. Son Morey, s/n
07140 Sencelles
☏ 971 87 24 18, www.canramis.de
Der bekannte Biowinzer produziert pro Jahr nur insgesamt ca. 9000 Flaschen Semicrianza und Crianza von 6 oder 12 Monaten Reifung im Eichenfass. In dem Familienbetrieb setzt man auf Tradition und verarbeitet vor allem die in der Gegend um Binissalem bevorzugten Trauben Callet und Manto-Negro.

🔴 Sineu

Das Städtchen im geografischen Mittelpunkt der Insel kann auf eine lange Geschichte zurückblicken. Wahrscheinlich schon während der Talayotkultur besiedelt, ist sein ununterbrochenes Bestehen seit der Römerzeit verbürgt. Während der arabischen Herrschaft bildete Sineu eines von sechs politisch-wirtschaftlichen Zentren und nach der christlichen Eroberung sollte es zwischen dem Beginn des 13. und Mitte des 14. Jahrhunderts sogar Hauptstadt der Insel werden. Es ist zwar nicht ganz klar, ob Jaume I. jemals einen Fuß nach Sineu setzte, sein Sohn Jaume II. jedoch, der 1276 Mallorca zu einem unabhängigen Königreich ausrief, ließ 1309 ein Herrenhaus – möglicherweise das ehemalige Stadtschloss des Emir Mubaxir – zum königlichen Palast umbauen. Außerdem sorgte er für eine direkte Verbindungsstraße nach Palma. Allerdings dauerte die Pracht in Sineu nicht lange. Schon 1349 fiel Jaume III. im Kampf gegen seinen Vetter Pedro von Aragón und Mallorca wurde wieder der aragonesischen Krone einverleibt. Vorbei war es mit der mallorquinischen Unabhängigkeit und der Herrlichkeit Sineus. Der Palast verfiel, bis Philip II. von Spanien – immer auf der Suche nach gottgefälligen Werken – ihn restaurieren ließ und an die Konzeptionistinnen verschenkte, die bis heute in strenger Abgeschiedenheit leben. Sehenswert in dem **Convento de las Monjas** ist das barocke Retabel der heiligen Theresa in der Klosterkapelle.

Der den Marktplatz bewachende geflügelte Löwe – eine Reminiszenz an den Patron der Gemeinde, den hl. Markus – steht am Fuß der großen Freitreppe, die zur Pfarrkirche **Santa María de Sineu** hinaufführt. Das 1998 zuletzt restaurierte Gotteshaus stammt aus dem 16. Jahrhundert (der Vorgängerbau aus dem 13. Jahrhundert fiel einem Brand zum Opfer) und ist wegen seiner reichhaltigen Ausstattung bekannt. Einen Besuch lohnen die zahlreichen Seitenkapellen mit verschiedenen Mariendarstellungen wie die von Engeln beschirmte *Virgen muerta* (tote Jungfrau) oder die mit einem herrlichen Retabel von Rafael Guitard geschmückte Rosenkranzkapelle *(Mare de Deu de Roser)*. Auffällig ist auch der trutzige Kirchturm, der ein Stück abgerückt steht und nur durch eine kleine Brücke verbunden ist. Die Bürger Sant Joans, berichtet die Legende, hätten, als sie sich Ende des 13. Jahrhunderts von Sineu lossagten, eines Nachts Seile um den Turm geschlungen, um ihn für ihre eigene Kirche mitzunehmen. Ein Stück weit hatten sie den Turm schon bewegt, als die Bewohner der Stadt, durch den Lärm geweckt, die Diebe in die Flucht schlugen. Der Turm aber steht seit dieser Zeit ein wenig verrückt. Die Einwohner nennen das Verbindungsstück zwischen Kirche und Turm *pontet de Santa Bàrbara*, Brücklein von Santa Barbara, und im Innern des Turms führt eine Wendeltreppe bis an dessen Spitze.

Der **Convento de los Mínimos** (Paulanerkonvent) oder Casa Consistorial wurde 1667 gegründet und 1722 gründlich umgestaltet. Aus dieser Zeit stammt beispielsweise der formvollendete barocke Kreuzgang, der um die aus dem Jahr 1693 stammende achteckige Zisterne angelegt wurde. Seit 1877, als die Pauliner den Orden verließen, ist in dem ehemaligen Klostergebäude das Rathaus untergebracht. Im Archiv im ersten Stock wird die *barcella* aufbewahrt, ein offizielles Getreidemaß aus dem 14. Jahrhundert mit feinen Ziselierungen und Darstellungen alter Wappen von Sineu und Mallorca. Bis zur Einführung des metrischen Systems war das elf Kilo Getreide fassende Gefäß das Maß aller Dinge. Auf dem Weg zum ersten Stock durchquert man das Treppenhaus, dessen ebenfalls achteckige Kuppel mit Putten und Instrumenten reichhaltig verziert wurde.

Folgt man dem Carrer del Vent bis zur Kreuzung zwischen Creu und Bou, stößt man auf das *Creu dels Morts*, das Kreuz der Toten, weil es früher Brauch war, die Toten auf ihrem letzten Weg bis an diese Stelle zu begleiten. Das Kreuz ist eine reich verzierte Arbeit aus dem Jahr 1585, sein Kapitell zeigt das alte Wappen Sineus.

Unter dem Glockenturm von Sineu, so will es die Legende, liegt die Achse, die die Welt im Lot hält. Auf jeden Fall befindet sich Sineu in der geografischen Mitte der Insel.

Am Carrer Rev. Arnau Ramis befindet sich der **Convent de les Germanes de la Caritat,** das Kloster der Schwestern der Barmherzigkeit, die sich im Jahr 1864 in Sineu niederließen. An dem neogotischen Oratorium ist vor allem die Rosette über dem Hauptportal bemerkenswert, dessen Fenster Anagramme des Namens Maria bilden.

Im Carrer Hospital stoßen wir auf das **Hospital**, das 1240 mit der Genehmigung Jaumes I. gegründet wurde. Das alte Gebäude gibt es nicht mehr, doch lohnt ein Besuch der Kapelle **San José** in dem Komplex, vor allem wegen des Renaissancegemäldes *Mare de Déu del Roser i la Sang* (Mutter Gottes des Rosenkranzes und des Blutes) von Gaspar Gener, der beiden Taufbecken und der hölzernen Figurengruppen aus dem 16. und 17. Jahrhundert, die bei den Prozessionen am Gründonnerstag und Karfreitag durch die Stadt getragen werden.

Die meisten Touristen werden ihren Besuch Sineus auf den Mittwoch legen, wenn vormittags nicht nur der **Wochenmarkt** allerlei landwirtschaftliche Erzeugnisse der Region feilbietet, sondern auch der angeschlossene Viehmarkt den Bauern aus der Umgebung die Gelegenheit bietet, Tiere zu erstehen oder zu verkaufen, defektes Gerät bei den örtlichen Handwerksmeistern reparieren zu lassen oder sich einfach mal wieder auf einen Plausch zu treffen. Der Markt gilt als einer der authentischsten auf Mallorca, obwohl er inzwischen jede Menge Touristen anzieht. Das Marktgeschehen ist organisiert wie eine mittelalterliche Stadt oder ein orientalischer Basar. Rund um die Kirche stehen die Gemüse- und Obststände. In den sternförmig abzweigenden Gassen finden sich Korbmacher, Holz- und Keramikwaren, Textilien von fein gearbeiteten Tischdecken bis zu billiger Importware. Ein ganzer Straßenzug ist Leckereien wie eingelegten Oliven, Peperoni, Tomaten, Kapern usw. vorbehalten. Hungrig muss auf jeden Fall niemand nach Hause gehen.

Sineu mit seiner imposanten Pfarrkiche

Service & Tipps:

🏛 **Convent dels Mínims**
C/Francesc, 10, 07510 Sineu
Im ehemaligen Konvent ist heute das Rathaus untergebracht. Vor allem der Kreuzgang ist sehenswert. Eintritt frei.

🎭 **Centre d'Art S'Estacio**
C/S'Estació, 2, 07510 Sineu
☏ 971 52 07 50
www.sineuestacio.com, Mo–Fr 9.30–14 und 16–19, Sa 10–13 Uhr
Ein kleines, aber feines Kulturzentrum im inzwischen erneut in Betrieb genommenen Bahnhof zeigt wechselnde Ausstellungen spanischer und mallorquinischer Kunst.

✗ **Celler Can Font**
Sa Plaça,18, 07510 Sineu
☏ 971 52 02 95, www.canfont.com
Das berühmteste der zahlreichen *Celler* genannten Speiselokale besticht durch seine rustikale Ausstattung ebenso wie durch die einfache, aber schmackhafte Küche. €€

✗ **Sa Fábrica**
C/Estació, 3, 07510 Sineu
☏ 971 52 06 21
www.safabricagrillsineu.com
Grillrestaurant mit großer Außenterrasse. €€

✗ **Molí d'en Pau**
Ctra. Santa Margarita, 25, 07510 Sineu
☏ 971 85 51 16, So geschl.
Mallorquinische Spezialitäten und viele Reisgerichte, serviert in einer historischen Mühle. €–€€

Ausflugsziel:

👁 Zahlreiche **talayotische Siedlungen** rund um Sineu zeugen von der frühen Besiedlung der Gegend. Archäologisch Interessierte sollten den prähistorischen Stätten von Son Creixell und Sa Ritxola (nordwestlich an der Ma 3240), Sa Ritxoleta, Son Rossinyol und Son Vanrell (nördlich an der Ma 3511) einen Besuch widmen.

26 Vilafranca de Bonany

Nach Vilafranca de Bonany kommt man hauptsächlich wegen der Früchte der ringsum liegenden Ländereien. An der Hauptstraße des Städtchens reiht sich Gemüsestand an Gemüsestand, die Melonen hier sollen die besten der Insel sein. So wird man Vilafranca also nicht wegen etwaiger Sehenswürdigkeiten aufsuchen, doch wenn man zwischen Montuïri und Manacor unterwegs ist, lohnt es sich die Umgehungsstraße für eine Einkaufstour durch den Ort zu verlassen. ❖

Vilafranca de Bonany

Unterkünfte

Resorts, Hotels, Fincas, Apartments, Hostals und Pilgerunterkünfte

Luxusvilla zu mieten

Die meisten Besucher Mallorcas buchen für ihren Aufenthalt ein Hotel, eine Finca oder eine Ferienwohnung und erkunden von dort aus die Insel. Deshalb sind Rundreisen mit spontanen Übernachtungsbuchungen für nur ein oder zwei Nächte eher unüblich und in der Hauptsaison auch schwer zu bekommen. Fast immer ist ein vom Heimatland aus gebuchtes Pauschalangebot günstiger als die Hotelsuche vor Ort. Dafür lohnt oft ein Blick auf die Website.

Zum Teil unterscheiden sich die Preise innerhalb und außerhalb der Saison beträchtlich. Bei einer einfachen Übernachtung ist das Frühstück selten im Preis inbegriffen und kommt verhältnismäßig teuer. Besser frühstückt man in der Bar um die Ecke. In Hotelfincas auf dem Land ist das nicht immer möglich und teilweise wird hier das Frühstück automatisch mit eingerechnet.

Die nachfolgenden Übernachtungsempfehlungen sind nach Orten alphabetisch und darunter nach **Preiskategorien** sortiert. Ist das Frühstück nicht einzeln zu- oder abbuchbar, wird in Klammern darauf verwiesen.

Die mit €-Symbolen gekennzeichneten Preiskategorien gelten jeweils für ein Doppelzimmer mit Bad für zwei Personen ohne Frühstück:

€	– bis 70 Euro
€€	– 70 bis 140 Euro
€€€	– 140 bis 210 Euro
€€€€	– über 210 Euro

Alaró

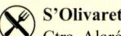 **S'Olivaret**
Ctra. Alaró–Orient, km 3
07340 Alaró
✆ 971 51 08 89
Fax 971 51 07 19
www.solivaret.com
Die ehemalige *tafona*, Ölmühle, wurde äußerst geschmackvoll restauriert und zu einem Hotel umgebaut. Die Zimmer sind mit Antiquitäten ausgestattet.
€€–€€€

Agriturismo S'on Penyaflor
Camí d'es Castell
07340 Alaró
✆ 971 51 00 71, 971 87 94 43
Fax 971 51 06 07
www.sonpenyaflor.com
Eine typisch mallorquinische Finca, die sich seit den Tagen Erzherzog Ludwig Salvators, der das ländliche Mallorca sehr schätzte, kaum verändert hat. Neben Einzelzimmern kann man auch ein Apartment für 5 mieten.
€€

Ermita de Nostra Senyora de Refugi
Auf dem Burgberg von Alaró
✆ 971 51 04 80, 971 18 21 12
Einfache Unterkunft auf dem Gelände der kleinen Ermita auf der Burg von Alaró. €

Alcúdia

Petit Hotel Hostatgeria La Victòria
Ctra. al Cap del Pinar
Ermita de la Victoria (6 km hinter Alcúdia)
✆ 971 54 99 12
Fax 971 51 51 09
www.lavictoriahotel.com
Die kleine Eremitage zwischen Meer und Bergen, direkt gegenüber vom Cap de Formentor, wurde mit viel Liebe zu einem Hotel umgestaltet, das zwar von der Einrichtung her nicht luxuriös, aber hinsichtlich Platz und Umgebung inselweit unschlagbar ist. €

Algaida

 **Finca Raïms**
C/de la Ribera, 24, 07210 Algaida

☏ 971 66 51 57
www.finca-raims.com
Das schräg gegenüber des Moli de'n Xina gelegene Herrenhaus aus dem 18. Jh. hat 5 großzügige Apartments. €€€
(inklusive Frühstück)

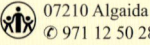 **Possessió Binicomprat**
Finca Binicomprat, s/n
07210 Algaida
☏ 971 12 50 28
Fax 971 66 57 73
www.fincabinicomprat.com
Das über 150 ha große Grundstück der Finca Binicomprat
liegt in der Nachbarschaft Montuïris, gehört aber zur Gemeinde Algaida. Das in einem alten Landgut untergebrachte Hotel verfügt über je ein großzügiges Vierer- und
Zweierapartment sowie über zwei normale Doppelzimmer.
€€–€€€ (inkl. Frühstück)

Andratx/Port d'Andratx

 Villa Italia
Camino de San Carlos, 13
 07157 Port d'Andratx
☏ 971 67 40 11, Fax 971 67 33 50
www.hotelvillaitalia.com
Tatsächlich erinnert die Villa mit Blick auf den Hafen

Romantisches Fleckchen in Artà

von Andratx ein wenig an Italien. Das Gebäude wurde in
den 1950er-Jahren als Sommerresidenz der Familie De
Vitta errichtet. 2006 hat der neue Besitzer das Hotel komplett renoviert. Die Suiten sind ganz in Weiß gehalten,
während die Zimmer im Anbau *El Castillo* eher einen rusti-
kal-historisierenden Stil pflegen. €€€€

 Hotel Monport
Cala d'Egos, Finca la Noria, 07157 Port d'Andratx
 971 23 86 23, Fax 971 23 86 24
 www.hotelmonport.com
 Klassisches Spa-Resort im Westteil von Port
d'Andratx, nur ein wenig entfernt vom Meer. €€

 **Son Esteve**
Camí C'as Vidals, 42, 07150 Andratx
☏ 655 57 26 30, Fax 971 23 54 12
www.sonesteve.com
Gediegenes Haus in einer stilvollen Finca im Tal von Andratx gelegen mit 4 Zimmern. Rundherum blühen die Mandelbäume und weiden die Schafe. €€€–€€€€ (inkl. Frühstück)

Artà

 Hotel Sant Salvador
C/del Pou Nou, 26, 07570 Artà
☏ 971 82 95 55, Fax 971 82 95 98
www.santsalvador.com
Die Pläne für die Fassade des vornehmen Stadtpalais zu
Füßen der Burg von Artà stammen aus der Feder von Antoni Gaudí. Zumindest behaupten das die Einheimischen.
Jedes der insgesamt 8 Zimmer wurde individuell gestaltet
und besitzt seinen unverwechselbaren Stil. Pate standen die
noch gut erhaltenen Familienbilder der ehemaligen Besitzer des Hauses. €€€ (inkl. Frühstück)

 Hotel Ca'n Moragues
C/del Pou Nou, 12, 07570 Artà
☏ 971 82 95 09
www.canmoragues.com
Kleines, feines Stadthotel mit nur 8 Zimmern, das das
ganze Jahr über geöffnet hat. Im Winter ist das Hallenbad
natürlich von Vorteil. €€ (inkl. Frühstück)

Banyalbufar

 Hotel Sa Coma
Camí des Molí, 3, 07191 Banyalbufar
☏ 971 61 80 34, www.hotelsacoma.com
Hoch über dem Meer gelegenes Haus mit großzügigen Zimmern, Schwimmbad und Tennisplätzen. €€

 Marivent
C/Major, 49
07191 Banyalbufar
☏ 971 61 80 00, Fax 971 61 82 01
www.hotelmarivent.com
Schönes familiengeführtes Landhotel, mit Zimmern mit
Meerblick. €€–€€€

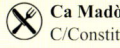
Ca Madò Paula
C/Constitució, 11, 07191 Banyalbufar
✆ 971 14 87 17, www.camadopaula.com
Mit viel Liebe ausgestaltetes Landhotel im alten Kern von
Banyabulfar. €€

Hotel d'Interior
C/Borguny, 1, 07191 Banyalbufar
✆/Fax 971 14 87 06
www.sonborguny.com
Geschmackvoll eingerichtetes, ruhiges Hotel zwischen
Meer und Gebirge. Das historische Gebäude aus dem
15. Jh. strahlt einen besonderen Charme aus. €€

Binissalem

Es Quatre Cantons
Ctra. Biniali, km 2,5, 07350 Binissalem
✆ 971 87 01 62
www.esquatrecantons.es
Die an den Füßen der Tramuntana, ein wenig außerhalb
von Binissalem gelegene Finca wurde in ein schlichtes
Landhotel umgewandelt. €€

Bunyola

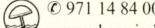
Alqueria Blanca Agroturismo
Ctra. Palma–Sóller, km 13,6, 07110 Bunyola
✆ 971 14 84 00
www.alqueria-blanca.com
Wie der Name verrät, geht das Anwesen zurück auf einen
arabischen Gutshof, eine Tradition, der man sich verbunden fühlt. Liebevoll werden die Gartenanlagen gepflegt.
Die Zimmer sind großzügig und stilvoll zurückhaltend eingerichtet. €€€

Finca Biniforani Nou Agroturisme
Crta. Palma–Sóller, km 19,2, 07110 Bunyola
✆ 609 23 90 23
Die ruhig gelegene Finca in der Tramuntana ist ein guter
Ausgangspunkt für Ausflüge nach Palma, Soller und die
kleinen Badebuchten des Nordwestens. Der geschmackvoll
eingerichtete Hof ist für die Belegung für Gruppen ab 12
Personen ausgelegt. €

Cala d'Or

Hotel Cala d'Or
Av. de Bélgica, 33, 07660 Cala d'Or
✆ 971 65 72 49, Fax 971 65 93 51
www.hotelcalador.com
Das Hotel wurde 1932 von einem Belgier erbaut, der
sich in die Schönheit Cala d'Ors verliebt hatte. Während des Spanischen Bürgerkrieges nutzten die in der alten
arabischen Festung an der Spitze der Bucht Cala Llonga
stationierten Offiziere das Haus. Nach Kriegsende wurde
es wieder zum Hotel und 1987 komplett renoviert. Archi-
tektonisch nimmt das Haus den Ibiza-Stil des Ortes auf.
Mindestaufenthalt 7 Nächte. €€€

Unterkünfte

*Da bleiben kaum noch Wünsche offen: Residenz zu
mieten*

Hoteles Rocador
Marques de Comillas, 3, 07660 Cala d'Or
✆ 971 65 70 75, 971 65 70 51
www.hotelesrocador.com
Der große Hotelkomplex liegt direkt an der Cala
Gran, sodass man von den meisten Zimmern Blick
auf die Bucht oder aufs Meer genießt. Die Einrichtung ist
altmodisch gediegen. Direkt neben dem Rocador liegt das
Rocador Playa (✆ 971 65 77 25, 971 65 77 50), das zur selben Gesellschaft gehört, aber nicht ganz so gut ist . €–€€

Cala Ratjada

Sensimar Aguait Resort & Spa
Av. los Pinos, 61
07590 Cala Ratjada
✆ 971 56 34 08, www.grupotel.com
Das Aguait besticht vor allem durch seine Lage auf
einem Felsvorsprung mit toller Aussicht über das Meer.
Son Moll, der nächstgelegene Strand, ist gerade einmal
1 km entfernt. €€ (inkl. Frühstück oder Halbpension)

Bella Playa
Av. Cala Agulla, 121, 07590 Cala Ratjada
✆ 971 56 30 50, Fax 971 56 52 52
www.bellaplaya.es
Nur wenige Meter sind es von dem Hotel zur Cala
Agulla. Die Zimmer sind sauber und funktional,
jedoch ohne großen Esprit eingerichtet. €€ (inkl.
Frühstück oder Halbpension)

Cala Gat
Ctra. del Faro, s/n, 07590 Cala Ratjada
✆ 971 56 31 66, Fax 971 56 46 37
www.hotelcalagat.com

Leuchtturm in Cala Ratjada

 Das familiäre Hotel liegt in einem Pinienwäldchen nur wenige Meter über dem Strand in Richtung der Südspitze der kleinen Halbinsel Punta de Cala Gat. Auch das Ortszentrum ist in wenigen Minuten zu Fuß erreichbar. €€

Ses Rotges
 C/Rafael Blanes, 21
07590 Cala Ratjada
℅ 971 56 31 08, www.sesrotges.com
Das Sternerestaurant hat strandnah in einem historischen Gebäude noch einige etwas bieder wirkende Zimmer. €€

Hostal Cala Ratjada
Miguel Garau, 2
07590 Cala Ratjada
℅ 971 56 32 02
www.hostalcalaratjada.com
Das beliebte Stadthotel im Hafen von Cala Ratjada ist im Sommer rund um die Uhr belegt, man sollte daher rechtzeitig reservieren. Die Zimmer sind einfach und ohne Schnickschnack, doch sauber und zum Teil mit Meerblick und Balkon. €

Calvià – mit Costa d'en Blanes, Illetes, Portals Nous, Peguera

H10 Punta Negra Resort
 Ctra. de Andratx, km 12, 07181 Costa de'n Blanes
℅ 971 68 07 62, www.hotelh10puntanegra.com.
 Spektakulär ist die Lage des Resorts mit insgesamt 22 000 m² Hotelanlagen und Gartenlandschaft auf einer Felsnase, auf drei Seiten vom Meer umgeben. €€€–€€€€ (inkl. Frühstück)

Hotel Bendinat
C/Andres Ferret Sobral, 1, 07181 Portals Nous

 ℅ 971 67 57 25, Fax 971 67 72 76
www.hotelbendinat.es
 Kleines und exklusives Vier-Sterne-Haus mit einer großzügigen Gartenanlage und herrlichen Terrassen. Mediterranes Flair an einer felsigen Privatbucht. €€€–€€€€ (inkl. Frühstück)

Hotel Bahía
Av. Peguera, 81, 07160 Peguera
 ℅ 971 68 61 00, www.hotelbahia.com
Das Hotel im Kolonialstil liegt in einem Kiefern- und Palmenhain an Mallorcas Edelküste. €€€ (inkl. Frühstück)

Hotel Bon Sol
Paseo de Illetes, 30, 07181 Illetes
 ℅ 971 40 21 11, Fax 971 40 25 59
www.hotelbonsol.es
Das 1953 erbaute Hotel wurde 2002 gründlich renoviert und verbindet seitdem nostalgischen Charme mit zeitgemäßem Komfort. Es liegt in einem wunderschönen fruchtbaren Garten, im Schutz eines Pinienhains mit direktem Meerzugang. €€€ (inkl. Frühstück)

Petit Cala Fornells
C/Platja Fornells, 07160 Peguera
 ℅ 971 68 54 05, Fax 971 68 54 43
www.petitcalafornells.com
Traumhaft über der kleinen Cala Fornells gelegen. Hauseigener Pool und Jacuzzi. €€–€€€€

Zhero Hostal de Luxe
Ctra. Palma–Andratx, 6
07181 Ca's Català, Illetes
℅ 971 91 79 17, www.hotel-zhero.com
Zwei Deutsche haben das erste Gästehaus Mallorcas, das bereits Ende des 19. Jh. Sommerfrischlern Übernachtung bot, übernommen. Das ursprüngliche Gebäude gibt es nicht mehr, dafür einen Zweckbau aus den 1960er-Jahren, den die jetzigen Betreiber mit viel Geschick, Fantasie und weißer Farbe aufgefrischt haben. €€–€€€€

Mofarés Agroturismo
Ctra. Es Capdellà, s/n, 07184 Calvià
℅ 971 67 02 42, Fax 971 67 00 71
www.mofares.com/html/historia-ing.html
Landhaus mit stilvollem Ambiente im Hinterland von Calvià. €€–€€€

Hotel Don Antonio
C/de Bonavida, s/n, 07160 Peguera
 ℅ 971 03 30 33, Fax 971 03 30 00
www.hoteldonantonio.com
Der Hotelkomplex besteht aus drei Häusern, die am westlichen Ortsausgang liegen. Viele Zimmer haben einen schönen Panoramablick über den Ort und die Buchten. €€–€€€

Son Malero
 Paratge Son Malero, s/n, 07184 Calvià
℅ 971 67 03 01, www.sonmalero.es
Die ehemalige Finca gibt sich rustikal, was gut zu der An-

lage inmitten von Eichenhainen passt. Zum Zentrum von Calvià ist es nur 1 km, zum nächstgelegenen Strand nach Peguera sind es lediglich 5 km. Neben dem Pool stehen den Gästen eine Weinlaube, ein alter Weinkeller und ein großer Grill für selbst organisierte Grillabende zur Verfügung. €€ (inkl. Frühstück)

Palmira Beach

 C/José María Pemán, 15–17
Urbanización La Romana, 07160 Peguera
 ✆ 971 68 72 47, 971 68 73 97
Fax 971 68 77 04, www.palmirahotels.com
 Der Klassiker aus den 1980er-Jahren ist vor allem beim deutschen Publikum beliebt. Die gut erhaltene Anlage liegt inmitten eines großen Gartens mit Poollandschaft nur 200 m vom Strand entfernt. €€

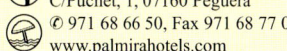 Palmira Cormoran

 C/Puchet, 1, 07160 Peguera
✆ 971 68 66 50, Fax 971 68 77 04
www.palmirahotels.com
Das kleinere Schwesterhotel von Palmira Beach sieht diesem recht ähnlich, verfügt aber über weniger Serviceeinrichtungen. Die Kette besitzt noch 3 weitere Hotels in Peguera und Umgebung. €€

Campanet

Monnaber Vell

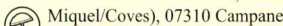 Autobahn Palma–Alcúdia, Ausfahrt 37 (Sant Miquel/Coves), 07310 Campanet
Einige hundert Meter nach der Ausfahrt ist das Hotel ausgeschildert
✆ 971 51 61 31, Fax 971 89 70 38
www.monnabervell.com
Das bereits 1236, wenige Jahre nach der christlichen Eroberung Mallorcas, erstmals erwähnte Landgut wurde im 17. Jh. zu einem herrschaftlichen Landsitz umgebaut. Seit 1998 empfängt man auf dem Gut Übernachtungsgäste. 2005 wurde in dem ehemaligen Stall ein Restaurant eingerichtet und das Gut vorsichtig modernisiert. Unter anderem ergänzte man einen hauseigenen Swimmingpool. €€ (Winter) – €€€ (Sommer)

Monnaber Nou

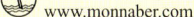 Possessió Monnaber Nou, 07310 Campanet
✆ 971 87 71 76, Fax 971 87 71 27
www.monnaber.com
Mondänes Landhotel mit stilgerechter Möblierung, das sich seit einigen Jahren der Ökologie und dem nachhaltigen Wirtschaften verschrieben hat. €€–€€€

Agroturismo Fangar

 5 km hinter Campanet und 2 km hinter den Coves de Campanet
✆ 971 45 70 44 (Reservierungen), 971 51 69 02 (Finca), www.fangar.com
In einem wunderschönen Tal gelegen vermietet der Bauernhof, der noch bewirtschaftet wird, 4 Apartments. Die Einrichtung ist etwas altbacken, dafür entschädigt die freundliche Atmosphäre. Mindestaufenthalt 3 Nächte. €€

Campos

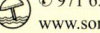 Finca Son Bernadinet

Ctra. Porreres–Campos, km 6,9, 07630 Campos
✆ 971 65 06 94, Fax 971 65 13 40
www.son-bernadinet.com
Son Bernadinet ist die moderne Interpretation einer schlichten Finca in ruhiger Lage: Die Zimmer wurden mit edlen Materialien zurückhaltend gestaltet. Holz, Sandstein und Naturtöne bestimmen das Ambiente. Eine gewölbte Betondecke im Aufenthaltsraum harmoniert mit der alten Bausubstanz. Die Suiten verfügen alle über eigene Terrassen. Der Familienbetrieb wurde in Spanien zum besten Landhotel des Jahres ausgezeichnet. €€€–€€€€

Finca Son Cosmet

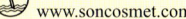 Ctra. Campos–Sa Ràpita, km 2, 07630 Campos
✆ 971 65 16 43, Fax 971 65 10 03
www.soncosmet.com
Von außen scheint sich das Landgut aus dem 13. Jh. eher abzuschotten als einzuladen. Innen ist es aber ein Traum für Entspannungssuchende mit Ruhebedürfnis. Die Gegend ist vor allem bei Radfahrern sehr beliebt. €€€–€€€€

Finca Es Figueral

Ctra. Palma–Santanyí, km 42, 07630 Campos
✆ 971 65 24 00, Fax 971 65 16 41
www.esfigueral.com
Der Bauernhof aus dem 19. Jh. wurde von den Besitzern liebevoll zu einem Hotel umgestaltet, das Platz für 20 Gäste hat. An den alten Bauernhof erinnern noch die zahlreichen zum Teil exotischen Tiere, die mit auf dem Gut leben. €€–€€€

Finca Sant Blai

 Camino de Son Toni Amer, s/n
07630 Campos
✆ 971 65 05 67
www.santblai.com
Stilvolle, in Naturstein gehaltene Finca in der Nähe der kleinen Eremitage Sant Blai. Bisweilen wirken die unverkleideten Baumaterialien Holz und Stein ein wenig gedrungen. Die Finca vermietet Doppelzimmer (bis 3 Personen) und Cottages (bis 5 Personen), Mindestaufenthalt 3 Nächte. €€–€€€

Ca's Concos

Hotel Rural Sa Galera

 Ctra. Santanyí–Ca´s Concos, km 6,3
07208 Ca's Concos
✆ 971 84 20 79, Fax 971 84 23 31
www.hotelsagalera.com
Das alte Herrschaftshaus aus dem 13. Jh. wurde mit viel Liebe zum Detail in ein Hotel umgestaltet. €€–€€€

Sträßchen in Deià

Colònia de Sant Pere

Hotel Solimar
C/las Margalidas, 14
07579 Colònia de Sant Pere
✆ 971 58 93 47
www.hotelsolimar.eu
In dem von Deutschen geführten Haus steht die geruhsame Erholung im Mittelpunkt. Das Haus zwischen Bergen und Meer besticht vor allem durch die schön gestalteten Gartenanlagen mit zahlreichen versteckten Ecken, um sich mit einem Buch oder bei einem Glas Wein zu erholen. Seit Anfang 2009 hat das Hotel neue Besitzer, die sich mit der Renovierung von Restaurant und Poolbereich gut eingeführt haben. An der Rezeption können auch Fahrräder geliehen werden. €€–€€€

Costitx

Hotel Es Jardi
Pl. des Jardi, 21
07144 Costitx
✆ 666 02 03 73, Fax 971 871 478
www.hotel-esjardi.com
Luxuriös ausgestattetes Landhotel mit verschiedenen Zimmerkategorien in bukolischer Umgebung.
€€–€€€€

Deià

La Residencia
Son Canals, s/n, 07179 Deià
✆ 971 63 90 11, Reservierungen ✆ 971 63 60 46
www.hotel-laresidencia.com

In dem in einer alten Finca eingerichteten Hotel wurde zum Teil die Fernsehserie »Hotel Paradies« gedreht. Das Haus gehört zu einem der besten der Insel, was sich natürlich auch im Preis niederschlägt. €€€€

S'Hotel d'Es Puig
C/d'es Puig, 4, 07179 Deià
✆ 971 63 94 09
www.hoteldespuig.com
Kleines aber feines Hotel im Herzen des Bergstädtchens mit verschiedenen Zimmerkategorien. €€–€€€€

Costa d'Or
Lluc-Alcari s/n, 07179 Deià
✆ 971 63 90 25
Das Haus über der Westküste zwischen Deià und Sóller verbindet den gelassenen Luxus eines mallorquinischen Landguts mit der unschlagbaren Nähe zum Meer. Allerdings ist die Küste hier felsig und der Meerzugang zwar relativ einsam, aber nicht ganz einfach. Nicht alle Zimmer haben Seeblick, diejenigen mit Blick auf Berg und Tal sind dafür ein gutes Stück billiger. €€€–€€€€ (inkl. Frühstück)

Es Moli
Ctra. Valldemossa, s/n, 07179 Deià
✆ 971 63 90 00
www.esmoli.com
Stilvolles Haus der gehobenen Klasse mit Park, Swimmingpool und Tennisplatz. Zum rund 7 km entfernten Privatstrand gibt es einen kostenlosen Busshuttle. €€€€

Sa Pedrissa Agroturisme
Ctra. de Valldemossa–Deià, 07179 Deià
✆ 971 63 91 11
www.sapedrissa.com
Romantisches Landhotel mit 8 luxuriös ausgestatteten Zimmern in einem aufwendig renovierten Landhaus aus dem 17. Jh. in der Nähe des Bergdorfes Deià. Ende des 19 Jh. gehörte die Finca Erzherzog Ludwig Salvator, der sie jedoch, als er Mallorca verlassen musste, der Familie Morey verkaufte. €€€€ (inkl. Frühstück)

Escorca

Refugio Tossals Verds
Poligono Cinco, s/n
07315 Escorca
✆ 971 18 20 27, 971 17 36 38
Berghütte für Selbstverpfleger, die meist von Fernwanderern genutzt wird. Während der Wandersaison sind Voranmeldungen erforderlich. Bei vorheriger Anmeldung gibt es auch eine Mahlzeit. Mit dem Auto oder Fahrrad ist die Hütte nur von Lloseta über eine Fahrstraße entlang des Torrent de S'Estornell erreichbar. €

Esporles

La Posada del Marqués
Finca Es Verger, 07190 Esporles

✆ 971 61 12 30, Fax 971 61 12 13
www.posada-marques.com
Eingebettet in einen Hain von Eichen und Palmen scheint die Finca schon von Weitem auf fürstliche Gäste zu warten. Die opulente Ausstattung setzt sich auch in den Zimmern und Aufenthaltsräumen fort. €€€€

 Agroturismo Alfatx
Ctra. Esporles–Valldemossa, km 10,9
 07190 Esporles
✆ 971 61 79 46, (mobil) 687 72 86 64
Fax 971 61 91 29
Die Zimmer und Suiten besitzen separate Eingänge, sodass bei allem Hotelkomfort ein wenig Ferienwohnungsgefühl aufkommt. Auf dem Gelände des Hotels stehen den Gästen mehrere Pferde für den Ausritt zur Verfügung. Außerdem veranstalten die Besitzer Yogatage, Weinproben, Kochkurse u.Ä. €€–€€€

S'Hostal de Esporles
Pl. d'Espanya, 8, 07190 Esporles
✆ 971 61 02 02, www.hostalesporlas.com
Kleine Dorfpension gleich neben der Kirche ohne große Luxusansprüche, aber mit Geschmack eingerichtet und liebevoll geführt. Wer vor allem eine Übernachtung sucht und keine Wellnessoase, ist hier gut aufgehoben. €–€€ (inkl. Frühstück)

Estellencs

 Hotel Nord
Pl. Triquet, 4, 07192 Estellencs
✆ 971 14 90 06, Fax 971 14 90 15
www.hotelruralnord.com
Nur 8 Zimmer besitzt dieses beschauliche und familiäre Landhotel zu Füßen des Puig Galatzó in einem klassischen mallorquinischen Landhaus. €€ (inkl. Frühstück)

 Sa Plana Petit Hotel
Eusebio Pascual, s/n, 07192 Estellencs
✆ 971 61 86 66, Fax 971 61 85 86
www.saplana.com
Gemütliches kleines Familienhotel mit ebensolchen Zimmern und Pool. €€ (inkl. Frühstück)

Felanitx

 Sa Posada d'Aumallia
C/Son Prohens, 1027, 07200 Felanitx
 ✆ 971 58 26 57, Fax 971 58 32 69
www.aumallia.com
1991 wurde die Finca zu einem kleinen Hotel umgebaut. Großzügiger Garten- und Terrassenbereich in insgesamt doch etwas karger Umgebung. €€ (inkl. Frühstück)

 Sant Salvador Petit Hotel Hostatgeria
Monasterio de Sant Salvador
Puig de Sant Salvador, 07200 Felanitx
✆ 971 51 52 60
www.santsalvadorhotel.com

Hier blüht sogar die Mauer

Einst als Wachposten zum Schutz vor den ewigen Piratenangriffen konstruiert, bietet das Kloster heute zwar spartanisch eingerichtete, aber saubere Zimmer mit noch immer großartiger Aussicht auf Meer und Umgebung. €–€€

Fornalutx

 Can Verdera
C/des Toros, 1, 07109 Fornalutx
✆ 971 63 82 03, Fax 971 63 81 09
www.canverdera.com
Das Hotel in einem Stadtpalais gehört eher der Luxuskategorie an und hat sich auf Wellness spezialisiert. Besonders stolz ist man auf das Zusammenspiel zwischen mallorquinischer Architektur, neuzeitlichem Design und avantgardistischer Kunst. €€€–€€€€

 Fornalutx Petit Hotel
C/Alba, 22, 07109 Fornalutx
✆ 971 63 19 97, Fax 971 63 50 26
www.fornalutxpetithotel.com
Das in einem ehemaligen Nonnenkloster untergebrachte Hotel besticht durch die Klarheit der Formen und die stilsichere Einrichtung. Terrasse, Garten und Swimmingpool verführen zu trägem Nichtstun. €€ (inkl. Frühstück)

Inca

 Finca Son Vivot
Ctra. Palma–Alcúdia, km 30
Camino Son Vivot, 07300 Inca
✆ 971 88 01 24, www.sonvivot.com
Landhaus mit 4 Zimmern inmitten einer prachtvollen Gartenanlage. Der Pool liegt im Zitronengarten, die Inhaber

des Familienbetriebes kümmern sich rührend um ihre Gäste und dennoch ist der Ort fast ein Geheimtipp geblieben. €€

Lloseta

 Ca's Comte
Comte d'Aiamans, 11, 07630 Lloseta
📞 971 87 30 77, Fax 971 51 91 92
www.hotelcascomte.com
Klassische mallorquinische Finca im Landesinnern mit schönen Zimmern und einem anspruchsvollen Spa-Bereich. €€–€€€

Auch das gehört zu Mallorca: riesige Hotelanlagen

Llubí

 DaiCa
C/Farinera, 7 oder C/Nou, 8
07430 Llubí
📞 971 52 25 67
www.daica.es
Kleines Landhotel im Herzen von Llubí. Die 3 Zimmer haben keinen großen Luxus, sind aber durchaus behaglich und zu vernünftigen Preisen. €€

Lluc

Kloster Lluc
📞 971 87 15 25, Fax 971 51 70 96
www.lluc.net
129 Zellen mit Bad und Heizung hält das Kloster für die Unterkunft der Pilger bereit. Es gibt Einzel-, Doppel- oder auch Zimmer für 3, 4 oder 6 Personen. €–€€

Magaluf

 Mallorca Rocks Hotel
 Av. De Las Palmeras, 2
07181 Magaluf
📞 971 13 15 93
www.ibizarocks.com/mallorca-rocks-hotel/
Das erfolgreiche Konzept des Ibiza Rocks Hotel wurde nach Mallorca transferiert, und im Mai 2010 eröffnete auch hier das Hotel, das Rockkonzerte, Lifestyle und Reisen miteinander verbinden will. Die britische Kompanie, die sich als Hoteliers, Reise- und Konzertveranstalter einen Namen gemacht hat, sitzt im Großraum London und zielt hauptsächlich auf junges, britisches Publikum ab. Mindestaufenthalt sind 4 Nächte. Angeboten werden Zimmer für bis zu 4 Personen. Zumindest im ersten Jahr war das Hotel Monate vorher bereits ausgebucht. Wer also Lust auf britisch geprägten Spaßtourismus hat, muss früh dran sein. €–€€

Manacor

 La Reserva Rotana
 Camí de Bendris, km 3, 07500 Manacor
📞 971 84 56 85
www.reservarotana.com
Etwa 3 km von der Hauptstraße entfernt versprüht das weitum allein stehende Haus den Hauch von Nobilität. Der Besitzer war einst ein passionierter Großwildjäger, der die Großzügigkeit des alten Herrensitzes nutzt, um seine zahlreichen Trophäen auszustellen. Das gibt dem Haus eine aus Zeit und Raum gefallene Aura. Über den hauseigenen Golfplatz, die Tennisplätze, den Swimmingpool und den Spa-Bereich kann man seine Umgebung schon mal vergessen. Viele Gäste bewegen sich während ihres Aufenthalts kaum vom Hotel weg. Das Haus zählt zu den besten Luxus-Landhotels in Spanien. €€€€ (inkl. Frühstück)

 Son Amoixa Vell
Ctra. Manacor–Cales de Mallorca, km 3,3
7500 Manacor
📞 971 84 62 92
Fax 971 83 46 77
www.sonamoixa.com
Umgeben von sanfter Hügellandschaft liegt die Finca aus dem 16. Jh. inmitten von Zitronen-, Feigen- und Mandelbäumen. Tennis, Sauna, Solarium und Fitnessbereich sind im Preis mit inbegriffen. 2010 hat man gar den Special Award von HolidayCheck gewonnen. €€€–€€€€ (inkl. Frühstück)

 Son Sureda
 Ctra. Manacor–Colònia de Sant Pere, km 5,6
07500 Manacor
📞 609 44 13 81, Fax 971 72 36 15
www.sonsureda.com
Son Sureda ist eigentlich ein Reiterhof, auf dessen Gelände einige alte Gebäude wie z.B. die Getreidemühle liebevoll in Wohneinheiten verwandelt wurden. Den Gästen stehen eine 4er-Einheit sowie 9 Zweibett-Apartments mit Küchen zur Verfügung. €–€€

Maria de la Salut

Finca Roqueta
Finca Roqueta, Agroturismo

Afores, s/n, 07519 Maria de la Salut
© 636 73 99 27
www.agroroqueta.com
Die alten Häuser des Landguts aus dem 13. Jh. gehören zu einem der sieben Rittergüter, die Jaume I. den sieben Edlen schenkte, die ihn bei der Eroberung Mallorcas unterstützten. Die Anlage wurde renoviert, ohne den alten Zauber zu zerstören. Etwa 500 m außerhalb des Ortskerns genießt man ländliche Ruhe. Mindestaufenthalt 7 Nächte. €€

Montuïri

Son Manera
Ctra. Montuïri - Lloret, km. 0,3

07230 Montuïri
© 971 16 15 30, www.sonmanera.com
Das weitläufige und stilvolle Landhaus verfügt über Zimmer in verschiedenen Kategorien, Spa- und Relaxbereich. €€–€€€

Es Puig Molto
Ctra. Pina–Montuiri, km 3, 07230 Montuïri
© 971 18 17 58
www.espuigmolto.com
Die ehemalige Finca vermietet verschiedene Suiten für 2 und Häuser für bis zu 4 Personen. €€–€€€

Muro/Ca'n Picafort

Parc Natural
Ctra. Alcúdia–Artá, s/n

07458 Platja de Muro
© 971 89 20 17, Fax 971 89 03 45

www.grupotelparcnatural.com
Das Spa- und Welnessresort hat seit seiner Eröffnung 1995 mehrere Auszeichnungen der Tourismusbranche und für ökologisches Wirtschaften erhalten. Hier kann man sich rundum verwöhnen lassen. €€€–€€€€ (inkl. Frühstück)

Es Bauló
Av. Sta. Margalida, 28

07458 Ca'n Picafort
© 971 85 00 63, Fax 971 85 00 35

www.esbaulo.com
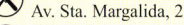
Okt.–April geschl.
»La teva casa a Mallorca« –»Dein Zuhause auf Mallorca«, so wirbt das Hotel für sich. Tatsächlich fühlt man sich in dem terrakottafarbenen hübschen Gebäude rundum wohl. Angeboten werden Apartments und Studios mit jeweils kleinen Küchenzeilen. €€–€€€ (inkl. Halbpension)

Hotel Gran Bahía
Almirante Cervera, 1, 07458 Ca'n Picafort
© 971 85 00 22, www.hotelgranbahia.es/hotel-gran-bahia-mallorca.html

Das Gran Bahía ist zwar schon etwas in die Jahre gekommen, besticht aber durch seine Lage in der ersten Reihe am Meer. Wer es nicht ganz so luxuriös liebt und dafür kurze Wege zum Strand und Nachtleben möchte, ist hier gut aufgehoben. €–€€

Orient

L'Hermitage
Ctra. Alaró–Bunyola, km 8,2, 07349 Orient
© 971 18 03 03, Fax 971 18 04 11
www.hermitage-hotel.com
Inmitten des fruchtbaren Tals von Orient, am Fuße des Gebirgszuges von Alfabia, liegt dieses 400 Jahre alte Herrenhaus, das 1950 in ein Kloster verwandelt wurde. Inzwischen hat man hier ein Spa-Hotel der gehobenen Klasse eingebaut, doch die Gebäude und vor allem die sie umgebende Einsamkeit atmen noch die Abgeschiedenheit des Klosterlebens. €€€–€€€€ (inkl. Frühstück)

Son Palou
Pl. de la Església, s/n

07349 Orient
© 971 14 82 82, Fax 971 61 36 18
www.sonpalou.com
Hübsches Landhotel inmitten des Dorfes und dennoch mit großzügigen Gartenanlagen und Pool. €€–€€€

Dalt Muntanya
Ctra. Bunyola–Orient, km 10
07349 Orient
© 971 61 53 73, Fax 971 14 82 83
www.daltmuntanya.net
Sauber und adrett eingerichtetes Landhotel mit Swimmingpool und großzügigen Gartenanlagen. 15. Okt.–Feb. geschl. €€

Palma de Mallorca

Ca Sa Galesa
C/Miramar 8, 07001 Palma
© 971 71 54 00
www.palaciocasagalesa.com
Mit dem Spruch »das Hotel, das kein Hotel ist« wirbt das Haus für seinen außergewöhnlichen Anspruch. Nur wenige Häuser aus dem 17. Jh. sind für die Allgemeinheit zugänglich und so wird der Aufenthalt hier auch zu einer kleinen Sightseeingtour. €€€€

Hotel Tres
C/Apuntadores, 3, 07012 Palma
© 971 71 73 33, Fax 971 71 73 72
www.hoteltres.com
Hotel in einem alten Stadtpalast in der Nähe des Almu-

daina-Palastes. Die Zimmereinrichtungen bedienen den ausgefallenen Geschmack der Postmoderne. Sehr cool! €€€€

 Hotel Convent de la Missió
C/de la Missió, 7a, 07003 Palma
✆ 971 22 43 47, Fax 971 22 43 48
www.conventdelamissio.com
Gelungenes Cross-over zwischen den Anlagen eines alten Konvents und moderner Hotelarchitektur in der Altstadt von Palma. Dazu gibt es Sauna, Jacuzzi, Hamam und eine angegliederte Kunstgalerie. Soviel Moderne hat ihren Preis. €€€€

UR Palacio Avenida
Av. Alexander Roselló, 42, 07002 Palma
✆ 971 90 81 08, Fax 971 90 81 09
www.urhotels.com
Am Parc d'Estació inmitten des Geschäftszentrums von Palma gelegen. Die Einrichtung ist in kühlem Weiß gehalten. €€€–€€€€

Das Herzstück Palmas: die Kathedrale La Seu

 Portixol
C/Sirena, 27, 07006 Palma
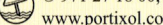 ✆ 971 27 18 00, Fax 971 27 50 25
www.portixol.com
Der weiße Kubus am Hafen hat sich ganz der Luft- und Leichtigkeit verschrieben. Einst gammelte das Hotel vor sich hin, bis es 1998 der Schwede Mikael Lundström entdeckte und vor dem Verfall rettete. Heute regiert skandinavische Formstrenge die Einrichtung. Traumhaft ist die Lage an dem kleinen Hafen von Portixol, wo keine Jachten, sondern Gebrauchsboote für den Wochenendausflug der weniger reichen Bewohner Palmas liegen. Aus über der Hälfte der Zimmer hat man einen traumhaften Blick auf den Hafen und die Altstadt von Palma. €€€–€€€€

 San Lorenzo
C/Sant Lorenço, 14, 07012 Palma
✆ 971 72 82 00, www.hotelsanlorenzo.com
Exklusives und intimes Stadthotel im Westen der Altstadt mit eigenem Pool. €€€–€€€€

 Palau Sa Font
C/Apuntadores, 38, 07012 Palma
✆ 971 71 22 77, Fax 971 71 26 18
www.palausafont.com
Im alten Bischofspalais wurde historische Architektur mit modernem Design kombiniert. Das ist europaweit nicht un-

gewöhnlich und bringt einige Frische in die bejahrten Gebäude. Die Lage in der Altstadt ist hervorragend, denn das Haus liegt im ruhigen Teil des Carrer Apuntadores, doch der bewegtere Teil mit zahlreichen Bars und Restaurants ist nicht weit. €€€–€€€€

Santa Clara
C/San Alonso, 16, 07001 Palma
✆ 971 72 92 31, www.santaclarahotel.es
Das im Zentrum gelegene Hotel lockt nicht nur mit puristisch und elegant ausgestatteten Zimmern, sondern auch mit einer Dachterrasse mit spektakulärer Aussicht über Palmas Altstadt. €€€–€€€€

UR Misión de San Miguel
C/Can Macanet, 1a, 07003 Palma
✆ 971 21 48 48, www.urhotels.com
Kleines modernes Hotel im Herzen der Altstadt, das Wert auf Ruhe und Wohlbefinden der Gäste legt. €€€–€€€€

Hotel Dalt Murada
Almudaina, 6 A, 07001 Palma
✆ 971 42 53 00, Fax 971 71 97 08
www.daltmurada.com
Kleines Hotel in einem restaurierten Stadtpalais hinter der Kathedrale im Herzen der Altstadt. €€–€€€

Hotel Ciutat Jardí
Illa de Malta, 14, 07007 Platja de Palma
✆ 971 74 60 70, www.hciutatj.com
1921 wurde das heute funktionsälteste Hotel der Stadt Palma errichtet. Es war das zweite Hotel, das auf Mallorca überhaupt eröffnete. Bei der aufwendigen Renovierung vor ein paar Jahren konnte der altehrwürdige Charme bewahrt werden. €€–€€€ (inkl. Frühstück)

Azul Playa
Ciutat Jardì, Isla de rodes, 24, 07007 Palma
✆ 971 91 90 20, Fax 971 91 90 29
www.hotel-azul-playa.de
Zwischen dem Stadtzentrum und dem Flughafen, direkt am Meer gelegen. Stilvolles Design in Weiß und Blau – vom geschmackvollen Gebäudekubus bis zur Inneneinrichtung. €€–€€€

UR Portofino
Trafalgar, 24, 07007 Ciutat Jardí Palma
✆ 971 26 04 64, Fax 971 26 06 51
www.urhotels.com
Die Zimmer sind nicht sehr groß, aber sehr hell und sauber. Nicht alle Zimmer haben Meerblick. Die Lage zwischen Strand und Stadt ist für Spontanurlauber optimal. €€–€€€

Hotel Born
C/Sant Jaume, 3, 07012 Palma
✆ 971 71 29 42, Fax 971 71 86 18
www.hotelborn.com
Kleines, familiäres Hotel, das in einem Stadtpalast des 16. Jh. untergebracht ist. Hier regiert die Nostalgie. Unschlagbar ist der sonnenbeschienene Patio für das Frühstück oder zum Rasten während eines anstrengenden Stadttages. €€

Hostal Corona
Josep Villalonga, 22, 07012 Palma
✆ 971 73 19 35, mobil 617 55 97 67
Fax 971 73 19 35, www.hostal-corona.com
Stilvolles Jugendstilhotel mit kleinen Zimmern im Westen der Bucht von Palma. €

Hostal Pinar
C/Camilo José Cela, 6, 07014 Palma
✆ 971 28 88 64
Kostengünstige, einfache Unterkunft im Westen der Stadt, beim Bosc de Belver. €

Albergue Juvenil/Jugendherberge
C/Costa Brava, 13, 07610 Palma
✆ 971 26 08 92, 902 11 11 88
Fax 971 26 20 12, www.reaj.com
Die Jugendherberge in Flughafennähe ist für viele Jugendliche die erste Anlaufstelle bei einem Inselbesuch. €

Petra

Sa Plaça Petra
Pl. Ramon Llull, 4, 07520 Petra
✆ 971 56 16 46, www.petithotelpetra.com
Gediegenes Stadthaus am Hauptplatz mit stilvollem Patio. Will man eins der 3 Zimmer ergattern, empfiehlt sich vorherige Reservierung. €€

Ermita de Nostra Senyora de Bonany
Santuarí de Bonany
07520 Petra
✆ 971 56 11 01
Einfache Unterkunft für Selbstverpfleger. €

Pina

Hotel Rural Son Xotano
Ctra. Pina–Sencelles, km 1,5
07220 Sant Jordi/Pina
✆ 971 87 25 00
Kleines Hotel mit 16 Zimmern, davon 9 Suiten. Das Landhaus stammt aus dem 16. Jh. und ist umgeben von einer weitläufigen Parkanlage. €€

Pollença/Port de Pollença/Cala Sant Vicenç

Son Brull, Hotel & Spa
Ctra. Palma–Pollença, km 49,8
✆ 971 53 53 53, www.sonbrull.com
Luxus-Spa-Resort für Erholungsuchende, Golfer und Sportler in einem stilvollen Landhaus. €€€€ (inkl. Frühstück)

Hotel Cala Sant Vicenç
C/Maressers, 2
07469 Cala Sant Vicenç/Pollença
℡ 971 53 02 50, Fax 971 53 20 84
www.hotelcala.com
Das Hotel der Luxusklasse mit nur 38 Zimmern und familiärer Atmosphäre steht ein bisschen weiter im Innern der Siedlung um Cala San Vicenç. Für den Meerblick muss man also ein paar Schritte laufen. Dafür gibt es im Haus alle Annehmlichkeiten. €€€–€€€€

Hotel Son Sant Jordi
C/Sant Jordi, 29, 07460 Pollença
℡ 971 530 389, www.hotelsonsantjordi.com
Hotel in einem alten Stadthaus mit Garten und Pool. Vielleicht hat man es mit dem Landhausstil ein wenig übertrieben, dennoch herrscht eine angenehme Atmosphäre. €€–€€€

Posada de Lluc
C/Roser Vell, 11, 07460 Pollença
℡ 971 53 52 20
www.posadalluc.com
Landsitz aus dem 15. Jh. im historischen Stadtzentrum. €€€

Hotel Illa d'Or
Paseo Colón, 265, 07470 Port de Pollença
℡ 971 86 51 00, Fax 971 86 42 13
www.hotelillador.com
Die Gründung aus dem Jahr 1929 wurde zwar kräftig umgebaut, konnte jedoch die klassische Eleganz der 1920er-Jahre bewahren. Die Zimmereinrichtung hält nicht ganz, was der Blick von außen verspricht, doch die Lage direkt am Wasser im Hafen von Pollença ist glanzvoll. €€–€€€

Hotel Llenaire
Camí de Llenaire, km 3,8, 07470 Port de Pollença
℡ 971 53 52 51, www.hotelllenaire.com
Hotel gehobener Ausstattung in einer Finca mit Meerblick. €€–€€€

Hotel Juma
Pl. Major, 9
07460 Pollença
℡ 971 53 50 02, Fax 971 53 41 55
www.pollensahotels.com
Das Haus am zentralen Platz der Stadt gibt es seit 1907 und zahlreiche Persönlichkeiten sind hier oder im zugehörigen Café abgestiegen. Man kann also dem Charme der Frühzeit des Tourismus nachschnuppern, denn auch die Einrichtung ist noch umständlich altmodisch und außergewöhnlich charmant. Dennoch wurde das Hotel zuletzt 1996 gründlich renoviert und genügt durchaus modernen Ansprüchen. €€ (inkl. Frühstück)

Port de Pollença vor den östlichen Ausläufern der Tramuntana

Hotel d'interior
Mercat, 18, 07460 Pollença
℃ 971 53 52 81, Fax 971 53 52 82
www.pollensahotels.com
Die Inhaber des Hotels Juma haben 2006 nur wenige Meter weiter ein zweites Hotel eröffnet, das sich ganz der Modernität verschrieben hat. Hier wird mit moderner Kunst und klassischen Materialien experimentiert, ohne dass der der Moderne eigenen minimalistischen Coolness allzu viel Platz eingeräumt wird. €€ (inkl. Frühstück)

Hotel Niu
C/Barques, s/n, 07469 Cala Sant Vincenç
℃ 971 53 01 00, Fax 971 53 12 20
Das Hotel liegt an der wildromantischen Cala Sant Vincenç nur wenige Meter vom Meer entfernt. Das sieht man der Fassade bereits ein bisschen an. Die Zimmerausstattung ist einfach und funktional. Nicht alle der 27 Zimmer haben Meerblick, worauf man bei der Buchung achten sollte. €–€€

Pensión Bellavista
C/Monges, 14, 07470 Port de Pollença
℃ 971 86 46 00
www.pensionbellavista.com
Das Haus war ursprünglich der Anbau des Hotels gleichen Namens, das 1931 errichtet wurde. Liebevoll geführtes Familienhotel mit spartanisch eingerichteten Zimmern. Doch die Nähe zum Meer, der Preis und die Freundlichkeit der Familie sind unschlagbar. €

Puig de Pollença
07460 Pollença
℃ 971 18 41 32
Einfache Übernachtungen im ehemaligen Kloster am Puig de Santa Maria (Beschreibung bei Pollença). €
Zum Klosterberg Puig de Santa Maria zweigt man rechts von der Straße Pollença–Port de Pollença (Ma 2200) ab. Man folgt der Ausschilderung bis zum Ende der Straße. Von dort geht es ca. 15 Min. zu Fuß weiter. Allerdings ist Parken vor allem tagsüber Glückssache.

Porreres

Sa Bassa Rotja
»Finca Son Orell« – Camí Sa Pedrera
07260 Porreres
℃ 971 16 82 25, Fax 971 64 41 70
www.sabassarotja.com
Landhotel bei Porreres mit stilgerecht ausgestatteten Zimmern und einem unaufgeregt gestalteten Spa-Center. Dort pflegt man ein erholsames Ayurveda-, Yoga- und Wellnessprogramm. €€

Finca de agroturismo Son Mercadal
Camino de Son Pau, s/n
07260 Porreres
℃ 971 18 13 07, 610 75 83 32, Fax 971 18 13 00
www.son-mercadal.com
Klassische Finca, die geschmackvoll in ein Hotel verwandelt wurde. Eine beliebte Adresse im Landesinnern. €€

Santuari de Monte-Sion
Etwa 3,5 km südlich von Porreres
07260 Porreres
℃ 971 64 71 85
Mehrbettzimmer für Pilger und Touristen. Für eine Mahlzeit in dem einfachen Restaurant sollte man sich vorher anmelden. €

Portocolom

Cape Colom
C/Assumpció, 14, 07670 Portocolom
℃ 971 82 51 50, www.jshotels.com
Sicher gibt es schönere Hotels, sowohl von außen als auch von innen. Jedoch hat man von Zimmer und Balkon aus einen phänomenalen Blick über die Bucht und das Meer, denn das Hotel wurde direkt über der Steilküste errichtet. Nov.–April geschl. €–€€

Hostal Portocolom
C/Cristofol Colom, 5, 07670 Portocolom
℃ 971 82 53 23, www.hostalportocolom.com
Das kleine Hostel liegt am Hafen etwas abseits des Touristenrummels. Die Einrichtung der Zimmer kann nicht ganz mit derjenigen des Restaurants mithalten. Trotzdem ist das Portocolom eine gute Adresse für ein paar unaufgeregt erholsame Tage. €–€€ (inkl. Frühstück)

Puigpunyent

Son Net
C/Castillo de Sonnet, s/n
07194 Puigpunyent
℃ 971 14 70 00, Fax 971 14 70 01
www.sonnet.es
Luxusherberge am Galatzó, die in einem alten Landhaus stilvoll eingerichtet wurde. €€€–€€€€

Randa

Es Recò de Randa
C/Font, 21, 07629 Randa
℃ 971 66 09 97, www.esrecoderanda.com
Das gediegene Landhotel besticht vor allem durch seine herrliche Aussicht und die Hotelküche, die mittlerweile inselweit berühmt ist. €€€ (inkl. Frühstück)

Nostra Senyora de Cura
Puig de Randa
℃ 971 12 02 60, www.santuaridecura.com
Einfache und günstige Unterkünfte in den ehemaligen Klosterzellen. Fantastischer Ausblick über das Pla aufs Meer. €

Unterkünfte

Eine der vielen Fincas auf der Insel

Santa Eugènia

 Sa Torre de Santa Eugènia
Alqueries, 70, 07142 Santa Eugènia
© 971 14 40 11, www.sa-torre.com
In der hübschen Finca im Herzen der wichtigsten
mallorquinischen Weinbauregion können für mehrere Tage
Apartments gemietet werden. €€€

Santa Margalida

 Casal Santa Eulalia
Ctra. Santa Margalida–Alcúdia, km 1,8
07450 Santa Margalida
© 971 85 27 32, 971 85 27 33
Fax 971 85 08 90
www.casal-santaeulalia.com
Selten hat man die Chance, auf Mallorca in derart alten Gemäuern unterzukommen. Die Liegenschaft des Casal Santa
Eulalia geht auf das Jahr 1242 zurück, der erste Hausherr
wird wohl Teil des Eroberersheeres unter Jaume I. gewesen
sein. Trotz der Renovierung hat das Anwesen seinen herrschaftlichen Charakter beibehalten. Die Einrichtung ist
klassisch luxuriös. €€€€ (inkl. Frühstück)

Santa María del Camí

Read's Hotel & Restaurant
Ctra. Vella Santa María–Alaró, km 2,5
07320 Santa María del Camí
© 971 14 02 61
Fax 971 14 07 62
www.readshotel.com
Spa-Hotel der gehobenen Luxusklasse. Prachtvolle Ausstattung, deren Ästhetik gelegentlich leicht am gehobenen
Kitsch vorbeischrammt. €€€€

Santanyí

 Hotel Cala Santanyí
 C/Sa Costa dets Etics, s/n, 07659 Cala Santanyí
 © 971 16 55 05, Fax 971 16 55 09
www.calasantanyi.info
 Die Anlage aus einem Haupthaus und mehreren
Nebengebäuden, in denen die Apartments untergebracht sind, dominiert die kleine Bucht. Dafür
 haben alle Unterbringungsmöglichkeiten Meerblick.
€€ (Apartments) – €€€ (Zimmer inkl. Frühstück)

 **Hotel Rocamar, Apartements
Playamar/Tahití**
 C/Juan Sebastián Elcano, 38
07609 Cala Figuera (Santanyí)
©971 64 51 25, Fax 971 64 51 82
www.rocamarplayamar.com
Auf einer Felsnase gelegen, bietet das Hotel eine
schöne Aussicht über das Meer. Die Apartments liegen an der Cala Santanyí, sind ca. 300 m vom Meer entfernt und auch hier hat man Blick auf die Bucht. Sie erfor-
dern einen Mindestaufenthalt von 6 Tagen. €–€€

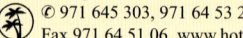 **Hotel Villa Sirena**
C/Virgen del Carmen, 37, 07659 Cala Figuera
© 971 645 303, 971 64 53 24
Fax 971 64 51 06, www.hotelvillasirena.com
Längst ist die Cala Figuera keine einsame Bucht
mehr und mehrere Ferienanlagen reihen sich aneinander. Die Villa Serena besticht da durch ihre Lage in der
ersten Reihe, sodass man einen unverbaubaren Blick über
die Bucht genießt. Das Hotel und die zugehörigen Apartments sind günstig und deshalb beim jungen Publikum beliebt, weshalb es gelegentlich schon mal etwas lauter wird.
€–€€ (im Hotel inkl. Frühstück)

 Hostal Can Jordi
 C/Verge del Carme, 58
07659 Cala Figuera (Santanyí)
© 971 64 50 35, www.hostalcanjordi.webs.com
Das Hostel verfügt neben einfachen Hotelzimmern an der
Promenade über Apartments, Wohnungen und komplette
Häuser. Die Einrichtung ist einfach, doch Lage und Preis
sind unschlagbar. €

Selva – mit Binibona, Moscari

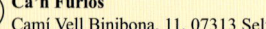 **Ca'n Furiós**
Camí Vell Binibona, 11, 07313 Selva
 © 971 51 57 51, Fax 971 87 53 66
www.can-furios.com
Das Landhaus aus dem 16. Jh. wurde stilgerecht restauriert
und mit teuren Antiquitäten eingerichtet, sodass das Hotel
mit seinen fünf Sternen die Luxussparte bedient.
€€€–€€€€ (inkl. Frühstück)

 Hotel Albellons Parc Natural
07314 Caimari
 © 971 87 50 69, Fax 971 87 51 43
www.albellons.com

Die beiden Hotels Albellons und Binibona werden von zwei Brüdern und ihren Familien geführt. Als ihr Vater vor Jahrzehnten nach Binibona kam, war der Ort fast völlig verlassen. Heute gibt es wieder ein paar Einödhöfe und die beiden Hotels. €€€–€€€€

Hotel Binibona Parc Natural
 07314 Caimari
✆ 971 87 35 65, Fax 971 87 35 11, www.binibona.com
Lichtdurchflutetes Landhaus mit großzügigen Zimmern für Ruhebedürftige und Einsamkeitsuchende. Zum Service gehören Innen- und Außenschwimmbecken, Sauna und Tennisplatz. €€€

Can Calco
 C/Campanet, 1, 07316 Moscari
✆ 971 51 52 60, www.cancalco.com
Kleines, ruhiges Landhotel mit Anspruch, auf halber Strecke zwischen Selva und Campanet. €€–€€€

Sa Bisbal
Pl. Santa Catalina Thomas, 1, 07313 Selva
✆ 971 51 57 24, www.hotelsabisbal.com
Stilvolles Landhaus, das mit viel Geschick für Übernachtungsgäste umgebaut wurde. Der Mindestaufenthalt sind 4 Nächte. €€

Sencelles

Son Jordà
 Ruberts, 07410 Sencelles
✆ 971 58 51 23, Fax 971 81 32 62, www.sonjorda.com
Von außen ist die zu einem Hotel umgebaute Finca schlicht und Sencelles ist ein eher ruhiges Dorf – außer am zweiten Sonntag nach Ostern, wenn die Einheimischen zum Geburtsort von Schwester Francisca Ana Cirer pilgern. Die Hoteleinrichtung ist klassisch spanisch. Daneben gibt es Pool und Tennisplatz. Wer es ruhig und unspektakulär, aber mit Understatement mag, ist hier gut aufgehoben. €€ (inkl. Frühstück)

Sineu

Hotel León de Sineu
 C/dels Bous, 129, 07510 Sineu
✆ 971 52 02 11, Fax 971 85 50 58
www.hotel-leondesineu.com
Hübsches familiengeführtes Hotel in einem Gebäude aus dem 15. Jh. mit Schwimmbad und Sauna. €€ (inkl. Frühstück)

Sóller/Port de Sóller

Ca's Xorc
Ctra. de Deià, km 56,1, 07100 Sóller
✆ 971 63 82 80, Fax 971 63 29 49
www.casxorc.com
Das Ca's Xorc verbindet traditionelle mallorquinische Architektur mit marokkanischen Dekorationselementen und

Viele Landsitze und Bauernhöfe sind zur Finca umgebaut

verlässt damit die eingetretenen Pfade der klassischen mallorquinischen Finca-Einrichtung. Die billigeren Zimmer gibt es nur ohne Aussicht, die bei den übrigen Zimmern sowie im Außenbereich wirklich besticht, denn das Hotel liegt ungefähr auf halber Strecke zwischen Sóller und Deià. €€€€ (inkl. Frühstück)

Hotel Rural Ca n'Aí
 Camí de Son Sales, 50, »L'horta de Sóller« 07100 Sóller
✆ 971 63 24 94, Fax 971 63 18 99, www.canai.com
Seit 1723 ist das Landgut im Besitz der mallorquinischen Familie Morell, die es mittlerweile in der 14. Generation betreibt. Früher lieferte das Gut mitten im Tal von Sóller Brennholz und Olivenöl, heute ist es eine Oase der Ruhe, die man sich etwas kosten lassen kann. €€€–€€€€ (inkl. Frühstück)

Hotel Espléndido
 Es Traves, 5, 07108 Port de Sóller
✆ 971 63 18 50, Fax 971 63 30 19
www.esplendidohotel.com
Das Schwesterhotel des Portixolm in Palma liegt an der Strandpromenade von Port de Sóller. Das Gebäude von 1954 atmet den Geist der Jahrhundertmitte von Aufbruch und Machbarkeit. Inzwischen wurde es von Grund auf renoviert und elegant mit dem Geschmack des beginnenden 21. Jh. verfeinert. €€€–€€€€

Ca'n Coll
 Camí de Can Coll, 1, 07100 Sóller
✆ 971 63 32 44, Fax 971 63 19 05
www.cancoll.com
Nur wenige Gehminuten vom Zentrum entfernt liegt die hübsche kleine Finca inmitten eines sattgrünen Zitronenhains. Die Zimmer sind nach Früchten farblich und olfaktorisch ausgestattet. Wählen Sie als Urlaubslektüre »Das Parfüm« von Patrick Süßkind. €€–€€€€

Son Bleda
Ctra. de Deià, 07100 Sóller
✆ 971 63 34 68, Fax 971 63 24 26, www.sonbleda.com
Ein stilles Refugium in einer ehemaligen Klosteranlage, das von den beiden Deutschen Dieter Rahmel und Thomas vom Hofe geführt wird. Die Anlage überzeugt durch ihren Luxus, ihre detailverliebte Einrichtung und nicht zuletzt durch ihre Lage auf dem Weg zwischen Sóller und Deià.
€€€

 Ca's Sant
Camí ses Fontanelles, 34, 07100 Sóller
✆ 971 63 02 98, www.cas-sant.com
Inmitten eines riesigen Orangenhains liegt diese gepflegte Finca, die 8 großzügige Zimmer, einen romantischen Garten und Swimmingpool für ihre Gäste bereithält. €€€

S'Ardeviu
C/Vives, 14, 07100 Sóller
✆ 971 63 83 26
www.sollernet.com/sardeviu/
Geschmackvoll eingerichtetes Familienhotel mit nur 7 Zimmern. Eine Oase der Ruhe! €€

 Hotel Sóller Garden
Pl. Reis de Mallorca, 5, 07108 Port de Sóller
✆/Fax 971 63 80 46, www.sollergarden.com
30 Bungalows mit je 2 oder 4 Betten stehen für die Urlauber bereit. Ein kleiner Vorgarten sorgt für intime Atmosphäre und der Service ist wie im Hotel: tägliche Reinigung und auf Wunsch Frühstück und Abendbuffet. €–€€

Son Macía

 Finca Son Mola Vell S.L.
Ctra. Son Macía–Cales de Mallorca

Haus in Valldemossa

 07509 Son Macía
✆ 971 55 46 64, Fax 971 55 56 17
www.sonmolavell.com,
Der Hamburger Unternehmer Dieter Euler verliebte sich bereits 1988 in den Landflecken und erbaute auf Resten einer Finca aus dem 18. Jh. das Hotel. Hoch über den Stränden und Buchten der Cales de Mallorca, mit weiter Aussicht über das tiefblaue Meer und inmitten weitgehend unberührter Natur, bietet das Finca-Hotel eine perfekte Bilderbuchkulisse zu vergleichsweise niedrigen Preisen. €€ (zu viert in der Familiensuite) – €€€ (inkl. Frühstück)

Son Servera

 Son Gener
Ctra. Vella Son Servera–Artà, km 3
07550 Son Servera·
✆ 971 18 36 12, 971 18 37 36, www.songener.com
Luxusfinca inmitten einer grünen Farbenpracht. Ob in den Zimmern, bei der Gartenanlage mit Pool oder im Restaurant – überall haben die Innen- und Gartenarchitekten Geschmack bewiesen. €€€€

Valldemossa

 Cases de Cas Garriguer
Ctra. Valldemossa–Andratx, km 3
07170 Valldemossa
✆ 971 61 23 00, www.vistamarhotel.es
Die landwirtschaftlichen Gebäude der Finca »Son Olesa« wurden zu einem kleinen Hotel umgebaut. Wo früher der Wächter *(Garriguer)* wohnte, werden heute 10 schöne Zimmer in einer großzügigen Anlage mit Pool vermietet. €€€

Hostal Ca'n Marió
C/de Uetam 8, 07170 Valldemossa
✆ 971 61 21 22, 971 61 60 74
Fax 971 61 60 29, www.hostalcanmario.net
Günstige Alternative in einem alten mallorquinischen Landhaus, dessen Eigner vor allem an der reichhaltigen Geschichte der Gegend interessiert ist. €–€€

Service von A bis Z

An- und Einreise 177
Auskunft 178
Automiete, Autofahren 179
Diplomatische Vertretungen 180
Einkaufen 180
Essen und Trinken 181
Feiertage und Feste 182
Geld, Banken, Kreditkarten 184
Hinweise für Menschen mit Behinderungen . 184
Klima, Kleidung, Reisezeit 184
Medizinische Versorgung 184
Mit Kindern auf Mallorca 185
Nachtleben 185
Notfälle, wichtige Telefonnummern 186

Öffentliche Verkehrsmittel 186
Öffnungszeiten 187
Post, Briefmarken 187
Presse, Rundfunk, TV 187
Rauchen 187
Sicherheit 188
Sport und Erholung 188
Sprachführer 192
Strom 189
Telefonieren 190
Trinkgeld 190
Trinkwasser 190
Unterkünfte 190
Zeitzone 191

An- und Einreise

Bürger aus EU-Ländern und der Schweiz benötigen für die Einreise nach Mallorca einen gültigen Reisepass oder Personalausweis. Auch Kinder benötigen seit Juni 2012 einen eigenen Reisepass oder einen Personalausweis, Eintragungen im Pass der Eltern oder Kinderausweise sind nicht mehr gültig. EU-Bürger dürfen die »Europa-Pforte« benutzen – ohne Passkontrolle.

Hunde und Katzen müssen gegen Tollwut geimpft sein und die Tierhalter einen **EU-Heimtierausweis** am Check-in-Schalter vorlegen. Auch ist eine entsprechende Tätowierung bzw. ein Mikrochip vorgeschrieben. Erkundigen Sie sich im Voraus bei einem Tierarzt! In vielen Hotels sind Haustiere nicht zugelassen, weshalb es ratsam ist, sich vorher beim Reiseveranstalter oder bei der Hotelleitung zu informieren.

Mit dem Flugzeug:

»Nur knapp 2 ½ Stunden von fast allen großen europäischen Flughäfen entfernt«, wirbt Mallorca. Von den meisten mitteleuropäischen Flughäfen bestehen direkte Charterflug- und auch einige Linienverbindungen nach Palma. **Angebote**, z.B. den Super-Flieg-und-Spar-Tarif, bekommt man schon für ca. € 200, in der Nebensaison sogar noch wesentlich günstiger. Auch zahlreiche »Billigflieger« landen in Palma. Reservieren kann man in jedem Reisebüro und/oder über das Internet. Viele Hotels werden gemeinsam mit Flugreisen gebucht.

Die Wartezeiten auf das Gepäck sind meist erfreulich kurz. Wer aus einem EU-Mitgliedsland einreist und keine zollpflichtigen Waren einführt, kann den Zoll passieren. Am Flughafen und an Haltestellen sollte man das Gepäck besonders im Auge behalten. Für das **Handgepäck** gelten seit 2006 verschärfte Sicherheitsregeln: Es dürfen nur Flüssigkeiten von jeweils 100 ml, die wiederum in einem durchsichtigen Plastikbeutel verstaut sind, bzw. insgesamt maximal 1 l Flüssigkeit mit an Bord genommen werden. Nagelscheren, Taschenmesser und andere

spitze Gegenstände sind im Handgepäck nicht mehr erlaubt.

Mit dem Auto:
Autofähren nach Palma verkehren ab Barcelona, Valencia und Denia (vgl. Anreise mit dem Schiff). Für die Fahrt dorthin durch Frankreich und Spanien sind außer dem Führerschein und den Fahrzeugpapieren des PKW keine weiteren Dokumente nötig. Die grüne Versicherungskarte sollte dennoch nicht fehlen, für Schweizer ist sie Pflicht. Autobahnen sind in Frankreich und Spanien gebührenpflichtig. Außerdem muss jeder Autofahrer eine leuchtende Sicherheitsweste mit sich führen und bei Unfällen anziehen.

Alternativ zur Autofahrt bietet sich die Fahrt mit dem **Autoreisezug** an, mit dem man bis nach Südfrankreich (Narbonne oder Avignon) gelangt. Auskünfte über Autoreisezugverbindungen erteilen alle Reisebüros. In den letzten Jahren bemüht sich die mallorquinische Polizei verstärkt, ausländische Residenten zur Ummeldung ihres Autos zu bewegen. Für den Touristen mit eigenem PKW empfiehlt es sich daher, als Nachweis die Fährtickets (oder Kopien davon) im Auto mitzuführen.

Mit der Bahn:
Mehrmals täglich gibt es Bahnverbindungen von Deutschland nach Barcelona (Umsteigen an der französisch-spanischen Grenze in Port Bou). Reisemöglichkeiten ohne Umsteigen bestehen mit dem komfortablen Talgo ab Zürich, Paris oder Mailand. Die Preise für Hin- und Rückfahrt sind hoch, über etwaige Sondertarife informieren die Reisebüros. Die Bahnfahrt endet in Barcelona am Hauptbahnhof **Barcelona Sants**. Von dort kann man mit der Metro (grüne Linie) bis zum Hafen (U-Bahn-Station Drassanes) bzw. Flughafen fahren. Ohne Auto ist es außerhalb der absoluten Hochsaison normalerweise kein Problem, ein Fährticket zu bekommen.

Mit dem Schiff:
Die Autofähren der spanischen Fährgesellschaften Acciona Mediterránea und iscomar verbinden **Barcelona** und Mallorca (Palma) im Sommer mehrmals täglich. Die Überfahrt dauert 7–8 Std.

und kostet hin und zurück für einen Erwachsenen mit PKW ab € 280.

Außerdem existieren etwas kürzere Fährverbindungen von Barcelona nach Alcúdia und von Denia, Alicante und Valencia auf dem spanischen Festland mit Palma.

Besonders in den Sommermonaten und in der Osterwoche ist eine **Reservierung** dringend zu empfehlen. Buchungen in jedem Reisebüro, bei Acciona Mediterránea (www.trasmediterranea.es), iscomar (✆ 902 11 91 28, aus dem Ausland ✆ +34-971 43 75 00, www.iscomar.com) oder zentral für den deutschen Markt ohne Aufpreis bei www.ferrylines.com.

Auskunft

Spanische Fremden-
verkehrsämter:

In Deutschland
Spezielle Anfragen richtet man an folgende Fremdenverkehrsämter:

– Lietzenburger Str. 99, D-10707 Berlin
✆ (030) 882 65 43
Fax (030) 882 66 61
www.fremdenverkehrsamt.com/spanien.html

– Grafenberger Allee 100, D-40237 Düsseldorf
✆ (02 11) 680 39 81
Fax (02 11) 680 39 85
www.fremdenverkehrsamt.com/spanien.html

– Myliusstr. 14, D-60323 Frankfurt/Main
✆ (069) 72 50 38
Fax (069) 72 53 13
www.fremdenverkehrsamt.com/spanien.html

– Postfach 151940, D-80051 München
✆ (089) 530 74 60
Fax (089) 53 07 46 20
www.fremdenverkehrsamt.com/spanien.html

In Österreich
Walfischgasse 8
A-1010 Wien
✆ (01) 512 95 80
Fax (01) 512 95 81

In der Schweiz
Seefeldstr. 19
CH-8008 Zürich

© (044) 253 60 50
Fax (044) 252 62 04

Zentrale Anlaufstellen auf Mallorca:

Oficina de Información Turística de Mallorca
Pl. de la Reina, 2
E-07012 Palma
© 971 17 39 90
Fax 971 17 39 94
www.illesbalears.es; www.infomallorca.net

Federación Empresarial Hotelera de Mallorca
C/Aragón, 215
E-07008 Palma
© 971 70 60 07
Fax 971 47 09 71
www.visitmallorca.com
Auskunftsstand in der Empfangshalle des Flughafens

Informationen im Internet:
– www.mallorca-blog.de
– www.mallorcaonline.com
– www.mallorca.de
– www.mallorca-info.de
– www.mallorcaweb.com
– www.inselradio.com
– www.mallorcazeitung.es

Automiete, Autofahren

Schätzungsweise kurven rund 65 000 Mietwagen auf Mallorcas Straßen, ganz genau weiß das aber niemand. Die Konkurrenz ist groß und folglich gibt es auch viele unseriöse Angebote. Im Juli/Aug. können die Leihfahrzeuge schon mal knapp werden, auch weil die Inselregierung seit 2006 versucht, dem Wildwuchs durch eine neue Steuer Einhalt zu gebieten.

Auf den Inseln gelten bei fast allen Vermietern Inklusivpreise (unbegrenzte Kilometerzahl, Vollkaskoversicherung). Zahlt man mit Kreditkarte, wird keine Kaution verlangt. Der Führerschein reicht aus, um einen Wagen auf Mallorca zu mieten, vorausgesetzt, man ist mindestens 21 Jahre alt und verfügt über zwei Jahre Fahrpraxis. Etwa € 20 kostet ein Kleinwagen pro Tag. Wer im Voraus bucht, zahlt für eine Woche um die € 155. Preisvergleiche lohnen!

Wenn nicht anders ausgeschildert, gelten die folgenden **Höchstgeschwindigkeiten**: in Ortschaften maximal 50 km/h, auf Landstraßen 90 km/h bzw. 100 km/h, wenn ein beidseitiger Randstreifen von mindestens 1,5 m oder mehrere Spuren in einer Richtung vorhanden sind. Auf den wenigen Kilometern Autobahn gilt eine Geschwindigkeitsbeschränkung von 120 km/h. Da die Inselregierung gelegentlich mit Sonderregelungen auf Treibstoffverknappung und Preisanstieg reagiert, sollte man sich bereits vor der Reise informieren und lokale Hinweise beachten.

Wichtig: Anschnallpflicht gilt auch für den Beifahrer und auf Rücksitzen; die Promillegrenze liegt bei 0,5; das Abschleppen mit Privatfahrzeugen ist verboten, ebenso die Handy-Benutzung ohne Freisprechanlage. Für Motorrad- und Mopedfahrer besteht Helmpflicht. Verkehrsteilnehmer müssen eine Leuchtweste mitführen, die sie im Falle eines Unfalls vor Verlassen des Autos anlegen.

Das dichte **Tankstellennetz** stellt eine gute Versorgung mit Benzin sicher. Einige größere Tankstellen an den Hauptverkehrsstraßen und in Palma bieten einen 24-Stunden-Service, andere einen Automatenservice nach Ladenschluss. Super, Diesel und Bleifrei *(sin plomo)* und immer öfter auch Super oder Extra (98 Oktan) sind an fast allen Tankstellen der Insel zu haben.

Übrigens: *Multas* (Geldbußen) bei Verkehrsvergehen (z. B. wegen Falschparken) können seit 2007 auch aus dem Ausland eingezogen werden.

An manchen Stellen sollte ein geübter Autofahrer am Steuer sitzen

Töpfern ist ein traditionelles Handwerk auf der Insel

Diplomatische Vertretungen

Deutsches Konsulat in Palma
Edificio Reina Constança
C/Porto Pi, 8, 3°D
E-07015 Palma de Mallorca
✆ 971 70 77 37, Fax 971 70 77 40
Mo–Fr 9–12 Uhr

Österreichisches Konsulat in Palma
C/ Paraires 23, principal
E-07001 Palma de Mallorca
✆ 971 42 51 46
Fax 971 71 97 35
Mo/Di, Do/Fr 11–13 Uhr

Schweizer Konsulat in Palma
Antonia Martínez Fiol, 6, 3°A
E-07010 Palma de Mallorca
✆ 971 76 88 36, Fax 971 25 33 20

Einkaufen

Mallorca bietet eine große Bandbreite möglicher
Mitbringsel:
Dazu zählen u.a. **Alkoholika**. *Hierbas* sind Liköre
mit reduziertem Alkoholgehalt, angereichert mit
mallorquinischen Kräutern und Düften; Anis ist

Bei Oliven wird gehandelt

darunter, Thymian und eine Minzenart, die *herba
bona*. Der Likör wird trocken *(seques)*, mittel
(mesclades) oder süß *(dolces)* angeboten und wirkt
appetitanregend und verdauungsfördernd. Der *palo*
wird aus geschmolzenem Zucker, Chinarinde und
Bitterwurz hergestellt und ist entsprechend süß; er
gilt als fiebersenkend und magenberuhigend. Ken-
ner trinken ihn mit einem Schuss Soda.

Mallorcas Töpfer besinnen sich zunehmend auf
alte Traditionen und Formen. **Tonwaren** und Geschirr werden z. B. in den Ortschaften Portol und
Marratxi handgefertigt. In Manacor oder Felanitx
werden dagegen **Keramikarbeiten** mit arabischen Ornamenten oder ländlichen Szenen als
Kachel, Teller oder Schüssel hergestellt – farbig
glasierte Keramikarbeiten zählen zu den Kostbar-
keiten der Insel.

Die Phönizier sollen die *siruells* nach Mallorca
gebracht haben, die rohen, spärlich bemalten Tonfiguren mit Flötenmundstück. Heute werden sie
wieder in mindestens zwei Werkstätten von Hand
geformt, gekält und mit den typischen farbigen
Mustern versehen. Zentrum der Herstellung ist
Marratxi, zu finden sind die Figürchen auf vielen
Handwerksmärkten der Insel.

Venezianische, katalanische und kastilische
Einflüsse der **Glasbläserkunst** sind auf Mallorca
schon vor der Wende zum 20. Jh. zu einem eigenständigen Stil verschmolzen, der heute nach ganz
Europa exportiert wird. Can Gordiola (Ctra.
Palma–Manacor, km 19, Algaida, ✆ 971 66 50 46,
www.gordiola.com) ist die traditionsreichste und
kreativste Glasbläserei; daneben findet man La-
fiore (Ctra. Valldemossa, km 11, S'Esgleieta,
✆ 971 61 18 00, www.lafiore.com) und Menestralia (nahe Campanet, Ctra. Inca–Alcúdia, ✆ 971 87
71 04, www.menestralia.es).

Handgewebtes, z. B. mit den typischen Zun-
genmustern, findet man bei Artesania Bujosa

(C/Bernat de Santa Eugenia, 53, Santa María del Camí, ✆ 971 62 00 54, www.bujosatextil.com) oder bei Herederos de Vicente Juan (C/Sant Nicolau, 10, Palma, ✆ 971 72 17 73). Handgefertigte **Espadrilles** (auf Mallorquin *Espardenyes*), die typisch spanischen Stoffschuhe, kann man bei Pere Parets (C/Alcúdia, 41, Consell), dem letzten Hersteller der Insel, oder in der **Espardenyeria Llinàs** (C/Sant Miquel, 43, Palma) erwerben, wo seit 1927 die Strandschuhe verkauft werden.

Eine ganze Reihe von **Wochenmärkten** bringt Farbe in den dörflichen Alltag auf Mallorca. Alle Märkte – mit Ausnahme von Alaró – werden vormittags abgehalten:
Montag: Caimari, Calvià, Lloret, Manacor, Mancor de la Vall, Montuïri, Platja de Muro
Dienstag: Alcúdia, Artà, Campanet, Llubí, Porreres, Portocolom, Santa Margalida, Palma (Ca'n Pastilla, Pere Garau Santa Catalina)
Mittwoch: Andratx, Sa Cabaneta, Capdepera, Colonia de St. Jordi (nachmittags), Llucmajor, Petra, Port de Pollença, Sa Coma (Mai–Okt. nachmittags), Santanyí, Selva, Sencelles, Sineu (Viehmarkt), Vilafranca, Palma (Av. Amèrica, c/Antas de Ullà, c/Tamarells, c/Illa de Samos, c/Josep Mascaró)
Donnerstag: S'Arenal, Ariany, Campos, Consell, Deià (Kunsthandwerk in Son Marroig), Inca, Pòrtol, Sant Joan, Sant Llorenç, Ses Salines, Palma (Ca'n Pastilla, Pere Garau, Santa Catalina)
Freitag: Algaida, Binissalem, Ca'n Picafort, Llucmajor (gemischter Markt), Maria de la Salut, Son Servera, Palma (Plaça Major, La Vileta)
Samstag: Alaró (Kunsthandwerk), Búger, Bunyola, Campos (Trödelmarkt), Cala Ratjada, Costitx, Lloseta, Santa Eugenia, Santa Margalida, Santanyí, Sóller, Palma (Trödel: Avingudes, Pere Garau, Santa Catalina, Son Ferriol; Kunsthandwerk: Plaça Major)
Sonntag: Alcúdia, Consell (Flohmarkt), Binissalem (Kunst), Felanitx, Muro, Sa Pobla, Pollença, Porto Cristo, Santa Maria, Valldemossa

Essen und Trinken

Mallorcas Restaurantkultur hat sich in den letzten Jahren entscheidend verbessert, sodass man heute ein breites Angebot findet – von internationaler Küche über spanisch-mallorquinische Spezialitäten bis zur Haute Cuisine.

Das **Frühstück** fällt wie im übrigen Spanien eher karg aus. Meist genügt ein Milchkaffee mit einem Croissant oder der typischen *ensaimada*

Die Warenvielfalt der Wochenmärkte lockt den Urlauber auch in unbekanntere Orte

(*saïm* = Schmalz), einer köstlichen, in Schmalz gebackenen Hefeschnecke. Die Wartezeit bis zum Mittagessen wird oft mit einem kleinen Imbiss am späten Vormittag verkürzt, mit Tapas, Tortillas oder kleinen Sandwiches.

In den meisten Hochburgen des Tourismus hat man sich an den Rhythmus der Mitteleuropäer gewöhnt und bietet **Mittag- und Abendessen** ab

Krustentiere spielen eine große Rolle in der Inselküche

Mandelmilch – eine beliebte mallorquinische Spezialität

12 Uhr bzw. 19 Uhr an, wenn nicht ohnehin den ganzen Tag über. Mittags offerieren viele Restaurants ein günstiges 3-gängiges Tagesmenü (*menu del día*) mit eingeschränkter Wahlmöglichkeit und von Wein und Wasser begleitet zu einem Preis meist unter € 20. Das *menu de degustació* ist oft hochpreisiger, bietet dafür aber eine vom Chefkoch zusammengestellte Speisenfolge der Spezialitäten des Hauses.

Kaffee wird vorwiegend als Espresso (*cafè solo*), mit einem Schuss Milch (*cortat*) oder als Milchkaffee (*amb llet*) getrunken.

Zum Essen gibt es **Wein** und Wasser. Auf Mallorca existieren zwei Weinanbaugebiete, die ihre Weine mit der streng reglementierten Herkunftsgarantie (*denominació d´origen*) vermarkten dürfen: die Region Binissalem seit 1991 und die Region Pla i Llevant (Petra, Manacor, Porreres, Felanitx) seit 1999. Viele *bodegas* können besichtigt werden. Der edle Wein darf auch probiert werden (Adressen siehe Regionalteil Binissalem und Umgebung).

Daneben gibt es die für Mallorca typischen **Cellers**, meist rustikal ausgestattete ehemalige Weinkeller, die zum Wein mit Hausmannskost aufwarten.

Die typisch **mallorquinische Küche** ist herzhaft. Am bekanntesten sind wohl die rote, pikante oder süßpikante Streichwurst *sobrasada* und deren meist mildere, schlanke Verwandte *longa-*

niza. Blutwurstähnlich sind die großen *butifarra* oder die kleinen *butifarrons*. Mallorquinischen Käse, in der Regel eher mild, gibt es in drei Varianten: *mantecoso* beschreibt die »butterweiche«, *semicurado* eine halbtrockene Qualität und *curado* eine gereifte, trockene Variante des *formatge mallorquin*.

Die bekannte Spezialität der Insel, *sopa mallorquina*, ist keine Suppe im klassischen Sinne, sondern ein Gemüse-Brot-Gericht von eher fester Konsistenz. Das klassische Arme-Leute-Gericht mit Knoblauch, Lauch, Tomate, Paprika, Zwiebel, Bohnen, Zuckererbsen und Weißkohl sowie hauchdünn geschnittenen, mehrere Tage alten Brotscheiben wird inzwischen mit großer Kunstfertigkeit zubereitet. Zwar findet sich die *sopa* gerne bei den Vorspeisen, stillt in den meisten Fällen aber selbst den großen Hunger. Allseits beliebt sind auch die *caracoles*, Schnecken, die auf alle erdenklichen Arten zubereitet werden. In der Gemeinde San Jordi feiert man Ende Mai sogar eine *Fira de Caracoles*, ein Schneckenfest, an dem die neuesten Variationen verkostet werden.

Spanferkel (*porcella* oder *cochinillo* als Milchspanferkel), Zicklein (*capreto*) und Lamm (*cordero*) – oft aus dem Holzofen – sind ebenso wie Kaninchen (*conejo*) und Wachteln (*codornizes*) weitere Spezialitäten der Insel.

Bei *frito mallorquin* handelt es sich um einen kräftigen Eintopf aus gebratenen Innereien (meistens vom Schwein) und gedünstetem Gemüse. Natürlich gibt es in den Küstenorten auch ausgezeichneten fangfrischen Fisch, kurz gebraten oder in einer Salzkruste aus dem Ofen (*pescado al horno*).

Nicht zuletzt sorgt die maurische Tradition für eine große Auswahl an Süßspeisen wie dem leckeren *gato d'almendra* (Mandelkuchen) oder dem Speiseeis, das nicht unbedingt nur aus Sóller stammen muss.

Feiertage und Feste

1. Jan.: Neujahr – *Cap d'Any*

5./6. Jan.: Dreikönigstag – *Els Reis Mags*, Landung der Heiligen Drei Könige am Hafen von Palma, zahlreiche Umzüge

17. Jan.: Segnung der Haustiere – *Ses Beneïdes*, an manchen Orten verbunden mit einem Karnevalsumzug am Vorabend

20. Jan.: *Dia de Sant Sebastiá* – eine Woche feiern die Bürger Palmas das Patronatsfest mit viel Musik und Feuerwerk

1. März: Tag der Baleareninseln – Festprogramm in Palma am Consolat de Mar

Palmsonntag *Diumenge del Ram* – der Tag wird im März/April inselweit mit Prozessionen gefeiert

Karwoche: In Palma widmen die Kapuzenbruderschaften der Virgen La Sang bereits am **Gründonnerstag** abends einen großen Umzug, **Karfreitagsumzüge** in Palma (ab Sant Francesc), Pollença, Sineu (Prozession zur Grablegung ab ca. 23 Uhr); **Ostersonntag:** Prozessionen in Palma, Llucmajor, Campanet; in der Woche nach Ostern finden viele traditionelle Wallfahrten statt, Di: Algaida, Mi: Lloseta, Alcúdia

1. Mai: Tag der Arbeit – *Festa dell Traball*

Fronleichnam: Prozessionen, Konzertveranstaltungen in Palma

24. Juni: Johannistag – Feuerwerke und große Feuer zu Ehren des heiligen Johannes in der Nacht vom 23. auf den 24. Juni

16. Juli: In Cala Figuera, Cala d'Or, Cala Ratjada, Sóller und Porto Cristo wird Nostra Senyora del Carmen mit Schiffsprozessionen geehrt

25. Juli: Jakobstag

Um den 27. Juli: In Valldemossa findet die Festwoche zu Ehren der Inselheiligen Santa Catalina Tomás statt

15. Aug.: Mariä Himmelfahrt (La Asunció)

1. Sept.-Sonntag Santa Catalina Tomás wird mit einer Prozession in Santa Margalida geehrt

12. Okt.: Spanischer Nationalfeiertag – *Día de la Hispanidad*

1. Nov.: Allerheiligen – *Tots Sants*

6. Dez.: Tag der Verfassung zur Erinnerung an die Volksabstimmung zur Annahme der Verfassung 1978 – *Dia de la Constitució*

8. Dez.: Mariä Empfängnis

25. Dez.: Weihnachtstag – *Nadal*

31. Dez.: *Festa de l'Estendart* – historische Ge-

Palma feiert vom 14. bis 23. Januar Sant Sebastiá mit Musik-, Tanz- und Theaterveranstaltungen

denkfeier zum Jahrestag der christlichen Eroberung der Stadt Palma durch König Jaume I. – Messe in der Kathedrale sowie Musik, Tanzveranstaltungen

Geld, Banken, Kreditkarten

2002 wurde der Euro auch in Spanien als offizielle Währung eingeführt.

Banken und Sparkassen *(cajas)* sind in der Regel nur vormittags von 8.30–14, in den Wintermonaten (Sept.–Mai) zusätzlich samstags bis 13 (Banken) bzw. donnerstags bis 20 Uhr (Sparkassen) geöffnet. Viele Banken verfügen über EC-Automaten zum Abheben von Bargeld.

Kreditkarten akzeptiert man in den meisten Geschäften, Restaurants und Hotels (VISA, American Express, Eurocard, Mastercard). Bei Verlust sind Karten unter folgenden Rufnummern zu sperren:
Generelle Sperrnummer +49 116 116
Eurocard D ℂ +49 18 05 02 10 21 oder +49 69 74 09 87
Mastercard ℂ +49 69 79 33 19 10
Visa D ℂ +49 69 79 33 19 10 oder +49 69 79 33 19 10 oder 900 97 12 31
American Express: +49 69 97 97 10 00
Personalausweis PIN: +49 180 133 33 33

Hinweise für Menschen mit Behinderungen

Spanien gilt als vorbildlich im Umgang mit Behinderten. Der Flughafen Palma ist behindertenfreundlich ausgebaut.

Normalerweise sind die städtischen Busse Palmas mit Rollstuhlrampen versehen. Behindertengerechte Taxis sind unter # 971 70 35 29 erreichbar. Für einen Katalog mit behindertengerechten Unterkünften in ganz Spanien wende man sich an:

predif
(Spanische Agentur für barrierefreien Tourismus)
Av. Doctor García Tapia, 129 Local 5, E-28030 Madrid, ℂ +34 91 371 52 94, www.predif.org

Klima, Kleidung, Reisezeit

Der erfahrene Mallorca-Urlauber meidet die Extreme – die kältesten Tage des Jahres in den Monaten Januar bis März und eine unangenehme feuchte Hitze, die der August häufig bringt. Von April bis Juli und zwischen September und November ist das Klima – abgesehen von einigen Regentagen – mild und angenehm. Sporttreibende, die ein Schauer nicht stört, kommen vor allem von Januar bis April nach Mallorca.

»Einen Urlauber«, so witzeln die Mallorquiner, »erkennt man schon auf einen Kilometer«. Der Spaß hört für die meisten Einheimischen allerdings auf, wenn männliche Feriengäste mit nacktem Oberkörper oder nur leicht bekleidete Damen

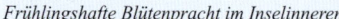

Frühlingshafte Blütenpracht im Inselinneren

ein Gotteshaus betreten. Auch bei einigen Shows, beim Casinobesuch etc. wird entsprechende Garderobe erwartet.

Für die Hochsommermonate ist ein Sonnen-Kopfschutz zu empfehlen. Wanderer sollten unbedingt gutes Schuhwerk mitbringen, da viele schöne Wanderwege über Stock und Stein führen, und auch an einen Regenschutz denken.

Medizinische Versorgung

Seit 1. Jan. 2006 ist kein eigener Auslandskrankenschein mehr notwendig, denn die Europäische Krankenversicherungskarte wurde in die nationale Versicherungskarte integriert.

Die **staatlichen Krankenhäuser** sind Son Dureta (C/Andrea Doria, 55, ✆ 971 17 50 00) und Son Llàtzer (Ctra. Manacor, km 4, Son Ferriol, ✆ 871 20 20 00) in Palma sowie das Hospital Manacor in Manacor (Ctra. Manacor–Alcúdia, ✆ 971 84 70 00). Diese führen auch ambulante Behandlungen durch.

Privatärzte, Ärztezentren und Privatkliniken helfen meist schneller und führen auf Wunsch auch Hotelbesuche durch, verlangen aber Barzahlung. Da gesetzliche Kranken- und Ersatzkassen nicht alle Auslagen erstatten, sollte man eine **Auslandskrankenversicherung** abschließen.

Schweizer Gäste sollten sich als Inhaber einer privaten, einer Reisekranken- oder einer Reisezwischenfallversicherung zwecks Kostenrückerstattung eine detaillierte Quittung ausstellen lassen. Je nach Deckungsumfang können Sie eine Kostengutsprache bzw. einen Kostenvorschuss verlangen.

In kleinen Praxen und einigen **Centros Medicos** müssen ärztliche Leistungen immer bar bezahlt werden. Dann sollte man sich unbedingt vom Arzt *(médico)* eine reguläre Quittung *(recibo oficial)* ausstellen lassen, die die meisten Krankenkassen wenigstens anteilig ersetzen. Dies gilt auch für teure Medikamente oder zahnärztliche Behandlung.

In den Feriengebieten sind die Centros Medicos auf Bedürfnisse, Verständigungsprobleme und die häufigsten Urlaubserkrankungen von Feriengästen vorbereitet. In vielen Urlaubsorten haben sich auch deutsche Ärzte und Apotheker niedergelassen. Der Zahnarzt heißt auf Spanisch *dentista*. Apotheken, *farmacias*, sind mit einem grünen Kreuz gekennzeichnet. Nach Geschäftsschluss ist der Notdienst jeweils am Aushang zu finden.

Vor dem Buddeln besonders die Kleinen gut eincremen

Mit Kindern auf Mallorca

Besonders während der Schulferien (April und Juni bis Anfang Sept.) ist man auf Mallorca ganz auf Familienurlaub eingestellt. Das heißt: Viele größere Hotels bieten spezielle Kinderunterhaltungs- und Animations-Programme an. Hier sollte man sich allerdings schon beim Buchen der Reise vergewissern, ob im betreffenden Hotel ein solcher Service vorhanden ist. Einige Reiseveranstalter offerieren in den Sommermonaten ein spezielles Ausflugsprogramm, das auf Familien mit Kindern zugeschnitten ist.

Kinderteller oder Kindermenüs sind dagegen – zumindest in traditionellen Restaurants – selten zu finden.

Nachtleben

Mallorca soll eine der »längsten Theken« Europas aufweisen, entsprechend abwechslungsreich ist das Nachtleben. Da gibt es Shows und Revues von internationalem Format (Son Amar, Ctra. De Sóller, km 10,8, bei Palmanyola, ✆ 971 61 75 33, www.sonamar.com), schummrige »Pa amb oli«-Kneipen (hier wird zu Wein oder Bier das typische Tomatenbrot mit verschiedenem Belag verfeinert gereicht (in der Altstadt von Palma), grelle

Diskotheken (z.B. Riu Palace, MegArena und MegaPark an der Platja de Palma, Abraxas und Tito's in Palma oder die größte Disco der Insel, BCM in Magaluf), schrille Bars und Kneipen in den Ferienorten. Wem der Euro locker sitzt: In Magaluf gibt es ein Spielkasino, das auch Shows zeigt (Casino Paladium Mallorca, Urbanització Sol de Mallorca, ✆ 971 13 00 00, www.casinodemallorca.com).

Notfälle, wichtige Telefonnummern

Wichtige Telefonnummern:
Allgemeiner Notruf ✆ 112 (es wird auch Deutsch gesprochen!)
Nationalpolizei ✆ 091, Lokalpolizei ✆ 092
Guardia Civil ✆ 062
Feuerwehr ✆ 085 (inselweit), ✆ 080 (Palma)
Ambulanz ✆ 061
Rotes Kreuz ✆ 20 22 22
Sperrnummern für Handykarten:
D1 T-Mobile: ✆ +49 800 330 22 02
D2 Vodafone: ✆ +49 172 12 12
e-plus: online oder im e-plus-Shop
O2: online oder ✆ +49 176 88 85 52 82 (für Prepaid-Kunden)
Unter dem zentralen Sperr-Notruf ✆ +49 116 116 lassen sich die meisten Karten sperren. Kartensperrnummern s. »Geld, Banken, Kreditkarten«.

Auch die Nächte gehören zum Urlaub

Der hölzerne »Orangenexpress« fährt nicht nur im Sommer

Fundbüro
Oficina d'Objectes Trobats
Av. de Gabriel Alomar, 18 , 07006 Palma
✆ 971 22 59 06
Bei Verlustanzeigen am Strand von Palma ist das in der 2. Reihe bei Balneario 7 gelegene Kommissariat zuständig, ✆ 971 26 62 62. Wer in anderen Gemeinden etwas verliert, kann sich an das entsprechende Rathaus wenden.

Öffentliche Verkehrsmittel

Bahn:
Je eine Bahnlinie verbindet Palma mit Sóller und Palma mit Inca bzw. Manacor. Beeindruckender ist in jedem Fall die Nostalgiefahrt mit dem antiken Bummelzug **Roter Blitz** von 1912 nach Sóller *(Tren de Sóller)*. Abfahrt für alle Bahnlinien ist in Palma die **Plaça Espanya**. Tickets müssen Sie vor der Fahrt am Schalter lösen: für die Fahrt Palma–Sóller neben dem Kino Augusta, für die Strecke Palma–Inca in der Platzmitte.

Für Inselbewohner gibt es einen neuen **Inselfahrausweis**: eine aufladbare Karte, mit der alle öffentlichen Verkehrsmittel (Zug, Metro, Busse) auf Mallorca benutzt werden können. Diese sogenannte Bürgerkarte *(Tarjeta ciudadana)* gibt es bei den zuständigen Gemeindeämtern.

Bus:
Zwar verfügen die meisten Reiseveranstalter über ein eigenes Transfernetz zwischen Flughafen und Unterkünften, doch sind die Ferienorte auch durch

das öffentliche Busnetz verbunden. Oft muss man allerdings über Palma fahren. Busknotenpunkt sind die **Plaça Espanya** und die umliegenden Straßen. Im Sommer verkehren spezielle Urlauberzüge *(tren turístico)* an der Platja de Palma, in Cala d'Or, Cala Millor, Cala Ratjada, Ca'n Picafort und Alcúdia.

An Wochenenden gibt es in Palma einen **Nachtbus** *(bus de nit)*: Die Buslinie 41 fährt freitags, samstags und an den Vorabenden von Feiertagen alle 25 Min. von 23 bis 6 Uhr vom Passeig Marítim über den Passeig de Mallorca zur Plaça Espanya. Fahrpreis € 1,50.

Taxi:

Taxis bekommt man selbst in kleineren Ortschaften. In der Regel stehen sie an einem dafür vorgesehenen Taxistand. Ein freies Taxi kann man auch vom Straßenrand aus heranwinken. In Palma und einigen Ferienorten wird nach Taxameter-Preis abgerechnet; ansonsten werden Pauschalpreise für bestimmte Touren veranschlagt (Preistafeln an den Taxistandplätzen). Für Zweifelsfälle muss der Fahrer eine Preisliste mitführen, die zu Kontrollzwecken auch im Rathaus ausliegt. Gepäck kostet extra. Radio Taxi ✆ 971 75 54 40, 971 20 12 12, Taxis Palma ✆ 971 40 14 14.

Öffnungszeiten

Reguläre Geschäftszeiten sind Mo–Sa 9.30 bzw. 10–13 sowie 16.30 bzw. 17–20 Uhr; samstags in Palma oft nur vormittags. In einigen Ferienorten gibt es Geschäfte, die rund um die Uhr geöffnet haben. Die Öffnungszeiten von Museen etc. können sich im Winter verkürzen oder werden auch mal kurzfristig geändert!

Post, Briefmarken

Briefe und Postkarten sind für ganz Europa mit € 0,75 zu frankieren. In der Regel ist die Post nach Deutschland 2 Tage unterwegs, in den Sommermonaten bis zu 6 Tage. Wer es ganz eilig hat, fragt nach dem relativ teuren 24-Stunden-Service *postal expres* (EMS).

Presse, Rundfunk, TV

Alle wichtigen deutschsprachigen **Tages- und Wochenendzeitungen** sind auch auf Mallorca er-

Alternative zu Auto, Bahn und Bus

hältlich – teilweise 1 oder 2 Tage später. Eine kleine Auswahl wird oft schon im Hotel angeboten, die große Auswahl – bis hin zur Motorsport-Fachzeitschrift – findet man an vielen größeren Kiosken. In der wöchentlich erscheinenden »Mallorca Zeitung« und dem »Mallorca Magazin« wird ausführlich über das Inselgeschehen berichtet.

Deutschsprachiges **Radio** sendet »Mallorca – Das Inselradio« auf UKW 95,8 MHz.

Fast alle Hotels mit **Fernsehen** verfügen auch über eine Sat-Anlage (meist Astra, seltener Hispansat) mit entsprechenden Möglichkeiten zum Empfang von deutsch- und englischsprachigen Sendungen. Weitere 6 spanische Sender werden über die normale Antenne empfangen.

Rauchen

Nachdem das Rauchverbot in ganz Spanien zunächst verhältnismäßig lax durchgesetzt wurde, gilt seit dem 2. Jan. 2011 das strengste Rauchverbot in Europa. Das Rauchen ist inzwischen nicht nur in sämtlichen Bars und Restaurants verboten, sondern teilweise auch unter freiem Himmel wie auf Schulhöfen oder im Außenbereich von Krankenhäusern. Hotels dürfen höchstens 30 Prozent ihrer Zimmer für Raucher reservieren, müssen aber sicherstellen, dass es immer dieselben Zimmer sind, sodass Nichtraucher nicht in ehemaligen Raucherzimmern landen. Die Raucherkabinen

Der manchmal anstrengende Aufstieg wird mit einer wunderbaren Aussicht belohnt

an Flughäfen wurden abgeschafft. Lediglich am Strand, im Strandbad im Freien und in Terrassenlokalen darf noch ungestört gequalmt werden. Wenn gewünscht, empfiehlt es sich, bei der Buchung einer Ferienwohnung vorab nach der Raucherlaubnis im Haus zu fragen. Tabak darf nur kaufen, wer mindestens 18 Jahre alt ist.

Wegen erhöhter Waldbrandgefahr im Sommer sind Rauchen und offenes Feuer im Wald verboten. Zigaretten im Freien immer gut ausdrücken!

Sicherheit

Die Insel kann generell als ein sicheres Reiseziel bezeichnet werden. Wie überall gilt auch auf Mallorca: Im Gedränge auf Taschen und Rucksäcke ein Auge haben – den ein oder anderen Taschendieb gibt es auch! Besonders gewarnt sei auch vor Hütchenspielern und Nelkenverkäufern. In ihrer Umgebung lauern leider oft Langfinger.

Scheinbar günstige Angebote zu Time-Sharing-Anlagen sollte man unter spanischer Sonne genauso kritisch prüfen wie im deutschen Nieselregen.

Gleich drei verschiedene **Polizeieinheiten** gibt es in Spanien. Die *Guardia Civil* (grüne Uniform, grün-weiße Fahrzeuge) kümmert sich um Verkehr und Kriminalität im ländlichen Bereich und um Zollvergehen. Die *Policía Municipal* (blau-weiße Uniform und Fahrzeuge mit schwarz-weiß-kariertem Band) geht Aufgaben der Stadtverwaltung nach und wickelt den Stadtverkehr ab, die *Policía Nacional* (dunkelblau, blau-weiße Fahrzeuge) ist zuständig für Straftaten im Stadtbereich. Telefonnummern s. »Notfälle/Wichtige Telefonnummern«.

Sport und Erholung

Die gesamte Insel eignet sich für ausgiebige sportliche Aktivitäten.

Fahrradfahren:
Besonders beliebt ist die Gegend (süd)östlich von Palma mit ihrer sanfthügeligen Landschaft und den kleinen Straßen im Landesinnern. Für erfahrene Radfahrer empfiehlt sich natürlich auch die spektakuläre Straßenführung der Tramuntana. Vorsicht ist allerdings vor PKWs, Lastwagen und Quadverkehr geboten. In allen größeren Ferienzentren lassen sich Fahrräder mit unterschiedlicher technischer Ausstattung leihen.

Unter Radfahrern gibt es viele Mallorca-Fans

verleihen auch Ausrüstungen. In vielen Küstenorten kommen auch Wasserskiartisten auf ihre Kosten. Darüber hinaus gibt es an der gesamten Küste hervorragend ausgestattete Sporthäfen.

Reiten:
Mehrere Reitschulen und -zentren vermieten Pferde, organisieren Ausritte oder bieten Reitunterricht an. Am besten erkundigen Sie sich im Reisebüro Ihres Urlaubsortes.

Strom

Ganz selten gibt es noch 125 Volt, zumindest Hotels und Hostels sind heute fast ausnahmslos auf 220 Volt umgestellt. Probleme gibt es allenfalls bei älteren Installationen mit den Steckdosen, aber die Adapter findet man in jedem Elektrogeschäft.

Da sollte das Ross keine Höhenangst haben

Golf:
Obwohl Golfplätze seit ein paar Jahren als Wasserschleudern und umweltschädigend in Verruf geraten sind, werden Golfurlauber auf Mallorca gern gesehen, zählt man solche Gäste doch zum Geldadel. Über 20 meist in Küstennähe gelegene Plätze stehen mit wenigen Ausnahmen für jedermann zur Verfügung, weshalb es zu Spitzenzeiten schon mal zu Engpässen kommen kann. Eine vorherige Anmeldung empfiehlt sich also durchaus. Den meisten Plätzen sind auch Golfschulen angeschlossen.

Wandern:
Auf Mallorca gibt es ein gut ausgebautes Netz an Wanderwegen. Viele Hotels und Reiseveranstalter in der Tramuntana bieten geführte Touren an. In gut sortierten Buchhandlungen in Deutschland gibt es ausreichend Kartenmaterial für Wanderungen auf eigene Faust. Der örtlichen Beschilderung ist jedoch unbedingt Folge zu leisten. In der Tramuntana niemals allein wandern und nur bei stabiler Wetterlage!

Wassersport:
Bei Seglern ist die gesamte Insel sehr beliebt, während Surfer vor allem die Gewässer um die Halbinsel Formentor, die Badía de Pollença und Santa Ponça bevorzugen. Tauchern gelten die felsigen Küstenabschnitte der Südwest- (Port Andratx, Sa Dragonera) und der Ostküste (Cala Ratjada) als Paradies. Die örtlichen Tauchschulen

Telefonieren

Telefonieren kann man in jeder Telefonzelle (Aufschrift *internacional* für Ferngespräche). Bequemer, aber teurer ist es direkt vom Hotel aus. Viele Telefonzellen sind auf Telefon- und Kreditkarten umgestellt, die man im Tabakwarengeschäft *(estanco)* im Wert von € 6 und € 12 erhält.

Ein günstigerer Fernsprechtarif gilt für internationale Gespräche täglich von 22–8 Uhr und an Sonn- und Feiertagen ganztägig, samstags ab 14 Uhr.

Für ein Ferngespräch wählt man 00, dann für Deutschland 49, für Österreich 43, für die Schweiz 41. Anschließend kommt die Ortsvorwahl ohne die Null und dann die Teilnehmernummer. Ein 3-minütiges Gespräch nach Deutschland, Österreich oder in die Schweiz kostet ca. € 2,50. Für Anrufe aus dem Ausland nach Mallorca muss die Vorwahl +34 plus Teilnehmernummer gewählt werden.

Für Auslandstelefonate mit dem Handy hat die EU 2012 erneut in einer Verordnung Preisobergrenzen festgelegt: ca. 35 Cent/Min. für ausgehende Gespräche und ca. 10 Cent/Min. für angenommene. Spanische Handy-Nummern beginnen mit einer 6. Sogenannte *locutorios* bieten Internetzugänge und verbilligte Telefontarife. Sperrnummern für Handykarten s. S. 186, wichtige Rufnummern.

Trinkgeld

Im Restaurant ist der Service meist im Rechnungsbetrag enthalten. Dennoch ist es üblich, einen Tip (5–10 %) hinzuzufügen. Lässt man zu Beginn des Urlaubs dem Hotelpersonal ein Trinkgeld *(propina)* zukommen, wird sich das positiv auf die Bedienung auswirken. Taxifahrer erwarten ein Trinkgeld in Höhe von 1–2 Euro, Tankwarte in Höhe von 10–50 Cent.

Trinkwasser

Waschen ja, Zähneputzen ja – aber bitte nicht trinken (nur nach ausdrücklicher Genehmigung von Hotels mit eigenem Brunnen). Oft liegen die Salz- und gelegentlich die Nitratwerte zu hoch. Trinkwasser gibt es in Literflaschen oder im Fünf-Liter-Kanister in jedem Lebensmittelgeschäft oder an öffentlichen Zapfstellen mit der Aufschrift *agua potable*.

In puncto Wasserkonsum lebt Mallorca über seine Verhältnisse, deshalb sollte man unbedingt sparsam mit dem kostbaren Nass umgehen.

Unterkünfte

Hotels:
In der Vor- und Nachsaison bekommt man auch ohne Reservierung überall ein freies Zimmer, aber um Ostern herum und in der Zeit von Anfang Juni bis Ende August sollte reserviert werden. Fast immer ist ein Pauschalangebot im Heimatland günstiger als die Hotelsuche vor Ort. Während der Hochsaison vermieten viele Hotels ihre Zimmer nur wochenweise und ausschließlich in Verbindung mit Halb- oder Vollpension.

Bei einer einfachen Übernachtung ist das Frühstück selten im Preis inbegriffen. Besser frühstückt man in der Bar um die Ecke. Ab der Drei-Sterne-Klasse bieten Hotels ihren Gästen ein reichhaltiges Frühstücksbuffet. In größeren Hotels stehen auch Drei- oder Mehrbettzimmer sowie Kinderhorte zur Verfügung.

Hinweis: Wertgegenstände und wichtige Dokumente gehören in den (oft kostenpflichtigen) Hotelsafe. Informationen gibt es an der jeweiligen Rezeption.

Reis de Mallorca (Könige von Mallorca):
Unter dieser Bezeichnung haben sich die schönsten Hotels der Insel zusammengeschlossen. Dort soll sich der Gast wie ein König fühlen. Viele der Häuser genießen zudem die Vorzüge einer besonders schönen Lage und/oder einer ansprechenden Architektur (www.reisdemallorca.com).

Jugendherbergen:
In Mallorca gibt es Jugendherbergen am Strand von Palma und auf der Halbinsel La Victòria. Informationen sind beim **Red Española de Albergues Juveniles** (Juan Luis Estellrich, 5-A, 07001 Palma de Mallorca, www.reaj.com, ✆ 971 72 02 01) erhältlich.

Ferienwohnungen und -häuser:
Das Angebot ist groß, nicht alle Offerten sind seriös. Diese Art des Urlaubs sollte bereits im Hei-

matland ausgesucht und gebucht werden. In allen Reisebüros sind spezielle Ferienhauskataloge erhältlich, in denen die einzelnen Objekte detailliert beschrieben werden. Für den Finca-Urlaub wurden zahlreiche mallorquinische Landsitze und Bauernhöfe in Feriendomizile umgewandelt. Viele dieser Höfe haben sich einer Vereinigung angeschlossen und bieten meist luxuriöse Unterkünfte in ruhiger Lage, mit oder ohne Familienanschluss. Einen kompletten Hotelnachweis mit Reservierungsmöglichkeit führt das Informationsbüro in der Ankunftshalle des Flughafens.

Zelten/Camping:

Derzeit gibt es auf Mallorca keinen »richtigen« Campingplatz mehr. Eine Ausnahme macht nur ein das ganze Jahr für Camping zugelassenes Gelände beim **Kloster Lluc**, dessen Serviceeinrichtungen 2007 erneuert und modernisiert wurden. Neben dem Parkplatz steht nun auf über 1 ha Fläche Platz für 300 Zelte bereit. Das Zelten ist kostenlos, doch empfiehlt sich zu Spitzenzeiten wie bei der Wallfahrt zu Ostern eine Anmeldung bei der Rezeption des Klosters unter ✆ 971 51 70 70 bzw. per E-Mail unter info@lluc.net. Für Jugendliche gibt es außerdem noch einen Zeltplatz bei der Jugendherberge auf der Halbinsel La Victòria.

Ansonsten ist das Übernachten im Zelt auf öffentlichen Ländereien verboten, wird aber oft geduldet, solange man sich mehr als 50 m vom Meer entfernt und nicht in einem Naturschutzgebiet aufhält. Allerdings werden wilde Camper in den Sommermonaten immer mehr zum Problem, sodass an beliebten Stellen häufiger kontrolliert wird.

Theoretisch ist das Campen also nur auf Privatgelände möglich – problematisch, aber fragen kostet nichts. Insgesamt ist von einem Campingurlaub abzuraten, da der Ärger meist größer als der Genuss ist.

Zeitzone

Auf den Balearen und dem spanischen Festland gilt die mitteleuropäische Zeit (MEZ). Bei Anreise aus Deutschland, Österreich oder der Schweiz müssen die Uhren also nicht umgestellt werden. ❖

Besser vor der Reise buchen: Fincas für unterschiedlichste Bedürfnisse und Geldbeutel

Sprachführer

Alltag/Umgangsformen

Auf Mallorca wird neben dem kastilischen Spanisch auch – und inzwischen vor allem – Mallorquinisch (ein Dialekt des Katalanischen) gesprochen.

In der nachfolgenden Liste wird erst das mallorquinische Wort und dann die kastilische Bezeichnung aufgeführt. Bemühen Sie sich um einige, wenn auch vielleicht gestammelte Worte in *mallorquí,* Sie werden so leicht viele Punkte bei Ihren Gastgebern gewinnen.

¡Bon dia!, eine Mischung aus dem französischen *bon jour* und dem spanischen *buenos días.* Diese Begrüßung wird auf Mallorca bis zum Mittagessen, das zwischen 13 und 15 Uhr eingenommen wird, verwendet. Danach sagt man schon *bona tarda* bis zum Sonnenuntergang. Vorm Schlafengehen heißt es dann *bona nit.* Zu jeder Tageszeit können Sie *¿Hola, com va?* – Hallo, wie geht's? – verwenden. Geantwortet wird auf diese Frage mit einem einfachen *Bè! Y vostè/tu?* – Gut! Und Ihnen/dir?

Die Mallorquiner sind in der Regel sehr hilfsbereit, freuen sich über ausländische Besucher und fragen interessiert nach deren Herkunft, Familie und dem Grund des Besuches.

Keine Panik, wenn Sie befürchten, zwar eine Frage stellen zu können, die Antwort aber nicht zu verstehen: Mit Körpersprache (wie z. B. mit einem Lächeln) kommt man fast immer weiter. Im Übrigen wissen Sie ja: *Sí* heißt ja, *no* nein. Und vergessen Sie nie das obligatorische bitte – *per favor* und sich zu bedanken – *gràcies! (grassjes).*

Deutsch	Mallorquinisch	Kastilisch (Spanisch)
Allgemeines	*paraules de cortesia*	*palabras de cortesia*
bitte	*per favor*	*por favor*
danke	*gràcies*	*gracias*
Vielen Dank.	*Moltes gràcies.*	*Muchas gracias.*
Verzeihung.	*Perdò.*	*Disculpe/perdón.*
Wie geht's?	*¿Com anam?*	*¿Como estás?*
Willkommen!	*¡Benvingut!*	*¡Bienvenido!*
Hallo!	*¡hola!*	*¡hola!*
Guten Tag! (vorm.)	*¡Bon dia!*	*¡Buenos días!*
Guten Tag! (nachm.)	*¡Bona tarda!*	*¡Buenas tardes!*
Guten Abend!	*¡Bon vespre!*	*¡Buenas tardes!*
Gute Nacht!	*¡Bona nit!*	*¡Buenas noches!*
Tschüss/Bis bald!	*¡Adéu!*	*¡Adiós/Hasta luego!*
Sprechen Sie deutsch?	*¿Xerra alemany, vostè?*	*¿Habla alemán?*
Ich heiße ...	*Jo nom ...*	*Me llamo ...*
Wie heißt das?	*¿Com se diu això?*	*¿Como se llama esto?*
Ich verstehe nicht.	*No ho entenc.*	*No entiendo.*
Baustellen	*obres*	*obras*
Umleitung	*desvíament*	*desvío*
Sackgasse	*carrer sense sortida*	*calle sin salida*

Parken verboten	*prohibit estacionar*	*prohibido aparcar*
Gefahr	*perill*	*peligro*

Autoverleih	***lloguer de cotxes***	***alquiler de coche***
Auto	*cotxe*	*coche*
Ich würde gern ein	*Per favor, voldria*	*Quisiera alquilar*
Auto mieten.	*llogar un cotxe.*	*un coche, por favor.*
unbegrenzte	*quilometratge*	*kilometraje*
Kilometer	*il.limitat*	*ilimitado*
ein Geländewagen	*un tot terreny*	*un todoterreno*
ein Motorrad	*una moto*	*una moto*
ein Fahrrad	*una bicicleta*	*una bicicleta*

Zwischenfälle	***incidències***	***incidencias***
Unfall	*accident*	*accidente*
Polizei	*policia*	*policía*
Krankenwagen	*ambulància*	*ambulancia*
Können Sie mir helfen?	*¿Me podria ajudar?*	*¿Me podría ayudar?*
Mir wurde das Auto aufgebrochen.	*M'han entrat en es cotxo.*	*Me han abierto el coche.*
Mir wurde der Geldbeutel gestohlen.	*M'han robat sa cartera.*	*Me han quitado el monedero.*
Mir wurde der Ausweis gestohlen.	*M'han robat la documentaciò.*	*Me han quitado la documentación.*
Geben Sie mir bitte Ihren Namen.	*Per favor, doni'm el seu nom.*	*Por favor, deme su nombre.*
Ihre Versicherungskarte	*la seva assegurança*	*su seguro*
Ihren Führerschein	*el seu permis de conduir*	*su permiso de conducir*
Ihre Ausweispapiere	*la seva documentació*	*su documentación*

Parken/Parkplatz	***aparcament***	***aparcamiento***
Darf man hier parken?	*¿Se pot aparcar ací?*	*¿Se puede aparcar aquí?*
nach rechts	*a la dreta*	*a la derecha*
nach links	*a l'esquerra*	*a la izquierda*
vor dem Gebäude	*davant del edifici*	*delante del edificio*
hinter der Kreuzung	*passat es creuer*	*pasada la calle*

Tankstelle	***benzinera***	***gasolinera***
Bitte voll tanken.	*Pile, per favor.*	*Por favor, quisiera el deposito lleno.*
Benzin	*benzina*	*gasolina*
Bleifreies Benzin	*benzina sense plom*	*gasolina sin plomo*
Diesel	*gas-oil*	*diesel/gasoil*
Ölwechsel	*canvi d'oli*	*cambio de aceite*

Reifen aufpumpen	*inflar les rodes*	*inflar las ruedas*
Reifen	*pneumàtic*	*neumático*
Autowerkstatt	*taller de reparació de vehicles*	*taller*
Garage	*garatge*	*garage*

Camping	*càmping*	*camping*
Preis pro Nacht	*preu per nit*	*precio por noche*
Wohnwagen	*caravana*	*caravana*
Zelt	*tenda*	*tienda de campaña*
Erwachsene	*adults*	*adultos*
Kinder	*nens*	*niños*
Parzelle	*parcel.la*	*parcela*
Strom	*corrent/electricitat*	*corriente/electricidad*
Wasser	*aigua*	*agua*
Toiletten	*lavabos/servicis*	*servicios*

Hotel/Pension	*hotel/pensió*	*hotel/pensión*
Ich suche ein Zimmer.	*Cerc una habitació.*	*Busco una habitación.*
Wieviel kostet das Zimmer pro Nacht?	*¿Quant val l'habitació per nit?*	*¿Cuánto cuesta la habitación por noche?*
Kann ich das Zimmer sehen?	*¿Podria veure s'habitació?*	*¿Podría ver la habitación?*
Hochsaison	*temporada alta*	*temporada alta*
Zwischensaison	*temporada mitja*	*temporada media*
Nebensaison	*temporada baixa*	*temporada baja*
komplettes Bad	*bany complet*	*baño completo*
mit Dusche	*amb dutxa*	*con ducha*
mit Balkon	*amb balcó*	*con balcón*
mit Meerblick	*amb vista al mar*	*con vista al mar*
Safe	*caixa forta*	*caja fuerte*
Zimmertelefon	*telèfon habitació*	*teléfono habitación*
Klimaanlage	*aire condicionat*	*aire acondicionado*
Heizung	*calefacció*	*calefacción*
Parkplatz	*aparcament*	*aparcamiento*
Schwimmbad	*piscina*	*piscina*
Halbpension	*mitja pensió*	*media pensión*
Vollpension	*pensió completa*	*pensión completa*
Herberge	*alberg*	*albergue*

Tourismus	*turisme*	*turismo*
Touristeninformation	*oficina de turisme*	*oficina de turismo*
Stadtzentrum	*centre ciutat/centre vila/centre urbà*	*centro de la ciudad/ centro urbano*
Altstadt	*casc antic/barri vell*	*casco antiguo*
Stadtplan	*pla de la ciutat*	*plano de la ciudad*
Platz	*plaça*	*plaza*
Straße	*carrer*	*calle*

breitere Straße/Avenue	*avinguda*	*avenida*
Promenade	*passeig*	*paseo*
Stadtviertel	*barri*	*barrio*
Haus	*casa*	*casa*
Rathaus	*ajuntament/*	*ayuntamiento*
	casa de la ciutat	
Kathedrale	*catedral*	*catedral*
Kirche	*església*	*iglesia*
Stiftskirche	*collegiata*	*colegiata*
Kloster	*monestir*	*monasterio*
Konvent	*convent*	*convento*
Kreuzgang	*claustre*	*claustro*
Kastell	*castell*	*castillo*
Palast	*palau*	*palacio*
Turm	*torre*	*torre*
Park	*parc*	*parque*
Gärten	*jardins*	*jardines*
Brücke	*pont*	*puente*
Hafen	*port*	*puerto*
Strand	*platja*	*playa*
Bucht	*badia*	*bahía*
kleine Bucht	*cala*	*cala*
Kap	*cap*	*cabo*
Landspitze	*punta*	*punta*
Aussichtspunkt	*mirador*	*mirador*
Fluss	*riu*	*río*
Insel	*illa*	*isla*
Gebirge	*serra*	*sierra*
Berg	*muntanya*	*montaña*
Höhlen	*coves*	*cuevas*
Tal	*vall*	*valle*
See	*estany*	*lago*
Stausee	*pantà*	*pantano*
Dolmen	*dolmen*	*dolmen*
Naturpark	*Parc Natural*	*Parque Natural*
Heiligtum	*santuari*	*santuario*
Einsiedelei	*ermita*	*ermita*
vorgeschichtliche Höhlenmalereien	*pintures rupestres*	*pinturas rupestres*
ausgeschilderter Wanderweg	*itinerari pedestre senyalitzat*	*sendero indicado/ camino señalizado*

Einkaufen	*comprar*	*comprar*
Was kostet?	*¿Quant és?*	*¿Cuánto vale?*
Wieviel kostet das?	*¿Quant és això?*	*¿Cuánto cuesta esto?*
Wo ist die Kasse zum Zahlen?	*¿On és sa caixa per pagar?*	*¿Dónde está la caja para pagar?*
Etwas weniger bitte.	*Un poquet menys, per favor.*	*Un poco menos por favor.*
Etwas mehr bitte.	*Un poquet més, per favor.*	*Un poco más por favor.*

Könnten Sie mir bitte zeigen …?	¿Per favor, me podria ensenyar ...?	¿Por favor, me podría enseñar ...?
Wollen Sie etwas Billigeres?	¿Voldria qualsevol més econòmic?	¿Quisiera algo más barato?
Kann ich mit Kreditkarte zahlen?	¿Puc pagar amb sa targeta de crèdit?	¿Puedo pagar con la tarjeta de crédito?
Farbe	color	color
Größe	talla	talla
Wollen Sie eine größere Größe?	¿Voldria una talla més gran?	¿Quisiera una talla más grande?
Wollen Sie eine kleinere Größe?	¿Voldria una talla més petita?	¿Quisiera una talla más pequeña?
Das ist zu teuer.	És massa car.	Es demasiado caro.
Ausverkauf	liquidació	liquidación
Obst	fruita	fruta
Kilo	quilo	kilo
Gramm	grams	gramos
Geldtausch	canví de moneda	cambio de moneda
Bank	banc	banco
Geldautomat	caixer automàtic	cajero automático

Geschäfte	**botigues**	**tiendas**
Bäckerei	es forn	la panadería
Konditorei	sa patisseria	la confitería/ la pastelería
Fischgeschäft	sa peixateria	la pescadería
Obstgeschäft	sa fruiteria	la frutería
Fleischerei/ Metzgerei	sa cansaladeria/ xarcuteria	la tienda de embutidos/carnicería
Shoppingzentrum	centre comercial	centro comercial
Post	correu	correos
Markt	mercat	mercado
Buchhandlung	llibreteria	librería
deutsche Zeitungen	diaris alemanys	periódicos alemanes

Restaurant/ Café	**el restaurant/ cafeteria**	**el restaurante/ cafetería**
Speiseraum	menjador	comedor
Bar	bar	bar
Wo ist ein Restaurant mit katalanischer Küche?	¿On hi ha un restaurant de cuina mallorquina?	¿Dónde hay un restaurante de cocina catalana?
Wo ist ein Restaurant mit typischer Küche?	¿On hi ha un restaurant de cuina típica?	¿Dónde hay un restaurante de cocina típica?
Könnten Sie bitte einen Tisch für zwei Personen reservieren?	¿Per favor, voldria reservar una taula per a dues persones?	¿Por favor, quisiera reservar una mesa para dos personas?
Die Speisekarte, bitte.	Sa carta, per favor.	La carta, por favor.
Ich möchte bezahlen.	Voldria pagar.	La cuenta, por favor.

Ich möchte bitte alles zusammen zahlen.	*Vull pagar-ho tot junt.*	*Quiero pagar todo junto.*
Es hat uns gut geschmeckt.	*Ens ha agradat molt.*	*Nos ha gustado mucho.*
Wir wollen getrennt zahlen.	*Voldríem pagar per separat.*	*Quisieramos pagar por separado.*
Mineralwasser mit Kohlensäure	*aigua mineral amb gas*	*agua mineral con gas*
Mineralwasser ohne Kohlensäure	*aigua mineral sense gas*	*agua mineral sin gas*
ein Glas	*un tassó*	*un vaso*
eine Flasche Wein	*una ampolla de vi*	*una botella de vino*
Ich möchte nur ein Glas Wein.	*Voldria només un tassó de vi.*	*Quisiera sólo una copa de vino.*
Rotwein	*vi negre*	*vino tinto*
Roséwein	*vi rosat*	*rosado / clarete*
Weißwein	*vi blanc*	*vino blanco*
Bier	*cervesa*	*cerveza*
Sekt	*cava (=katalanischer Schampus)*	*cava*
Orangensaft	*suc de taronja*	*zumo de naranja*
Kaffee	*cafè*	*café*
Milchkaffee	*cafè amb llet*	*café con leche*
Tee	*te*	*té*
Milch	*llet*	*leche*
Zucker	*sucre*	*azúcar*
Salz	*sal*	*sal*
Pfeffer	*pebre*	*pimienta*
Appetithäppchen	*tapa*	*tapa*
Tellergerichte	*plats combinats*	*platos combinados*
Tagesmenü	*menú del dia*	*menú del día*
Brot	*pa*	*pan*
Eier	*ous*	*huevos*
Salat	*trempó*	*ensalada*
Fleisch	*carn*	*carne*
Fisch	*peix*	*pescado*
Meeresfrüchte	*marisc*	*mariscos*
Gemüse	*verdures*	*verduras*
Eis	*gelat*	*helados*
Öffentliche Verkehrsmittel	*transport públic*	*transporte público*
Zug	*es tren*	*el tren*
Bahnhof	*s'estació de trens*	*la estación de trenes*
U-Bahnhof	*s'estació de metro*	*la estación del metro*
Busbahnhof	*s'estació d'autocars*	*la estación de autobuses*
Bushaltestelle	*s'parada de l'autobús*	*la parada del autobús*
Flughafen	*s'aeroport*	*el aeropuerto*
Luftbrücke	*es pont aeri*	*el puente aéreo*
Flugzeug	*l'avió*	*el avión*
Hafen	*es port*	*el puerto*

Hafenmole	es moll	el muelle
Schiff	es vaixell	el barco
Taxi	taxi	taxi
Ticket	bitllet	billete
Wieviel kostet die Fahrkarte?	¿Quina és sa tarifa?	¿Cuánto cuesta el billete?
Gepäckaufbewahrung	sa consigna	la consigna
Ankunft	arribada	llegada
Abfahrt	sortida	salida

Entfernungen	**distàncies**	**distancias**
Wo ist …?	¿On és …?	¿Dónde está …?
Ist es sehr weit?	¿És molt enfora?	¿Está muy lejos?
Ist es ganz nah?	¿Ès molt a prop?	¿Está muy cerca?
Kann man zu Fuß gehen?	¿Se pot anar a peu?	¿Se puede ir a pié?

Zahlen	**números**	**números**
1	u	uno
2	dos	dos
3	tres	tres
4	quatre	cuatro
5	cinc	cinco
6	sis	seis
7	set	siete
8	vuit	ocho
9	nou	nueve
10	deu	diez
11	onze	once
12	dotze	doce
13	tretze	trece
14	catorze	catorce
15	quinze	quince
16	setze	dieciséis
17	desset	diecisiete
18	devuit	dieciocho
19	denou	diecinueve
20	vint	veinte
30	trenta	treinta
50	cinquanta	cincuenta
100	cent	cien
200	dos-cent	doscientos

Datum / Uhrzeit	**dates i hora**	**fechas y hora**
heute	avui	hoy
morgen	demà	mañana
vorgestern	despús-d'ahir	pasado mañana
nächste Woche	la setmana vinent	la próxima semana

der Morgen	el matí	la mañana
morgens	matí	por la mañana
nachmittags/abends	tarda	por la tarde
Wie spät ist es?	¿Quina hora és?	¿Qué hora es?
Kommen Sie später!	¡Vingui més tard!	¡Venga más tarde!
Kommen Sie früher!	¡Vingui més prest!	¡Venga más pronto!

Montag	dilluns	lunes
Dienstag	dimarts	martes
Mittwoch	dimecres	miércoles
Donnerstag	dijous	jueves
Freitag	divendres	viernes
Samstag	dissabte	sábado
Sonntag	diumenge	domingo

Januar	gener	enero
Februar	febrer	febrero
März	març	marzo
April	abril	abril
Mai	maig	mayo
Juni	juny	junio
Juli	juliol	julio
August	agost	agosto
September	setembre	septiembre
Oktober	octubre	octubre
November	novembre	noviembre
Dezember	desembre	diciembre

Jahr	*any*	*año*
Feiertage	festius	festivos
Heiligabend	cap d'any	nochevieja
Weihnachten	nadal	navidad/ nochebuena
Ostern	pasqua	pascua
Hauptfest	festa major	fiesta mayor
Tag des/der	diada	día de

Museum	*museu*	*museo*
Werktage	feiners	días laborables
Öffnungszeiten	horari	horario
Schließzeiten	cloenda	clausura
offen	obert	abierto
geschlossen	tancat	cerrado
montags geschlossen	dilluns tancat	lunes cerrado
Preis	preu	precio
geführter Besuch	visita guiada	visita guíada
Stiftung	fundació	fundación
Konzert	concert	concierto
Theater	teatre	teatro
Ausstellung	exposició	exposición

Orts- und Sachregister

Fett hervorgehobene Seitenzahlen und Angaben verweisen auf ausführliche Erwähnungen, *kursiv* gesetzte Begriffe und Seitenzahlen beziehen sich auf den Serviceteil.

Alarò 54, **125 ff.**, 129, 161, *181*
– Castell d'Alaró 125 f.
– Sant Bartomeu 125
– Santuario de la Mare de Deu del Refugi 127
Alcúdia 15, 85, **120 ff.**, 161, *181, 183, 186, 191*
– Casa Consistorial 121
– Ciutat Romana/Museu Monogràfic de Pollentia 119, 122
– Oratorio de Santa Ana 121
– Porta San Sebastiá 120
– Porta Xara 120
– Sant Jaume 120
Algaida **128 ff.**, 161 f., *181, 183*
– Glasfabrik 128
– Moli den Xina 128
– Pfarrkirche 128
– Vidrios de Arte Gordiola S. L. 130
An- und Einreise 177
Andratx 52, **58 f.**, 162, *181*
– Castell de Son Mas 58 f.
– Centro Cultural de Arte (CCA) Andratx 59
– Santa Maria 59
Ariany 130 f., *181*
– Mirador de Sa Creu 131
– Pfarrkirche 130 f.
Artà 109 ff., 162, *181*
– Burg 110 f.
– Centre Cultural na Batlessa 114
– Coves d'Artà 114
– Ermita de Betlem 112 f.

– Es Claper des Gegants 113
– Poblat Talaiot de ses Paisses 111 ff.
– Priorat Bellpuig 113
– Sant Salvador 109, 111 f.
– Torre de Albarca 109
– Torre de Canyamel 113
– Transfiguració del Senyor 110, 112
Auskunft 178
Automiete/Autofahren 179

Banyalbufar **64 f.**, *162 f.*
– Port des Canonge 65
Biniali 131
Binibona 174
Binissalem **131 ff.**, 157, 163, *181 f.*
– Can Gelabert 132
– Can Sabater 132
– La Assuncio 132
Bucht von Alcúdia 4, 11, 107, **118**, 120, 122
Bunyola 163

Ca'n Picafort **118 ff.**, 169, *181, 187*
– Delfin Negro 120
Ca's Concos 165
Cabrera 97 f.
– Sa Cova Blava 97
Caimari 174 f.
Cala Bona 108
Cala d'Or **100 f.**, 163, *183, 187*
– Cala Gran 101
– Platja S'Amarador 101
Cala Figuera 99
Cala Llombards 101
Cala Major 52
– Fundació Pilar i Joan Miró 52
Cale Mesquida 116
Cala Millor 108
Cala Mondrago 101
Cala Pi 90, 95
Cala Ratjada **116 f.**, 163 f., *181, 183, 187, 189*
– Cala Agulla 116
– Cala Gat 116
– Cala Mesquida 116
– Cala Son Moll 116
– Sa Torre Cega 117
Cala s'Almunia 101
Cala Sa Nau 101 f.
Cala Sant Vicenç 171

Cales de Mallorca 103
– Cala Murada 103
– Cala Romàntica 103
– Cales de Mallorca (Ort) 103
– Cova del Pirata 103
– Platja Tropicana 103
– Sa Cova del Pilar 103
Calvià 51, **53**, 164, *181*
– Marineland 53
– Sant Joan Baptista 53
Campanet 165
Campos 95, 165
– Sant Juliá 95
Ca'n Pastilla 35, *181, 190*
Cap de Cala Figuera 51
Cap de Ferrutx 118
Cap de Formentor 6, 82, 89 ff.
– Leuchtturm 90
Cap de Menorca 123
Cap de Salines 97
Cap des Pinar 123
Cap Vermell 114
– Talaia Nova des Cap Vermell 114
– Torre Vella des Cap Vermell 114
Capdepera 108, **115 f.**, *181*
– Castell de Capdepera 115 f.
Caput Petrae 106, 115
Castellers de Mallorca 151
Colònia de Sant Jordi 97
Colònia de Sant Pere 118, 166
– Betlem 118
– Platja de Sa Canova 118
– Son Serra de Marina 118
Consell 125, 132, 154, *181*
– Bodegues Ribas 154
Cossiers 129
Costa d'en Blanes 164
Costa des Pins 108
Costitx **133 f.**, 166, *181*
– Casal de Cultura/Museu de Ciéncies naturals de Costitx 134
– Observatori Astronòmic de Mallorca/ Platerium 134
– Son Corró 133
Coves de la Mare de Deu 54
Coves del Drac/Drachenhöhle 104
Coves dels Hams 105

Deià 8, 52, **72 ff.**, 166
– Cala Deià 75

– Fundació Robert Graves Ca
  N'Alluny 74
– Llucalcari 75
– Museu Arqueològic i Centre
  d'Investigació de Deià 73
– Museu Yanikun 74
– Sant Joan Baptista 72, 74
*Diplomatische Vertretungen
  180*

Einkaufen 180
Els Calderers de Sant Joan
  152
Ermita de Betlem s. Artà
Ermita de la Pau 129 f.
Ermita de Nostra Senyora de la
  Victòria 123
Ermita de Sant Crist 137
Ermita Santa Lúcia 156
Ermita Santa Magdalena 135
Es Capdellà 57 f., 164
– Finca Galatzó 57
– Fonts Ufanes 57
Es Claper des Gegants s. Artà
Es Trenc 95, 97
– Platja des Trenc 97
Escorca 166
Esperanto 131
Esporles **65**, 68, 166 f., *181*
– Sa Granja 65, 68
Essen/Trinken 181
Estellencs 63, 167
– La Reserva del Galatzó 63
– Mirador de Ricardo Roca 63
– Mirador de ses Animes 63

Feiertage/Feste 182
Felanitx 102, 146, 167, *180 ff.*
– Castell de Santuari 102
– Passionsspiele 102
– Santuari de Sant Salvador
  102
Fornalutx 83, 167
– Pfarrkirche 83

*Geld/Banken/Kreditkarten
  184*

*Hinweise für Menschen mit
  Behinderungen 184*

Inca 134 f., 167 f., *181, 186*
– Sant Bartomeu 135
– Santa Maria la Major 134 f.

– Santo Domingo 135
Isla de la Caleta 53

*Klima/Kleidung/Reisezeit
  184*
Kinder auf Mallorca 185
Kloster Lluc s. Monestir de
  Lluc

La Trapa s. Sant Elm
La Victòria 123, 161, *191*
Las Cuevas y S'Heretat 114
Lloseta **136**, 168, *181, 183*
– d'Aiamans 136
– Església de la Virgen 136
– Oratori de Cocó 136
Llubí **137**, 168, *181*
Lluc 168
Llucalcari s. Deià
Llucmajor 15, 23, **93 f.**, *181,
  183*
– Casa Consistoral 94
– Convent de Sant Bonaven-
  tura 94
– Fischhalle 94
– Rathaus 94
– Sant Bonaventura 94

Magaluf 54 f., 168, *186*
– Karting-Club Magaluf 55
– Westernpark Magaluf 54
Mago I 54
Mago II 54
Manacor 129, **137 f.**, 146,
  168, *180 ff., 185 f.*
– Museu d'Historia de Mana-
  cor 138
– Nuestra Senyora dels Dolors
  137 f.
– Sant Vincenç Ferrer 138
– Torre de ses Puntes 137 f.
– Torre dels Enagistes 137 f.
Mancor de la Vall 156
Maria de la Salut **139**, 169,
  181
Marràtxi 154, *180*
Medizinische Versorgung 184
Monestir de Lluc 82, **84 ff.**,
  168, *191*
– Marxa des Güell a Lluc a peu
  84 f.
– Nostra Senyora de Lluc 85
Montuïri 129, **139 ff.**, 169,
  181

– Ermita/Puig de Sant Miquel
  141
– La Orquidea 139
– Museu Arqueologic Son
  Fornés 141
– Perlas Orquidea 141
– Pfarramt 139
– Sant Bartomeu 139
– Talayots Son Fornés 139
Moscari 174
Muro 98, 121, **141 f.**, 169, *181*
– Museu Etnològic 141 f.
– Sant Joan Baptista 141
– Stierkampfarena 141 f.

Nachtleben 185
Necròpolis de Son Real 119
Nostra Senyora de Bonany
  144
Notfälle 186
Nuestra Senyora de Portals s.
  Puerto Portals

Öffentliche Verkehrsmittel 186
Öffnungszeiten 187
Oratori de Cristo Rei 156
Oratorio de Santa Ana s.
  Alcúdia
Orient 142 f., 169
– Sant Jordi 142

Palma 26 ff., 66 f., 169 ff.,
  177 ff.
– Aqualand 35, 47
– Ajuntament 31 f., 37
– Banys Àrabs 30, 37, 66
– Call 31
– Can Barceló 31
– Can Casasayas 32
– Can de la Torre 30
– Can Espanya-Serra 30
– Can Marquès 38
– Can Rei 32
– Can Rullan 33
– Can Serra 31
– Capella de la Misericòrdia
  40
– Carrer de Sant Jaume 32

Orts- und Sachregister

– Carrer Estudi General 67
– Casa de L'Almoina 29
– Casal Balaguer 40
– Casal Can Oleza 39
– Casal Solleric 33, 40
– Castell Bellver 22 f., 38
– Centre Cultural Contemporani Pelaires 40
– Centro de Cultura »Sa Nostra« 40
– Consolat de Mar 33, *183*
– Edifici l'Aguila 32
– Einkaufen 44 ff.
– Es Baluard Museu d'Art Modern i Contemporani 40
– Església del Socors 31
– Fons documental Miquel Barceló 40
– Fundació Barceló 33
– Fundació La Caixa 32, 41
– Galerie Sala Pelaires 40 f.
– Gran Hotel 17, 32 f.
– Hotel Born 33, 171
– Jachthafen 27, 35
– La Porciúncula 39
– La Rambla 32 f.
– La Seu 27 f., 36, 170
– Mare de Déu dels Angels 39, 89
– Mercat de l'Olivar 32, 47
– Museu d'Art espanyol contemporani 41
– Museu de Mallorca 30, 41, 141
– Museu de nines antigues 41
– Museu Diocesà 41
– Oleza-Palast s. Casal Can Oleza
– Palau de l'Almudaina 34, 36
– Palau March 41, 44
– Palma aquarium 42
– Parc de la Mar 28
– Passeig des Born 33, 45
– Plaça de Toros 49
– Plaça del Rei Joan Carles 32 f.
– Plaça Drassana 33
– Plaça Major 32, 47, *181*

– Plaça Marquès de Palmer 32
– Plaça Mercat 32
– Plaça Weyler 32, 43
– Posada de la Cartoixa 30
– Pueblo Español 42
– Restaurants und Cafés 42 ff.
– Sa Gerreria 31
– Sa Llotja 18, 33, 39
– Sant Francesc 31, 37, *183*
– Sant Miquel 32, 39
– Santa Clara 30 f.
– Santa Creu 39
– Santa Eulàlia 31, 39
– Santa Magdalena 32, 69
– S'Hort del Rei 34, 37
– Strände 34 f.
– Teatre Principal 32, 49
– Touristeninformation 36
– Zentralfriedhof 39 f.
Palma Nova 19, 54 f.
Parc natural de la Península de Llevant 107, 118
Parque Natural de S'Albufera s. S'Albufera
Peguera 56 f., 164 f.
– Cala Fornells 56, 164
– Platja Palmira 56
– Platja Romana 56
– Platja Torà 56
Península de Llevant 24 f., **107**, 109, 118
Penya Rotja 123
Petra 144 f., 171, *181 f.*
– Convent Sant Bernat 144
– Denkmal Fray Juníper Serra 144 f.
– Museu Fray Juníper Serra 145
– Sant Pere 144
Pina **145 f.**, 171, *181*
Pla 7, 98, 124, 131, 136, 167, 173, *182*
Platja de Canyamel 108
Poblat Talaiot de ses Paisses s. Artà
Poblat Talaiòtic de S'Illot 105
Pollença 86 ff., 129, 171 ff., *181 f.*
– Badia de Polença 90, 123, *189*
– Castell del Rei 87
– Davallament 89
– Ermita del Puig de Maria 87 f.
– Finca Can Sureda 89

– Font des Gall 87
– Kalvarienberg 86 f.
– Mirador de Mal Pas 89
– Museu Municipal de Pollença 86, 88
– Nostra Senyora del Rose 86
– Nostra Senyora dels Angels 86
– Pont Romá 12, 87
– Strände 89
– Wallfahrtskapelle 86
Pollentia (Ciutat Romana) 85, 120 f.
Porreres 129, **146 f.**, 173, *181 f.*
– Mare de Deu de la Consolació 146
– Museu i Fons artístic de Porreres 147
Port d'Alcúdia 118, 120, 122
Port d'Antratx **59 ff.**, 162, *189*
– Cala Lamp 61
– Studio Weil 60
Port de Polença 6, **90 f.**, 171 ff., *181*
– Atalaya d'Albercutx 90
– Mirador de Mal Pas 90
– Platja Calo 90
Port de Sóller **77 ff.**, 81, 175 f.
Portals Nous 53 f., 164
Portals Vells 54
Portocolom 102 f., 173, *181*
Porto Cristo 104 f., *181, 183*
– Acuario de Mallorca 105
– dels Dolor 104
Pòrtol 154, *180 f.*
Post/Briefmarken 187
Presse/Rundfunk/TV 187
Priorat Bellpuig s. Artà
Puerto Portals 53
Puig de Galatzó 63, 126
Puig Major 82
Puigpunyent 173
Punta de Capdepera 116
Punta Fenicios 119

Randa 147 f., 173
– Oratorio de Nuestra Senyora de Gràcia 147 f.
– Santuari de Sant Honorat 148
– Santuari Nuestra Senyora de Cura de Randa 148
Rauchen 187

Reisezeit 184
Roter Blitz s. Sóller

S'Albufera 118 f., 121, 123, 152
– Parque Natural de S'Albufera 118, 121 f., **123**
S'Arenal 35, 95, *181*
S'Avenc de Son Pou 143
S'Heretat 114
S'Illot dels Porros 119
Sa Cabaneta 47, 154 f.
– Museu des Fang 155
Sa Calobra 83
– Cala Tuent 84
– Música Coral al Torrent de Pareis 84
– Oratori de Sant Pere 84
– Torrent de Pareis 84
Sa Coma 104
– Castell de n'Amer 104
– Naturschutzgebiet 104
– Safari Zoo 105
– Talaiot Na Pol 105
Sa Dragonera 61 f., *189*
Sa Pobla 98, 121, **149 ff.**, *181*
– Coves de Campanet 150
– Fonts Ufanes 150
– Museu d'Art Contemporani/Museu de la Jugueta 150
– Oratori de Sant Miquel 150
– Sant Antoni Abat 149
Sa Ràpita 97
– Platja de la Ràpita 97
Sa Ritxola 160
Salt des Freu 143
San Francisco 144
Sant Elm 61 f.
– La Trapa 62
– Puig d'en Trobat 62
– Scuba Activa 62
Sant Joan **151 f.**, 158, *181*
Sant Llorenç des Cardassar 107 f.
– Mare de Déu Trobada 108
– María del Bellver 108
Santa Eugènia 132, 155, 174, *181*
– Natura Parc Santa Eugènia 155
Santa Margalida 119, **152 f.**, 174, *181, 183*
– Esglesia Parroquial 153

Santa María del Camí 96, 132, **153 ff.**, 174
– Casa de la Vila 154
– Fira des Fang de Marratxi 155 f.
– Monasterio de los Mínimos 154
– Pfarrkirche 154
Santa Ponça 56, *189*
– Jungle Parc 56
Santanyí 99 f., 146, 174, *181*
– Cala Santanyí 100
– Porta Murada 99
Santuari de Monti-Sion 145
Selva **156 f.**, 174, *181*
– Sant Llorenç 156
Sencelles 132, **157**, 175, *181*
– Denkmal Francisca Ana Cirers 156
– Sant Pere 156
Ses Illetes 53, 164
Ses Salines **96**, 98, *181*
– Banys de Sant Joan 96
– Botanicactus 96
– Es Salobrar 96
– Salines de Llevant 96
Sicherheit 188
Sineu 22, **158 ff.**, 175, *181, 183*
– Casa Consistorial 158
– Centre d'Art S'Estacio 160
– Convent de les Germanes de la Carita 159
– Convent dels Mínims 160
– Convento de las Monjas 158
– Convento de los Mínimos 158
– Creu dels Morts 158
– Hospital 159
– Santa María de Sineu 158
Sóller 76 ff., 175 f., *181, 183, 185 f.*
– Banco Central Hispano 77
– Carrer des Sant Joan 77
– Coll de Sóller 77 f.
– Es Firo 80 f.
– Jardines d'Alfabia 78 f., 81
– La Raixa 79, 81, 132
– Leuchtturm am Cap Gros 79
– Museu Balear de Ciències Naturals i Jardí Botanic 81
– Museu de la Mar 79
– Museu del Casal de Cultura 79

– Plaça Sa Constitució 77
– Port de Sóller s. dort
– Roter Blitz 77, 80, *186*
– Sant Bartomeu 77
– Villa Ca'n Prunera 77
Son Creixell 160
Son Macià 176
Son Marroig 8, 70 ff.
Son Servera 108, 176, *181*
Sport/Erholung 188
Sprachführer 192
Strom 189

Tafona Oli Caimari 135
Tanz der Cossiers s. Cossiers
Tarjeta verde 177
Telefonieren 190
Torre de Canyamel s. Artà
Torre de Ses Animes 63
Torrent de Coanegra 143
Torrent de Muro 123
Torrent de Sant Miquel 123
Touristenkarte s. Tarjeta verde
Tramuntana 80, **82 ff.**, *188 ff.*
Trinkgeld 190
Trinkwasser 190

Unterkünfte 190

Valldemossa 16, 38, **68 ff.**, 176, *181, 183*
– Bucht von S'Estaca 70
– Centre Cultural Costa Nord 70
– Kartause 16, 38, 68 ff.
– Monestir de Miramar 72
– Port de Valldemossa 70
– Punta de Sa Foradada 70
– Sant Bartomeu 69
– Son Marroig 70, 72
Vallgornera 95
Vilafranca de Bonany 160

Wichtige Telefonnummern 186
Windmühlen 98

Zeitzone 191

Namenregister

Amis, Kingsley 72

Barceló, Antoni 33, 57
Barceló, Miquel 29, 40 f., 102
Borja Moll i Casanovas, Don Francesc de 130
Burgess, Anthony 72

Caballé, Montserrat 32
Chaplin, Charlie 90
Chopin, Frédéric 16 f., 68 f.
Christie, Agatha 90
Churchill, Winston 90
Cirers, Francisca Ana 157

Douglas, Michael 70, 90
Ferdinand von Aragón 15 f.

Gardner, Ava 72
Gaudí, Antoni 17, 28 f., 162
Gottschalk, Thomas 48
Guinness, Sir Alec 72

Hepburn, Audrey 91

Isabella von Kastilien 15 f.

Jaume I. von Aragón 13 f., 22, 28, 56, 65, 115, *184*
Jaume II. 14, 20, 22, 29, 37 f., 61, 68, 158
Jaume III. 15, 23, 29, 87, 93, 158

Libeskind, Daniel 52, 60
Llull s. Ramon Llull
Ludwig Salvator, Erzherzog 16, 52, 58, 63, 70, **73**, 98, 166
Lullus s. Ramon Llull

Márquez, Gabriel Garcia 72

Miró, Joan 18, 37, 40 f., 52, 69 f., 154
Molina, José María Jaquotot 131

Nin, Anaïs 72

Raimundus Lullus s. Ramon Llull
Ramon Llull 5, 14, 22, 31, 34, 38 f., 41, 52, 72 f., **148 ff.**
Ranke-Graves, Robert 52, 72 ff.

Sand, George 16 f., 68 f.
Serra, Fray Juníper 144 f.
Sillitoe, Alan 72
Sisi, Kaiserin von Österreich 9, 70

Ustinov, Peter 72, 91

Weil, Barbara 60

Reisenotizen

Bildnachweis

Centro Cultural Costa Nord: S. 70

Fotolia/ASonne30: S. 53 o.; Atlantismedia: S. 48; Blende40: S. 57; Andre Bonn: S. 109 u.; Pascal Bourgier: S. 69 o.; Daiga: S. 186 u.; Yuriy Davats: S. 161; Gerhard Dolde: S. 191; El Gaucho: S. 80 u.; Eve: S. 113, 117; Matthias Fährmann: S. 91 u.; Felinda: S. 97; Fotolyse: S. 14 o., 172; Frankwalker.de: S. 115, 116, 166; Henry: S. 5 u.; JCVStock: S. 4 o., 103, 189 o.; Kai Koehler: S. 162, 181 o.; Mestrovic: S. 71; Miro: S. 163; Moonrun: S. 177 o., 178; Jochen Münster: S. 164; Netzer Johannes: S. 146; Nico: S. 180 o.; Pakmor: S. 34; Pepmiba: S. 160; Phototom: S. 8 u., 35, 37 u.; Porschelegend: S. 139, 140; PrimoCasa: S. 175; Quicolopez: S. 38 ; Edler von Rabenstein: S. 189 u.; S. Rekate: S. 185; Leslie Derek Sanders: S. 8 o., 168; Schneiderpics: S. 147; Elzbieta Sekowska: S. 177 u.; Bernhard Spieldenner: S. 188; Stormarn: S. 174; Ralf-Udo Thiele: S. 5 o., 143; Sven Weber: S. 53 u., 179; Tubeless: S. 77 o.; Juanjo Tugores: S. 67; Ulrich Kunz: S. 186 o.; Walter Luger: S. 78; OjoVertical: S. 55; www. 1000tdw.com: S. 93, 148; Alex White: S. 167; Jan Wowra, Frankfurt: S. 128; Wolfgang Zintl: S. 24/25; Zipango: S. 27

Rainer Hackenberg, Köln: S. 45, 52, 60, 63, 69 u., 79, 80 o., 85, 96 (2), 105, 110/111, 135, 145, 156

Andrea Herfurth-Schindler, Köln: S. 82

Gernot Huber/laif, Köln: S. 72

iStockphoto/Absolut_100: S. 99; Bitbeerdealer: S. 68, 86; Andreas Bonk: S. 108; Rachel Dewis: S. 74; Axel Drosta: S. 176; Wolfgang Eichentopf: S. 81 u.; Joseph Gareri: S. 37, 170; Kevin George: S. 121 o.; Ignacio Vilar Gisbert: S. 36; Ian Hamilton: S. 121 u.; Sebastian Hamm: S. 41; Harryfn: S. 187; Ideeone: S. 133; Ingenui: S. 4 u.; Kohlerphoto: S. 104; Klaas Lingbeek – van Kranen: S. 22; Mandygodbehear: S. 9 u.; Linda & Colin McKie: S. 42; Josep Bernat Sànchez Moner: S. 40; Narvikk: S. 9 o., 30 o.; Johannes Norpoth: S. 19 u.; Jeannot Olivet: S. 39; Luis Pedrosa: S. 32, 141; Jillian Pond: S. 46 o.; Andreas Prott: S. 49, 184; Michael Schiffhorst: S. 81 o., 102; Willi Schmitz: S. 6 o.; Markus Seidel: S. 112 o.; Sebastian Skoworonek: S. 19 o., 23 o., 28; Fernando Soares: S. 84 u.; Andreas Weber: S. 6 u.

Volkmar E. Janicke, München: S. 61, 87, 88 o., 91 o., 112 u.

Ralph Lueger, Essen: S. 7 o., 98

Hans-Peter Merten, Saarburg: S. 33 o., 75, 83 u., 90, 100, 159

TUI Bildarchiv, Hannover: S. 119

Turespaña: S. 43 o., 44 o., 181 u.

Torsten Vesper, Köln: S. 7 u.

Vista Point Verlag (Archiv), Potsdam: S. 11, 12 o., 13, 14 (2), 15, 16 (2), 17, 18 o., 20, 23 u., 150

White Star, Hamburg: S. 29, 33 u., 43 u., 47, 89, 114 u., 125, 130, 132, 138 u., 151, 154, 180 u., 182, 183

Wikipedia: S. 58, 59, 66, 76 u., 138 o.; Alinea: S. 18 u., 77 u.; Chixoy: S. 152/153 u.; J. Dietrich: S. 123; DJM: S. 73 o.; Gryffindor: S. 73 u.; Gt-man: S. 137; Gunnar Eberlein: S. 56; Scientific Identity: S. 149; Sigismund von Dobschütz: S. 144; Olaf Tausch: S. 10, 12 u., 107, 109 o., 118, 120, 122, 152 li.; TXO: S. 129

Titelbild: Windmühlen sind aus der mallorquinischen Landschaft nicht wegzudenken, Foto: Fotolia/Jürgen Fälchle

Vordere Umschlagklappe (innen): Übersichtskarte des Reisegebietes mit den eingezeichneten Reiseregionen

Schmutztitel (S. 1): Ein Willkommensgruß der Insel – sonnengereifte mallorquinische Orangen, Foto: iStockphoto/Holger Gogolin

Haupttitel (S. 2/3): Am nordöstlichsten Punkt Mallorcas ragt Cap Formentor weit ins Meer hinaus, Foto: Ralph Lueger, Essen

Hintere Umschlagklappe (außen): Mohnfeld bei Portocristo, Foto: White Star, Hamburg

Umschlagrückseite: Cap de Formentor, Foto: White Star, Hamburg (oben); Traumstrand der Cala Mequida im Nordosten der Península de Llevant, Foto: Fotolia/Wolfgang Zintl (unten)

© 2014 Vista Point Verlag GmbH, Birkenstr. 10, D-14469 Potsdam
Alle Rechte vorbehalten
Verlegerische Leitung: Andreas Schulz
Reihenkonzeption: Horst Schmidt-Brümmer, Andreas Schulz
Bildredaktion: Gerda Rebensburg, Köln
Lektorat: Judith Borchert, Köln
Layout und Herstellung: Judith Borchert, Köln, Sandra Penno-Vesper
Coverentwurf: Martin Wellner, Fremdkörper® Designstudio, Potsdam
Reproduktionen: Henning Rohm, Köln
Kartographie: Kartographie Huber, München
Druckerei: Colorprint Offset, Unit 1808, 18/F., 8 Commercial Tower, 8 Sun Yip Street, Chai Wan, Hong Kong

ISBN 978-3-86871-154-7

www.facebook.de/vistapoint